Teorías contemporáneas de la persona

Ficha bibliográfica

Peiró Pérez, Juliana
Martínez Martínez, Juan Pablo
(Editores)

Teorías contemporáneas de la persona

1a. edición, enero 2024

Editorial Notas Universitarias, S. A. de C. V.

Versión impresa ISBN: 978-607-69551-5-4
Versión digital ISBN: 978-607-69551-6-1

Formato: 15 × 21 cm

198 pp.

Editorial NUN
es una marca de Editorial Notas Universitarias, S. A. de C. V.
Xocotla 17, Tlalpan Centro, alcaldía Tlalpan,
C. P. 14000, Ciudad de México

www.editorialnun.com.mx

Versión impresa, ISBN: 978-607-69551-5-4
Versión digital, ISBN: 978-607-69551-6-1

Dirección editorial : Miryam D. Meza Robles
Cuidado de la edición: Felipe G. Sierra Beamonte
Corrección de estilo: Ramón Ayala Vieyra
Maquetación: Lumbral Studio
Diseño digital: Alejandro Ramírez Monroy

Teorías contemporáneas de la persona

Juliana Peiró Pérez
Juan Pablo Martínez Martínez
(Editores)

Contenido

Prólogo

En las últimas décadas se percibe un interés creciente en determinados ámbitos académicos por abordar y elaborar una *teoría de la persona*. Dicho interés se debe, en buena medida, a la necesidad de aportar vías de solución a los problemas surgidos de vivir en una realidad fragmentada cultural, social y moralmente. Después de un itinerario epistemológico y existencial dominado por la búsqueda de resultados, nuestra generación es testigo de un cambio de paradigma cultural y existencial. Día a día los Estados, las instituciones civiles, las familias y las personas en general se enfrentan a las consecuencias de la globalización cultural, la cual va de la mano de la cultura postmoderna, con sus variadas manifestaciones, en las cuales encontramos como poso común la actitud vital de una búsqueda desmesurada de sí mismo con pretensiones de resolver el sentido de la propia vida. Dándose la paradoja de que, precisamente en este ejercicio de vuelta sobre sí, el individuo pierde su identidad en una fragmentación inacabada de objetivaciones, con las que se descubre desfasado.

Es por esta situación que cada vez más académicos e investigadores desean poner en el centro de su estudio la persona humana como fundamento de cualquier desarrollo ético, político, económico, científico y religioso. Deseo que coincide con la intuición central que anima a todo el equipo de Hápax: la urgencia de profundizar en el saber sobre el ser humano para, así, promover un diálogo fecundo entre la persona y su entorno; adentrándose, con ello, en la paradoja de la libertad y la intimidad humana, de forma que se vincule la antropología filosófica con las ciencias sociales, desde la pregunta por el origen, el sentido y su manifestación en las diferentes dimensiones que confluyen en 'lo humano'. Conscientes de este anhelo y necesidad, el *Seminario permanente de antropología filosófica* de Hápax nació precisamente para propiciar el desarrollo de una comunidad filosófica internacional, en la que prime el diálogo abierto y la sinergia interuniversitaria, con el fin de reflexionar, contrastar y sintetizar las posibles respuestas a las preguntas fundamentales en torno al ser personal, desde los planteamientos que han dado las distintas escuelas filosóficas; una comunidad filosófica internacional capaz de asumir el reto de colaborar en los cambios culturales y sociales a los que la filosofía de la persona abre paso.

Con este fin, a mediados de mayo de 2021 diseñamos el primer ciclo del seminario *Teorías contemporáneas de la persona*. Queríamos acoger y dar voz al pensamiento más original en torno a la cuestión del ser humano de la mano de filósofos de habla hispana de prestigio internacional. Para ello, hicimos una selección de los pensadores que, nos parecía, están contribuyendo más al debate actual en torno a la innovación del saber sobre el hombre, a los cuales les pedimos que nos presentaran su comprensión de la existencia humana abierta a la trascendencia.

Y en agosto del 2021 empezó la aventura del primer ciclo del *Seminario permanente de antropología filosófica: Teorías contemporáneas de la persona*, en el que, a lo largo de nueve sesiones —dirigidas por filósofos de gran prestigio de distintas escuelas—, más de 750 participantes pudimos reflexionar en qué medida poner a la persona en el centro de toda actividad intelectual, ética, técnica, artística, social o familiar es garantía de renovación cultural y existencial.

Son muchos los frutos que ha dado el ciclo *Teorías contemporáneas de la persona*, y sin duda este libro es un logro para nosotros como equipo de investigación y para toda la comunidad científica de Hápax que ya somos, gracias a estos encuentros. Fruto del diálogo abierto y la sinergia interuniversitaria con grandes pensadores de nuestro tiempo, este libro es el culmen de un trabajo académico llevado a cabo con esmero, ilusión, esperanza, esfuerzo y rigor académico.

Por todo ello, con este libro el equipo de Hápax y toda nuestra comunidad científica deseamos ofrecer un instrumento valioso para nuestros colegas de los más variados ámbitos académicos; un instrumento que ilumine algunas de las cuestiones que están en el fondo de muchos problemas sociales concretos, para así contribuir en el mejoramiento de la comunidad a la que todos pertenecemos. Es por ello que en el libro que tiene el lector en sus manos no va a encontrar, en algunos capítulos, mucho aparato crítico, ni extensos desarrollos antropológicos de erudición histórica. Este es un libro escrito por personas, sobre la persona y para las personas.

Juliana Peiró Pérez
Hápax, Centro de Investigación en Humanidades

Introducción

¿Por qué es necesaria una teoría de la persona hoy?

En no pocos momentos de la historia del pensamiento, la reflexión específica sobre el ser del hombre, sobre el ser mismo de la subjetividad, ha quedado desdibujada e incluso desvalorizada a causa de los diferentes horizontes comprensivos en los que ésta ha sido insertada. Esos horizontes buscaban concebir la realidad del hombre como un problema por resolver del que se podía dar cuenta haciendo uso de múltiples enfoques a la hora de analizar aquello que afecta a la vida cotidiana de los individuos. Entre ellos, los científicos y lógicos (propiciados por la filosofía positiva y la filosofía analítica); los políticos, sociológicos e históricos (asumidos por la filosofía dialéctica); y, también, los éticos y estéticos (asociados por planteamientos filosóficos de corte vitalista, existencialista e irracionalista).

Asimismo, la meditación acerca de las condiciones de posibilidad determinantes de dichos enfoques ha tenido como resultado último una concepción hermenéutica de la esencia humana, cuyo máximo exponente e impulsor filosófico ha sido el pensador alemán Martin Heidegger que, con su analítica del *Dasein*, ha hecho de la verdad del hombre algo que sólo se puede mostrar en el mundo. La esencia del hombre ha quedado así reducida a su capacidad para ser justificada en el único horizonte que le da a ésta la posibilidad de ser aquello que es: el vuelco constante de la subjetividad en su propia capacidad de automostración; en suma, la objetivación de sí, como si el dinamismo de la verdad en el hombre consistiera en una obra propia, en la cual y por la cual éste alcanzara su esencia en su puesta a disposición en cuanto objeto sujeto a un ejercicio de elucidación permanente. Por este ejercicio, sin embargo, la realidad humana llega a ser mera y pura representación y queda entregada y, en cierto modo, traicionada –despojada de su realidad– por sus propias representaciones en un proceso que parece ya casi irremisible.

A pesar de esta fuerte tendencia del pensamiento filosófico a descuidar el ser del hombre –sobre todo del pensamiento filosófico de los siglos XIX y XX, aunque anticipada ya en siglos anteriores– podemos constatar, no sin cierta sorpresa, que ha sido precisamente en los primeros años del siglo XX en donde la cuestión acerca del ser humano ha contado con algunos de los intentos de rehabilitación y de tematización más notables. Todo ello en el seno mismo de la corriente fenomenológica, iniciada por Edmund Husserl, quien ya trató de superar con su propia filosofía una idea de hombre fundamentada en el positivismo y el naturalismo. De hecho, debemos a la obra filosófica de uno de sus discípulos, Max Scheler, la difusión más incipiente de esta disciplina como tal, más allá o con independencia del enfoque etnológico al cual se encontraba adscrita en el siglo XIX. Igualmente, en esta rehabilitación fenomenológica del tema de la persona, hemos de referirnos a autores de la talla de Edith Stein, Alexander Pfänder, Hannah Arendt o Günther Anders.

No obstante, debemos tener en cuenta y no olvidar que, a la focalización de la atención en la densidad de la realidad humana, independientemente de su despliegue histórico-cultural y de las diversas formas que va adquiriendo su personalidad a lo largo del tiempo, ha contribuido no en menor medida el cristianismo con la aplicación del concepto estrictamente teológico de 'persona' al hombre, a raíz de la consideración bíblica del ser humano como *imago Dei.* A causa de esta concepción, que tanto motivo de reflexión aportó al pensamiento filosófico posterior (san Agustín, Boecio, Ricardo de San Víctor o santo Tomás), el ser humano aparece investido en su propia realidad de una peculiar forma de relacionalidad presidida por las siguientes notas: incomunicabilidad, irreductibilidad, singularidad... Por ellas se hace patente que aquello que el hombre es sólo alcanza su verdadero cumplimiento en la asunción creativa y libre de su esencia. La libertad comparece como la nota más clara y distintiva de lo que significa ser persona.

Por otra parte –para completar en la medida de lo posible este breve contexto histórico–, entre las propuestas actuales en torno a la reflexión específica sobre el ser del hombre, destaca el *Personalismo* con su intento de resaltar la condición única y singular de cada ser humano, incoada por el cristianismo, dada la afirmación de su carácter libre y personal. Si bien, con ese intento ha tendido a desgajar o sustancializar la realidad del ser humano, haciéndola de este modo incapaz de abrirse a aquello que precisamente la constituye más íntimamente en lo que realmente es, a saber: lo distinto de sí; en definitiva, la alteridad y sus distintas figuras (nacimiento, muerte, tiempo, culpa, el otro...). No es extraño, a este respecto, que, en ocasiones, el *Personalismo*, en tanto movimiento filosófico puntual y concreto, haya decaído en una suerte de esencialismo *a priori* de traducción en muchos casos estrictamente moralista, en el que tanto el obrar como el ser del hombre se han visto reducidos a una instancia de corte ideal sin asiento en la realidad. Con ello ha puesto en cuestión —tal vez, sin pretenderlo—la capacidad de la libertad para vivir involucrada y expuesta a todas aquellas realidades cuyo acontecer resulta no sólo necesario, sino imprescindible para el mismo despliegue de la subjetividad en su ser más genuino.

A este respecto, la filosofía existencial, representada por Gabriel Marcel -y, por qué no, Maurice Blondel, con sus análisis sobre la acción-, la fenomenología contemporánea, cuyos exponentes fundamentales serían Emmanuel Levinas, Michel Henry, Jean Luc-Marion, Jean-Louis Chrétien y Claude Romano, o el movimiento inglés de la Ortodoxia Radical, constituyen el contrapunto necesario a todo abordaje de una teoría de la subjetividad que pretenda dar cuenta de su esencia, más allá o al margen de toda concepción *a priori* de la misma. En la misma línea, cabe destacar los trabajos de algunos filósofos españoles como Xavier Zubiri y Leonardo Polo, quienes desde sus distintas propuestas filosóficas resitúan el discurso en torno a la existencia humana y el ser personal en el orden trascendental y buscan afirmar su interna relacionalidad, desarrollando este último una antropología que describe a la libertad, el conocimiento y el amor como trascendentales antropológicos nucleares.

Pero más allá del interés por determinar de manera más o menos exacta el devenir histórico que han experimentado los estudios específicos sobre el ser humano, para cualquier investigación de corte filosófico-antropológica que se precie, tiene especial pertinencia y relevancia considerar de manera sosegada en qué situación cultural y existencial nos encontramos hoy, cómo hemos llegado hasta aquí, cuál ha sido el devenir cultural que ha acompañado a la historia del pensamiento y cuál es el papel de la filosofía hoy. En este sentido, es difícil decir si la relación entre la filosofía y el devenir del mundo es ascendente o descendente; es decir, si Marx tenía razón, y son las estructuras materiales las que determinan el pensamiento, o más bien si es el idealismo el que acertó, y es el pensamiento quien determina las estructuras materiales de una sociedad. En cualquier caso, la tarea de la filosofía es situar en una tensión existencial la libertad de los individuos para que sean examinadas y puestas constantemente a prueba aquellas verdades sobre las que sostienen su vida. En ese sentido, no es baladí señalar la correlación que existe, después de la crisis de la antropología en el siglo XXI, entre el pensamiento y las formas culturales de Occidente en las que hoy está puesta en cuestión la naturaleza humana.

Hoy la noción de *identidad* llevada al ámbito de la subjetividad tiene una relevancia cultural tan grande y desmedida como la confusión en la que esa noción se ve envuelta. El mundo occidental contemporáneo vive la hipertrofia de la identidad: su exacerbación y su anulación simultáneas.

El mundo digital, por mencionar el primer ámbito de su despliegue, es una nueva esfera de la realidad, es un espacio sin materia —un mundo nuevo o una extensión del mundo —en el que los individuos intercambian bienes e información, realizan transacciones financieras, tienen relaciones sexuales y afectivas, aprenden lenguas, compran objetos, trabajan, se divierten, toman decisiones políticas, levantan una economía, oran... Esa nueva esfera del mundo prescinde del cuerpo humano, no lo requiere más que para que ciertas teclas necesarias sean pulsadas, y con ello transforma también la identidad del sujeto humano en el mundo de hoy: el cuerpo ha sido sustituido por el avatar y por la foto de perfil, y el resultado son individuos que viven vidas sin necesidad de desplazarse físicamente por el espacio o de confrontar corporalmente a aquellas personas con las que se relacionan. Una cierta forma del gnosticismo se hace presente, para la cual la carnalidad del cuerpo y la constitución de la subjetividad como agente afectivo no requiere ya de su materialidad.

El consumismo que va aparejado a la nueva civilización digital es un consumismo igualmente gnóstico: mucho más que exacerbar la materialidad del mundo, escinde a las personas de una relación patrimonial con las cosas, provocando una subjetividad que no tiene ni encuentra ya dónde asirse, ni un hogar en el que reclinar la cabeza. El consumismo prescinde de la materialidad de los objetos a partir de la premisa de la obsolescencia de lo desechable. El nuevo individuo no hace habitable el mundo desde la distribución y organización de su espacio y los objetos que en él se encuentran, sino que la geografía del territorio doméstico está ahora determinada idealmente, desencarnadamente, y en ese espacio —o en esa nueva interpretación de lo que significa el ser espacial— las personas no son capaces de encontrarse unas con otras.

En esa reconfiguración del espacio, el cuerpo mismo de la persona está siendo cuestionado, tanto en su naturaleza como en el peso ontológico que puede cargar consigo. Hoy más que nunca las personas asientan su identidad más honda en algunos de los rasgos contingentes que las constituyen: identidad nacional, identidad religiosa, identidad sexual, identidad profesional, llevando a tal extremo la identificación, que toda práctica que transforme el cuerpo o la mente para ajustarlos a una identidad espontánea, subjetiva, contingente y aleatoria, son elevadas a rango de ley.

Pero la reconfiguración no lo es solamente del espacio: también el tiempo está siendo hoy vivido de una nueva forma. Como si fuese un objeto y una cosa que puede controlarse, medirse, pesarse, tasarse y conservarse, el fetichismo del tiempo gobierna el ritmo de la vida y su desenvolvimiento mundano. No es solamente que la prisa y la ansiedad se hayan vuelto moneda de cambio gracias a las conversaciones inmediatas de los chats, la velocidad de la publicidad de las redes sociales y la guadiana de la productividad como forma de gobierno, sino que además la perspectiva histórica del origen y el futuro de los individuos se ha diluido al máximo.

Efectivamente, la conciencia histórica que permite a las personas entender su pasado y su relación con él, que les permite tener conciencia de su destino e integrar su presente en una trama de sentido mucho mayor al mero punto del ahora, parece hoy una imposibilidad. Hay una desvinculación generacional que dificulta enormemente la comunicación entre padres e hijos, entre profesores y estudiantes, entre ancianos y jóvenes, pues la técnica y su exacerbación están transformando tan rápidamente el rostro del mundo, que no da tiempo para que unos actualicen a los otros y ese conocimiento adquiera un valor performativo para ambos.

Esta crisis de la historicidad tiene también sus consecuencias en la frivolización de las fronteras de la existencia: el nacimiento y la muerte. Hay una multiplicidad de fenómenos a los que la bioética *–novum organum–* debe enfrentarse, porque han surgido como un nuevo problema. Aborto, eutanasia, manipulación genética, gestación subrogada o tráfico de órganos son solamente algunos ejemplos del modo como la vida está siendo hoy convertida en un fetiche, en una cosa que ha de prestarse a ser legislada y mesurada, y de la que unos y otros se quieren apoderar según sus agendas biopolíticas. Nuevamente, es la situación de la técnica la que coloca a los individuos en la encrucijada contemporánea, y la técnica no es sino el vínculo o el gozne que posibilita el engarce entre dos dimensiones metafísicas en las que el ser humano se juega su existencia: naturaleza y libertad.

Esta nueva situación técnica, que coloca en entredicho tanto a la naturaleza como a la libertad, pone a la humanidad en una situación verdaderamente prometeica: queriendo arañar el cielo y la divinidad, ésta no hace sino condenarse a la soledad y a la tortura metafísicas. Porque, desde luego, la referencia a Dios o a un ser Absoluto está también desdibujada y oscurecida, no solamente debido a los procesos de secularización que han tornado a la religión en un asunto privado perteneciente al ámbito de las preferencias subjetivas, en una suerte de actitud que la trivializa, sino porque la situación espiritual del ser humano contemporáneo lo vuelca completamente al mundo y a sus objetos, de modo que el bien y la verdad que le visitan en la intimidad y en la presencia de su prójimo se han vuelto prácticamente invisibles. La antigua religión está disuelta en espiritualidades que normalmente atan aún más al hombre a la inmanencia del mundo.

Cabe decir que esta situación no es solamente la de una aporía en la que estemos situados. Las nuevas realidades anteriormente planteadas son también signo de una situación en la que la libertad de la persona puede encontrarse y resistir más fácilmente a los múltiples reduccionismos a los que la historia la ha intentado someter.

La libertad humana, y así la existencia personal entera, trasciende la historia, la naturaleza y las instituciones. Al estar íntimamente vinculado a la verdad, el ser humano no puede vivir solamente de su origen natural, de sus vínculos sanguíneos, de su situación histórica o de las ideologías de turno. La existencia humana está llamada a trascender las contingencias y establecerse en la vida de la verdad, no solamente bajo una forma activa de habitarla, sino bajo una forma pasiva de recibirla.

Si bien, la negación de nuestras tradiciones nos ha traído una cierta confusión respecto del vínculo con nuestros ancestros y con el porvenir, es cierto también que un vínculo demasiado grueso con ellos puede hacernos ver el pasado como una determinación. Si el cuerpo en su dimensión material permite que el mundo sea habitado y domesticado, es también cierto que la total identificación del ser humano con su organismo lo ata a la naturaleza de un modo opresivo. Si la religión dispone al ser humano a esperar y a vivir hacia y desde un horizonte que trascienda la inmanencia del mundo, es cierto que la dogmatización y la excesiva institucionalización puede hacer de la gracia y del Misterio objetos de intercambio y de abuso ideológico.

Nuestra situación histórica es paradójica. El individuo humano pugna contra las fuerzas naturales e históricas que lo reducen a concepto, a especie y a generalidad. Pero también es cierto que se ha mostrado esencialmente incapaz de emprender la aventura de la libertad hacia el bien y el amor sin volverse loco de vértigo y enamorarse de sí, soltando además a su paso los males más perversos que han visto la tierra y el cielo. Sólo algunos individuos y pequeños reductos de comunidades de paz se han mostrado a la altura de la inquietud que lleva al ser humano a buscar el bien y la verdad. Y aun ahí, no queda para nada claro si han sido las fuerzas humanas las que han permitido esos espacios donde es posible decir el *shalom* de la paz, o es más bien la gratuidad del Bien, que se hace presente de formas enigmáticas y misteriosas en la vida de los hombres.

Tal es la encrucijada en la que se encuentra la humanidad, y aunque la esencia de la postmodernidad es muy difícil de definir con precisión, la complejidad que la define se descubre como un enigma. Lo que nos parece que está en juego no es sólo ni principalmente la confianza en la cultura occidental, sino sobre todo la confianza en el ser humano. Más aún, el yo moderno y postmoderno se desvela como una realidad aporética, pues es su actuar en el cosmos el que está haciendo peligrar la realidad en la que él habita y su misma existencia; todo ello, mundo y yo, ahora convertidos en un mosaico de piezas diminutas imposibles de recomponer.

En efecto, nuestro diagnóstico apunta no sólo a una crisis social, cultural, política o teórica. Desde hace décadas, cada vez con más fuerza se identifica la presencia y el habitar de la existencia humana como un enigma directamente relacionado con la presencia del mal en el mundo. Aunque proliferan muchas y muy diversas respuestas al respecto en el ámbito de la sociología, la metafísica, la técnica, la política e incluso las filosofías prácticas, buena parte de ellas comparten planteamientos antropológicos reductivos, pues carecen de un saber que les permita abordar la existencia humana y su actuar en el mundo desde una perspectiva más existencial que técnica o conceptual. Más aún, el tema del mal se torna existencial por tratarse de un enigma creciente que no puede ni debe ser normalizado por vía de disolución en interpretaciones hermenéuticas o de corte espiritualista, que den cabida prematuramente a una esperanza sin contenido real.

Hay algo mal en el actuar del ser humano; un 'algo' que, aunque es del ámbito del actuar afecta al hombre entero por estar íntimamente relacionado con la libertad. Si algo ha revelado la modernidad es que la acción humana ha generado en el ser humano una segunda naturaleza en el ámbito cultural, la cual, como otra cara de la moneda, exhibe lo que se puede llamar una vida mala, es decir, una vida que al ser vivida genera mal en sí mismo, en las vidas de todos los que le rodean y en el cosmos en el que habitan. Las sociedades industrializadas y tecnificadas se han desarrollado bajo ciertas estructuras que han socavado y siguen socavando una parte importante del pensamiento y del actuar más propiamente humano. La tarea de la filosofía hoy consiste, principalmente, en ejercer un papel que ayude a las ciencias y las distintas instituciones y organizaciones sociales a caer en la cuenta de las dimensiones de la crisis, promoviendo un saber que ponga a la persona en el centro de todos los ámbitos de la cultura.

En este sentido, uno de los temas nucleares que debe abordar cada vez con más hondura una teoría de la persona es la tendencia de la civilización a la autodestrucción. El racionalismo aporta pocas esperanzas para la emancipación humana, como ha demostrado el fascismo y los grandes horrores de principios del siglo XX que llegaron a perpetrar los seres humanos contra sus iguales, en aras del progreso y la razón ilustrada. Esta tendencia de la civilización a la autodestrucción parecería apuntar a que la existencia misma del ser humano constituye un sinsentido.

Sin embargo, creemos que la elaboración de una teoría de la persona hoy abre el futuro a la esperanza, pues ofrece a la ciencia un fundamento existencial que trae pareja una invitación a una actitud científica vital. Esta es, a nuestro parecer la necesidad de una exploración filosófica de la persona entendida como libertad, sin reduccionismos a la naturaleza y sin fugas teológicas fáciles, pues, por un lado, el ser humano está atravesado en su vida y en su existencia por naturaleza, libertad, técnica y cultura, y, por otro lado, ya no hay una ontología comúnmente aceptada en la que pueda sostenerse teóricamente y con suficiencia la idea de Dios, de fundamento o principio. Desarrollar una teoría de la persona permite explorar la realidad y la existencia del ser humano a la luz de la libertad, de su capacidad de apropiarse de ella y de transformar el mundo en el que habita. La realidad debe ser recibida de modo que suscite preguntas al existente en las que éste se vea comprometido a desvelar su propia posibilidad metafísica o, mejor, se sepa entregado a ella. Así considerada, la filosofía del ser personal podrá ser fuente de conocimiento sapiencial en orden no sólo a fundamentar el edificio del saber, sino como método de interdisciplina radical, permitiendo con ello que la existencia personal se comprometa en el ejercicio cognitivo y su actuar libre.

* * *

Queremos aprovechar este espacio para agradecer a Alberto Vargas por haber congregado al equipo de Hápax y por su aliento para realizar el seminario que dio origen a este libro. Queremos también agradecer a Ricardo González, a Alejandro Roche y a Guadalupe Jaime por el apoyo, el acompañamiento y la confianza que nos han brindado en el Centro Cultural Deiman y a Ramón Ayala por su inestimable trabajo de edición de textos y corrección de estilo. Finalmente, también agradecemos al P. Luis-Fernando Valdés y a José Medina por emprender la aventura de querer cambiar el mundo desde la ciencia y la cultura.

Juliana Peiró, Juan Pablo Martínez y Diego I. Rosales
Hápax, Centro de Investigación en Humanidades

I
La persona como ἅπαξ

Miguel García-Baró López

En primer lugar, resulta interesante detenerse a analizar el término ἅπαξ. Lo conocemos normalmente de la expresión *hápax legómenon* utilizada en crítica textual para referirse a los textos propios de la filología clásica. Se trataría, en este caso, de una palabra que aparece dicha una sola vez en el contexto de una obra literaria. No obstante, se ha de subrayar también que la palabra ἅπαξ cuenta con vínculos lingüísticos muy interesantes. A pesar de que el término se trate, de hecho, de una pura casualidad fonética, como muchos filólogos remarcan, no puede dejar de notarse su vinculación o relación real con el término latino *pax* a través del verbo griego πήγνυμι, cuyo correspondiente latino es *pango.* Dicho verbo significa 'clavar, dejar fijo, estabilizar'. De ahí se deduce que el sentido de una situación de una estabilización no forzada, más o menos perfecta –la paz– tenga su origen en el significado de este verbo griego. En este sentido, ἅπαξ se refiere a aquello que queda fijado de una vez para siempre, no tan sólo lo que una vez se produce. Por otra parte, refleja bien las aspiraciones que toda investigación de corte filosófico-antropológica ha de tener.

No debe olvidarse, empero, que esta fijación permanente, a la que toda investigación de corte filosófico-antropológica debe aspirar, ha de realizarse hoy en tiempos de terrible penuria. En su obra *La barbarie*, Michel Henry señala que la enfermedad que la cultura sufre hoy y que tiene que ver con una revuelta de la vida contra sí misma, es una clase particular de padecimiento que resulta nuevo y desconocido. Éste se ha introducido en la cultura como consecuencia del predominio de la técnica en el mundo moderno a partir de Galileo. Los malos aprovechamientos de los propios planteamientos galileanos han contribuido a la conversión de la técnica en un fenómeno que ya ni siquiera es cultural, pues ésta –la técnica– ya no es o constituye un fomento de la vida, sino que ha llegado a ser tan sólo fomento de sí misma. En muchas ocasiones, ese fomento de sí, repercute incluso contra la propia vida. Es por ello que Michel Henry no deja de remarcar que nos encontramos hoy en una situación de extrema urgencia y de extrema dificultad.

Ante este diagnóstico, sin embargo, se ha de evitar toda forma de reacción conservadora automática. Se debe recurrir, en todo caso, a la investigación que abre un futuro nuevo. Ésta constituye la única manera de responder a las nuevas situaciones que se nos presentan y se nos presentarán. Ahora bien, la construcción de ese futuro se tendrá que basar indudablemente en los clásicos, teniendo en cuenta que éstos hasta ahora no han sido aprovechados originalmente en su contenido fundamental, sino que a partir de su enseñanza se han desarrollado corrientes más o menos dogmáticas o 'dogmatizadas', en donde no pocas veces se ha perdido el mensaje original o éste ha acabado siendo diluido de muchos modos y maneras.

Ahora bien, no vamos a centrarnos en esta exposición en el diagnóstico de la situación actual, sino en la investigación de lo que significa ser persona. De entrada, uno no puede dejar de percibir la situación paradójica que constituye la persona para sí misma, para uno mismo. Yo mismo estoy en contacto inmediato conmigo mismo desde la cuna hasta la sepultura. Soy lo más conocido. Casi en cierto modo lo único conocido. Y, sin embargo, es un hecho que me desconozco profundamente. Por ello, necesito iniciar investigaciones que continuamente me lleven a conocerme, pero no simplemente porque conocerme sea lo esencial, sino porque lo que debo hacer, la acción basada en ese conocimiento ha de ser un factor esencial en algo que podríamos llamar en terminología teológica 'mi salvación'. Nótese que el término griego σωτηρία, salvación, ha sido empleado no sólo en un contexto cristiano, sino también precristiano. Por tanto, no alude a ámbitos exclusivamente teológicos.

Si la persona soy yo mismo, debería de alguna manera poder decir quién soy yo. Y ello porque lo que soy, que además es autoconciencia –esto es, se me revela a sí mismo continuamente–, es algo infinitamente cercano para mí. No obstante, necesito conocerme a mí mismo. Ya los griegos hablaban de σωφροσύνη a este respecto. Es más, para llevar a cabo ese conocimiento de sí, necesito recurrir a toda una serie de alteridades que son decisivas en la constitución de una vida. Esta primera paradoja sitúa a la existencia humana en el camino de aquello cuya consideración resulta esencial para cualquier antropología filosófica. Y es que el ser humano es de alguna manera una modesta *coincidentia oppositorum*. Aquello que se puede decir de él comparece en una serie de problemas de orden dialéctico casi contradictorios que afectan y conmueven su existencia. Procedamos a proponer algunos de ellos, esto es, estas síntesis de opuestos en las que el ser humano parece consistir.

Se podría decir que el tema absolutamente capital de la filosofía, descuidado tras Platón y con las honrosas excepciones de Kant, Kierkegaard y Blondel, es la acción, pues lo que yo hago es lo que en último término me convierte en lo que definitivamente pueda ser. En suma, mi figura en el conjunto de la realidad. En este sentido, en la acción se juega todo. El conocimiento también es acción, pero la acción le añade algo al conocimiento que el mero conocimiento no tiene. Sólo actuando —teniendo en cuenta que estamos embarcados en la acción todo el tiempo de nuestra vida— puede venir el logro o el malogro de la existencia. Es así como se puede llegar a señalar que el ser humano consiste en la acción. Pero, a la vez, es absolutamente fundamental decir que el hombre es el ser al que le pasan cosas. Y las cosas que le pasan, no las que él realiza, son tan importantes o más que lo que él hace. Es cierto que lo que él hace es importante, pero lo es precisamente por reacción a lo que a él le pasa. De modo que una de las definiciones más completas y consistentes de alguno de los más interesantes estudios de la antropología filosófica hoy es la del ser humano como el ser al que le ocurre algo, le advienen cosas. Mientras que al resto de seres en realidad no le ocurre nada, sobre todo porque no cuentan con el fenómeno de la verdad, esto es, el fenómeno que indica no sólo que algo acontece, sino que ese mismo algo que pasa se autorrevela, se automanifiesta. Pues no se limita simplemente a ocurrir.

El hecho de que nos pasen cosas, en el sentido anteriormente indicado, constituye algo absolutamente esencial en el desarrollo y despliegue de nuestra existencia. Y, a la vez, es la acción, sin embargo, aquello que nos configura en lo que realmente somos. Esta primera síntesis, acción-pasión, es una síntesis que recuerda a algunas de las que, por ejemplo, ofrece Kierkegaard en algunos de sus textos más completos de antropología filosófica, aunque no se llegue a igualar con ninguna de ellas. No es la diferencia alma-espíritu, la diferencia cuerpo-alma.

Una segunda formulación de esta modesta *coincidentia oppositorum* en la que el ser del hombre parece consistir es la siguiente: los seres humanos tendemos a inclinarnos por una especie de facilidad a la hora de afrontar y reaccionar ante todo aquello que nos ocurre y hacemos. Muchas veces esta tendencia queda equiparada a la situación en la que nacemos. A este respecto, muchas escuelas filosóficas han señalado que el modo en que nos hemos visto posicionados en la realidad al nacer tendría que ser el modo que deberíamos conservar para siempre. Se trataría de no dejarse perturbar o desviar de él. En este sentido, el hedonismo antiguo es de extraordinario interés por secundar esta visión, según la cual el niño pequeño ha sido puesto en la realidad. Su nacimiento, a este respecto, es realísimo. A partir de ahí, de esa inserción en la realidad, que no es equivocada ni defectuosa, ésta —la realidad— tendrá que irse manifestando, esto es, haciéndose verdad. En otros términos, partiendo de ahí, se ha de desarrollar la historia de la verdad, es decir, el modo en el que un niño comprende la realidad y se comprende a sí mismo. Y el desarrollo de esa verdad está sometido a infinidad de errores, extravíos, errancias, como se ha dicho tantas veces en el pensamiento del último siglo. De ahí, la explicación y el centro de todos nuestros peligros. Así pues, esta segunda síntesis de opuestos se podría formular así. El ser humano, que quiere actuar y a la vez le pasan cosas, es también alguien que querría conservar la situación de nacimiento y, por otra parte, sabe muy bien que no la puede conservar. Tiene, a este respecto, una actitud profundamente tranquila y pasiva que le convierte en lo que yo llamaría un fanático innato. Aquello en lo que nace querría conservarlo y aumentarlo para no relacionarse con ninguna clase de alteridad.

No obstante, resulta evidente que el mantenimiento de esa actitud sólo puede conducir al desastre, a la falsedad, al malogro de la vida. Y ello es así por el siguiente motivo: los seres humanos querrían que su vida siempre fuera fácil. Y, por tanto, como es obvio que en la vida se encuentran obstáculos, nos gustaría reducirlos todos a lo que llamaba Gabriel Marcel puros problemas. Esto es, asuntos que tengan una solución técnica conforme a una fórmula de una vez y para siempre y que permitan de alguna manera reducir los riesgos y peligros a los que la existencia me aboca a la mínima expresión. Ante esas situaciones que me encuentro, aunque haya querido ser un niño y mantenerme fanáticamente en la existencia y disfrutar simplemente de ella, el ser humano tiende a la pretensión de aplicar una fórmula que ya haya sido encontrada y que, en ese sentido, le permita resolver sus problemas con diversas técnicas, sean éstas cuales fueren. He ahí el peligro de la objetivación de uno mismo. Yo no soy más que alguien que, siendo alma y cuerpo, se restringe a ser sólo cuerpo. Me pongo en la situación de que se me cure y se me cure en todos los sentidos posibles. Esta situación, en último término, tiene la siguiente traducción existencial: yo soy un ser que puede ser objetivado plenamente. Y cuando se me objetive plenamente, entonces podrá darse algún saber de tipo técnico o la posibilidad de una técnica que me faculte para solventar todos mis problemas. En este sentido, para todo habría una solución de tipo técnico. Esto ya fue explorado por la antigüedad de un modo genuino y genial, sobre todo, en la obra de Platón, donde se encuentran varias indagaciones de este orden absolutamente apasionantes.

Pero la reducción de la existencia a la mera objetivación de sí ha generado nuestro mayor problema hoy, problema que también es de orden pedagógico: todo el mundo cree que los problemas se reducen a problemas con soluciones técnicas o halladas ya o hallables en todo caso. Es así como acontece la terrible tentación en el ser humano de dejar de encontrar en la vida aquellos obstáculos que en realidad son mucho más que problemas, por ser éstos o mucho más interesantes o mucho más peligrosos que los puros problemas. A estos últimos yo los llamo o bien enigmas o bien misterios. Cuando una persona no tiene conciencia de lo enigmático en su existencia, o no tiene conciencia de lo misterioso –término estrictamente filosófico–, entonces se encuentra en una situación ruinosa desde el punto de vista de su condición humana. A la espera siempre de técnicas. A la espera siempre de manipulaciones externas que a uno le cambien o transformen. Ésta es precisamente la esencia de la sofística. La sofística no cree en la filosofía, cree sólo en las técnicas que puedan cambiar la situación del ser humano.

Conviene, en este sentido, diferenciar dos órdenes de cosas que no debemos ni sería bueno confundir. Por una parte, se reclama de la filosofía que sea ciencia rigurosa, ciencia estricta. Y, por otra parte, se ha de decir que una filosofía que sea ciencia estricta en el sentido de la exactitud de las matemáticas, en realidad, no es ciencia estricta. No sería auténtica filosofía. Para hacerse cargo de esto, es imprescindible explorar a fondo las posibilidades de la ciencia estricta en su sentido más objetivista. Este programa lo llevó a cabo el fenomenólogo alemán Edmund Husserl con su reinterpretación del viejo cartesianismo. Consistiría en el intento de organizar todos los problemas atendiendo a una gran ontología general, formal, que se pueda aplicar a todo, desde Dios hasta la ameba, desde la sinrazón hasta lo imaginario. Explorar esa posibilidad y apercibirse de que no es suficiente constituye, a mi juicio, una de las tareas que la filosofía del siglo XX ha llevado a cabo muy satisfactoriamente. En este sentido, no puede uno pasar –a riesgo de caer en cierto irracionalismo– al tema de lo enigmático y lo misterioso sin haber tenido una fuerte vocación científico-técnica, esto es, una vocación de buscar claridad y objetividad en el máximo grado posible en aquellos temas que están al alcance, precisamente, de esa claridad y de esa objetividad.

Ahora bien, lo más profundo del ser humano no está al alcance de esa claridad. Pero ese reconocimiento no debe darse prematuramente. Tiene que ser algo que se elabore profundamente o, de lo contrario, se estará sugiriendo que debemos pasar como de un salto del laboratorio, en el que me encuentro con entidades ideales de carácter abstracto, en muchas de las cuales sirven el cuidado psicológico, psiquiátrico del ser humano, a inspiraciones provenientes de fuentes de naturaleza más o menos espúrea.

Esta síntesis de contrarios que acabamos de desarrollar podríamos calificarla como cuerpo y alma o lo objetivable y lo inobjetivable. Esto es, lo objetivable en la realidad y lo inobjetivable en la realidad entera, y no sólo en el ser humano. Esta diferenciación resulta fundamental hacerla, y la filosofía debe realizarla desde el punto de vista de su planteamiento, bajo el ideal de que investiguemos sin miedo alguno ('atrévete a saber') todos los órdenes de realidad con los métodos más finos y más adecuados, y busquemos en ellos todo su sentido, aun sabiendo que agotar el sentido de todos ellos sería de alguna manera un fracaso rotundo, justamente porque lo enigmático y lo misterioso no pueden ser erradicados de la existencia humana.

De ahí la paradoja de que el ser humano sea a medias objetivable y a la vez no lo sea en absoluto. Con esta nueva contradicción, quizá aparente y fuerte en la existencia humana, no están solventadas, empero, las aparentes contradicciones, la dialéctica que, a mi juicio, constituye lo básico en la antropología. Es más, otra contradicción que debemos destacar es una a la que me he referido anteriormente y sobre la que querría profundizar ahora. Ésta se podría formular como sigue: la verdad crece gracias a la acción. Y, sin embargo, la acción tiene que estar fundamentada de alguna manera en la verdad. La verdad es lo más importante para la vida, pues no podemos actuar de otra manera que no sea desde la verdad. De lo contrario, actuaremos no ya en falso, sino en la inautenticidad, en el malogro de nosotros mismos. Pero curiosamente tenemos en cierto modo que abrir la verdad, incluso hacerla en muchos sentidos, a propósito de lo que nos pasa y de las reacciones con nuestra acción a aquello que nos pasa.

Esto nos pone en camino de algo que considero nuclear para toda antropología filosófica hoy: no se puede hacer antropología filosófica meramente a priori. Es absolutamente imprescindible hacerla a posteriori, sin que eso la haga relativa o meramente histórica o incluso escéptica. Porque lo que se señala con ello es precisamente que cada ser humano es ἅπαξ. Es un individuo. No es simplemente un individuo de una especie biológica. Se trataría de un sí mismo tremendamente individual, hasta tal punto que constituye en cierto modo un caso único o, como ya se señaló antes y después de Leibniz, una mónada, término adoptado por Michel Henry en *La barbarie* para referirse a la singularidad del ser humano. El ser humano, a este respecto, es una soledad radical que, a la vez sin comunicación interhumana, no resulta un individuo plenamente tal. Ésta constituye otra de las síntesis de contrarios en las que consiste el ser humano y, a mi modo de ver, resulta la más interesante. El hombre es infinitamente individual y a la vez esa infinita individuación está radicalmente abierta a la alteridad en varias formas. Esta idea ha sido expuesta de un modo muy profundo por el filósofo alemán Karl Jaspers, pero también ha sido recalcada y desarrollada por Emmanuel Levinas y los mejores aportes de la filosofía dialógica del siglo XIX y XX.

Ahora bien, para considerar esta cuestión, debemos plantearnos una pregunta previa: ¿de dónde surge la necesidad de actuar en la que nos vemos siempre inmersos? La respuesta, a este respecto, radicaría en el hecho de que el ser humano es un ser carente. Es un ser que tiene conciencia de sus carencias y que quiere satisfacerlas. Este es el concepto más elemental de la ἐπιθυμία, el 'deseo' o 'eros', como se dice en el *Simposio* platónico. Desde el principio (nacimiento), el hombre es ἔρως, pero creo que es pertinente señalar, en este punto, que el ser humano no necesita, por ejemplo, tanto la leche materna como a la madre. Lo importante es la madre, no la leche. Lo importante no es el alimento o la bebida, sino el modo en que el alimento y la bebida nos llegan. Lo importante es ya en la búsqueda de la satisfacción de nuestras carencias una referencia a una alteridad que no es simplemente el pan, el agua o el aire, sino ya desde el comienzo la exigencia de cariño, de amor, de comunicación, que no parece que esté incluida en el repertorio biológico del resto de los seres vivos. Y, sin embargo, en el ser humano aparece de una manera extraordinariamente clara.

Ahí podemos constatar cómo el fanático innato que es el ser humano recién nacido tiene ya una sed de alteridad interpersonal que no se le puede negar y que es absolutamente evidente. No obstante, la alteridad que yo deseo no es siempre la que más profundamente anhelo. A este respecto, la alteridad que yo deseo inmediatamente debe ser muchas veces superada por alteridades que sólo se me revelarán cuando las inmediatamente queridas fracasen, se pierdan y se quiebren. Todo ello nos sirve para retomar y entender el hecho de cómo el ser humano es mismidad y a la vez deshacimiento. El ser humano es afectividad e individuación desde el principio.

Esto fue percibido agudamente por Heidegger. Zubiri se refiere a ello con el término 'yoidad' (*Jemeinigkeit*) y Michel Henry lo recoge bajo el término 'ipseidad' (*ipséité*). En este punto, para Henry no puede haber vida en el sentido de revelación a sí misma de la afectividad y de la sensibilidad que no tenga un yo como punto de referencia. En suma, desde el comienzo hay mismidad y a la vez necesidad de deshacimiento, tal y como hemos indicado antes.

Pero hay que tener en cuenta lo siguiente: la alteridad que se empieza ofreciendo a nuestra acción no es ya definitivamente la alteridad que en el fondo estamos deseando. Aunque nuestro ἔρως desde un comienzo sea sólo de alimentos terrenales, es también verdad que estamos necesitados de que la realidad nos ofrezca golpes muy duros para que se manifieste plenamente lo que en el fondo llevamos nosotros y las posibilidades de lo que podemos ser. Éste es el aspecto más relevante de la antropología filosófica hoy y el que, a mi juicio, más se ha desatendido desde el punto de vista filosófico, que desde la modernidad ha ido adquiriendo una modalidad netamente apriórica.

En las filosofías de la antigüedad clásica se incidió mucho en la idea de que el ser humano no puede vivir con miedo. El miedo constituye, a mi modo de ver, un tema antropológico clave. Éste no supone sino la muerte de la vida del espíritu. La lucha contra el miedo es directamente la lucha contra el mal. Esto ha pertenecido a lo más profundo de la tradición clásica. Ahora bien, ¿qué se debe hacer frente al miedo? Proceder a su eliminación, tal y como proponía Pirrón el escéptico, o el hedonismo y el epicureísmo, incluso el estoicismo. Este último sí reconoció desde el principio que es forzoso que uno sufra para poder crecer, que es forzoso que la alteridad que estamos necesitando no se nos manifieste inmediata y fácilmente. Debemos, tal y como repetía Séneca, ser educados en la adversidad por la providencia divina para que podamos ir reconociendo hasta qué punto nosotros somos capaces de resistir no ya simplemente al miedo, sino al mal cuando se presenta. En cierto sentido, se trata de que nos hagamos conscientes de que nuestro modo de estar activos ante la realidad no se reduce o no se puede reducir en ningún caso a que no me pasen cosas, en la expectativa de que yo las anticipe, las domine y las pueda controlar, y elimine con ello el peligro que tiene el estar vivo. Es más, nuestra propia vida comparece siempre circundada por alteridades que son inesperadas y nuevas. Eso es lo que realmente acontece en nuestra existencia.

No obstante, aunque el estoicismo remarcó la idea de que no se puede eliminar el sufrimiento, el padecimiento, en todo caso, lo que sí postuló es que se puede proceder a una plena superación de él. Esto es, para los estoicos sería posible darle pleno sentido al sufrimiento. En este sentido, el estoicismo contribuyó a señalar que no hay mal que por bien no venga y ayudó a cristalizar en el hombre aquella disposición según la cual todo aquello que se manifiesta como contrario a mis intenciones en seguida ha de mostrarse y asumirse como mucho más beneficioso que aquello otro que uno habría obtenido, si las propias intenciones se hubieran visto satisfechas.

En este punto se nos abre una alternativa que considero también fundamental para la antropología filosófica y la filosofía en general. Y es que el estoicismo, llevado hasta sus últimas consecuencias, conduce directamente a la locura. Y ello debido a que al hombre le tienen que poder pasar cosas que no controle. Le tienen que pasar cosas de tal categoría que lo desarbolen o bien en el orden de la sobreabundancia de sentido y la plenitud o bien en el orden de la supraausencia de sentido y el riesgo de la nada. Es esencial que eso le ocurra al hombre. El ser humano está abierto a ello y su condición consiste precisamente en estar abierto a los acontecimientos. También en esto el hombre es una modesta *coincidentia oppositorum*, al modo en que Dios es a la vez la causa no sólo de la luz, sino también de la oscuridad. En el caso del hombre, también ocurre lo mismo. Ese pequeño fanático que durante milenios ha vivido pensando que de él no dependía nada, que podía estar plenamente integrado en un grupo y no sentirse individuo, y que tardó en descubrir que el hombre es capaz de hacer todo, tal y como se recuerda en un famoso coro sofocleo, se encuentra traumáticamente expuesto al riesgo de abrirse a todo aquello que acontece. En este sentido, no es correcto decir que la filosofía nace como consecuencia del paso del mito al logos. Es completamente diferente su nacimiento. Su nacimiento pasa, más bien, por el hecho de que la divina inteligencia desciende sobre el hombre. Entonces, el hombre encuentra recursos dentro de sí para entregarse a lo que acontece, sintiéndose prácticamente divino. Esta idea es la que el estoico intenta realizar en plenitud más o menos acertadamente, bajo el presupuesto ilusorio de que uno tiene en sí una capacidad de resistencia divina frente a todo.

No obstante, el encuentro con lo que yo he dado en llamar el maestro exterior o con los maestros exteriores, éstos se me revelan no como las alteridades más o menos fáciles que me llenan de sentido, sino como oportunidades que pueden ser riesgos terribles. De hecho, el hombre está abierto a que venga sobre él una catástrofe que no puede ni debe controlar y a la que debe someterse, si quiere aprender no sólo de los pequeños maestros exteriores, sino sobre todo del maestro exterior. Estas catástrofes son esenciales en la vida de un ser humano. Tendrá el hombre que reunir de alguna manera la plenitud de la felicidad con la posibilidad del desastre. En este sentido, el ser humano constituiría una suerte de divinidad.

Una nueva definición de persona emerge de aquí, que yo considero acertada y pertinente: Persona es *ens capax Dei et simul possibilis diabolus*. Se trataría de un ser capaz de Dios y a la vez un diablo posible. En cierto modo, no es capaz de ser Dios, en el sentido de identificarse con él, pero sí de ser un diablo. No obstante, el hombre es también capaz de divinización, esto es, puede su realidad ser asumida en lo divino de alguna manera y vivir una unión con lo divino que parece imposible, sobre todo en la consideración de los estadios primeros de la existencia. Aunque a la vez al hombre se le da la terrible posibilidad, pareja a la primera, de ser un diablo. No hay diablo más diablo que el hombre. Y eso último es siempre una posibilidad abierta, a saber, la posibilidad de una traición inconcebible, de una crueldad consigo mismo y con las personas más queridas también inconcebible, precisamente allí donde la cumbre del sufrimiento está en la realidad incontestable de haber hecho sufrir a otro cuando uno no tenía intención y ya no puede de ninguna manera remediar o redimir lo acontecido.

En último término, todo esto significa que el hombre ha de estar sometido a lo enigmático y lo misterioso en su propia existencia. Tiene que no poder dominarlos. Tiene que pensarlos. Debe sumirse en ellos y deletrearlos. Debe atreverse a mirar a los ojos al misterio. Tiene que —en expresión unamuniana— no contarle a la esfinge las cerdas del rabo, sino sostenerle la mirada y ver si responde al enigma. Se trata, en definitiva, de no tener miedo a mantener esa mirada.

Dicha exigencia ha de conducirnos a bosquejar una diferenciación entre lo enigmático y lo misterioso, y a establecer los principales factores que constituirían una antropología filosófica. Hay un pobre 'yo' que tiene un maestro interior en su fondo. Este pobre 'yo' está abierto a la necesidad de lecciones terribles del maestro exterior, cuyas expresiones más radicales son la muerte, la culpa, el perdón, la desdicha; e incluso –a través, precisamente, del perdón– a divinizar esas lecciones, haciéndole capaz de Dios. Y sobre esos factores, es decir, el pobre 'yo', en principio vacío, aunque en su fondo yace el maestro interior, está la inquietud del corazón. Hay que tener en cuenta que la inquietud del corazón no se suscita fácilmente. La inquietud del corazón tiene que ser suscitada por algo que nos vuelva una pura pregunta alguna vez. El texto agustiniano en el que se refiere esta cuestión no viene seguido de un Agustín al que se le vea precisamente filosofar, preguntar, convertirse. Al contrario, Agustín se hizo una pura pregunta en ese momento y a continuación procedió a realizar necedades mucho mayores que las que ya había hecho. Esto es, sufrió la tentación de volverse aún más superficial de lo que ya era. Sufrió la tentación de distraerse lo más posible hasta caer en la tentación del escándalo.

La experiencia agustiniana no sirve sino para revelar la enorme capacidad de distracción humana respecto de lo enigmático y lo misterioso que, en el fondo, vertebran su existencia. En dicha distracción se muestra la tendencia humana a volver a aquel estado fanático, en el que uno quisiera vivir una vida sin tropiezos, sin problemas, sin enigmas, sin misterios. A este respecto, recordemos cómo los hedonistas antiguos y algunas de sus escuelas, queriendo reducir su existencia a la de los niños pequeños, postularon la idea de que lo que realmente había que hacer con la propia vida era prescindir de ella, esto es, suicidarse.

Naturalmente las autoridades de Alejandría decidieron cerrar semejantes escuelas a causa, precisamente, de la propagación de esta clase de ideas. En todo caso, esta misteriosa necesidad de que el hombre tenga que pasar por la prueba y la posibilidad del escándalo le ha de someter a fenómenos que, por un lado, no pueda controlar y que, por otro lado, le den una impresión de su individuación, de su soledad, aspirando a la comunicación, extraordinariamente fuerte. En ellos se le muestra que él es, de una vez por todas, libre. Y es libre tanto para convertirse en un diablo como para, sosteniéndole la mirada a la esfinge, conseguir que su vida se dé sin miedo, aunque no en la invulnerabilidad enferma del estoico, a la que antes aludíamos. Ese tipo de vida, tal y como ha señalado Claude Romano, se convierte en una suerte de aventura, de adviento permanente, una salida de sí, en la que se está recibiendo a cada momento un impacto de novedad que uno se resiste a que sea novedad, como al final, y de hecho, lo acaba siendo. Ese impacto de novedad hace que nuestra vida adquiera un enorme interés, porque constituye una sugerencia dirigida a la libertad, esto es, al hecho de contemplar y realizar unas posibilidades que la historia no nos da y que aparentemente no somos capaces de hacer, e incluso una exigencia de la efectuación de las mismas a cada momento. Aunque ello al final no acabe evitando la mismificación continua, es decir, el seguir engrosando nuestro yo, que también y en cierto modo resulta imprescindible.

Por otra parte, hemos de clarificar ahora la noción de enigma. Los enigmas son lo que fundamentalmente da lugar a lo que podemos llamar cultura en el sentido más propio. Sigo aquí el planteamiento de Michel Henry. Un enigma es un fenómeno en el que advertimos que hay profundidad, en el que nos damos cuenta de que reaccionar rápido respecto de él no es justo, aunque pueda hacerse. En el enigma se da algo en lo que merecería la pena que nos introdujéramos. Es decir, nos oculta más sentido del que se muestra. El fenómeno más evidente a este respecto es la belleza. El otro fenómeno más evidente es el encuentro interpersonal. Sobre este último, cabe reseñar que todos de uno u otro modo sabemos que toda persona es un enigma. En este sentido, toda persona tiene una extraña profundidad. Constituye una sugerencia de belleza que luego puede mostrarse peligrosa, pero que en sí misma resulta enormemente interesante.

En todo caso, el enigma se nos presenta en la forma de la belleza, aunque esté encerrado en toda la realidad natural que nos rodea. Todas las realidades naturales tienen mucho más sentido de lo que a primera vista pareciera. Todas podrían ser el objeto de un estudio nuestro mucho más detenido. Por eso, considero que la presencia de lo enigmático es aquello que ha conducido al hombre a la práctica de ciertas virtudes intelectuales consignadas ya por el propio Aristóteles y que resultan importantes distinguir y conocer también hoy.

Nótese el hecho de cómo lo enigmático nos conduce en la dirección de la ἐπιστήμη, de la ciencia bien entendida, que no sólo quiere crear procedimientos técnicos, sino profundizar en la realidad en su enigma. Por eso, Aristóteles separaba la ἐπιστήμη de la τέχνη, considerándolas dos virtudes intelectuales distintas. La τέχνη sólo quiere resolver problemas. Pero lo enigmático también conduce de alguna manera a lo ético y lo interpersonal en la φρόνησις, la sabiduría práctica. Ésta nos lleva a la consideración de lo que se puede hacer con otras personas más allá del miedo, justamente para cuidarlas, dejarse cuidar y responder a su reclamo en la medida precisa. Como ya se puede deducir por lo dicho, no habría ἐπιστήμη ni φρόνησις si no hubiera lo enigmático. Habría τέχνη, pero no el resto de virtudes intelectuales. Y es necesario añadir una virtud intelectual que el propio Aristóteles no consideró. Ésta no es sino la virtud destacada por los filósofos de la estética y muy importante para el presente, a saber: la peculiar virtud intelectual de la creación artística y del goce estético. Hay en ella una promoción de la vida, de la verdad y de la realidad que sólo se obtiene a través del arte y que no nos lleva a nada irracional, si mantenemos la virtud intelectual del arte en su lugar y por su parte, a la ἐπιστήμη, la φρόνησις y la τέχνη en sus respectivos lugares. En este sentido, al artista no le está permitido todo. Pese a todo, el arte sigue siendo una maravillosa posibilidad humana de realización de la verdad.

Clarifiquemos ahora la categoría de misterio. Lo misterioso es lo que da lugar a la σοφία, a la sabiduría propiamente dicha, que, por otra parte, será siempre un fracaso respecto de ello. Lo misterioso no es solamente aquello que muestra que tiene profundidad, sino que nos acompaña siempre desde la primera vez que se nos revela, aunque a la vez se nos tenga que ir revelando de manera ininterrumpida. Este último matiz resulta importante para la elaboración de cualquier antropología filosófica hoy, pues no se puede decir en ningún caso que ya está todo lo misterioso presente desde que nacemos. Necesitamos del tiempo y de vivir en él. El tiempo es la revelación misma de lo misterioso. El tiempo nos es esencial en este sentido. En todo caso, lo misterioso es aquello que una vez que se nos revela, se nos muestra de una forma totalmente inesperada e incluso inasumible. Y lo único que podemos hacer respecto de ello es contar con él –el misterio– en las fronteras de nuestra situación. En cierto sentido, constituiría una situación límite de nuestra situación, como diría Karl Jaspers. Es lo que, en definitiva, conforma el horizonte último de nuestra situación que nos acompañará ya siempre, lo cual no quiere decir que vaya a tener siempre el mismo aspecto para nosotros o que no podamos dilucidarlo, explorarlo o declinarlo de muchas maneras (incluso artísticas o metafísicas).

No obstante, la revelación de lo misterioso está siempre presente en la vida. Su revelación ha sido algo que yo no debo al maestro interior, al que, por otra parte, sí deberé una orientación sobre cómo reaccionar ante esa revelación, sino que es la obra fundamental del esencial maestro exterior, sin el cual nuestra vida no se entiende. Se podría poner como ejemplo, a este respecto, la revelación de la muerte, la revelación de que el tiempo que tenemos es breve e irreversible. Todos vivimos a la negra luz de la revelación de la muerte. Pero resulta que en muchísimos casos la reacción que tenemos ante ella es una vía de fuga, de distracción, de huida hacia la *regio dissimilitudinis*, como dice san Agustín, para, en la dispersión, olvidarme de que en el horizonte último se encuentra este extraordinario misterio de la muerte que me devuelve a fenómenos originales que uno no había tenido tan en cuenta. Por ejemplo, el fenómeno original básico de no deberse uno a sí mismo la propia existencia. Éste queda perfectamente traducido en la idea de que uno estaba en una situación parecida a la de la muerte antes de haber nacido. ¿Cómo puede haber habido una infinidad de tiempo antes de mí y que mi conciencia posteriormente se haya iluminado? ¿Qué pasaría si mi conciencia se duerme? Estas preguntas recogen representaciones o imágenes de la muerte que no sirven sino para remarcar o afianzar el hecho de que uno no podría anticipar la lección por parte de la realidad de que hay muerte y, por tanto, tiempo irreversible. Una vez que he recibido esa lección, ya no se puede olvidar. Formará siempre parte última de mi horizonte, aunque la quiera eludir o negar por medio de procedimientos más o menos arbitrarios. Procedimientos que en el fondo buscan no atenerse al misterio en su profunda realidad.

En todo caso, la revelación de la muerte no es sólo negativa ni mucho menos. Justamente es la que crea la inquietud del corazón sin la cual el ser humano no se entiende. No es que yo tenga inquietud cordial desde el principio. Lo que tengo es ἔρως desde el principio, pero en cambio no empiezo mi andadura existencial contando con la *inquietudo cordis*: inquietud por la sabiduría, la filosofía, la religión o la teología. Recibo esa inquietud de la lección fundamental que me da la revelación de la muerte, la revelación de cualquier pérdida decisiva por la cual entro en el tiempo finito e irreversible. En este sentido, la revelación de la muerte tiene un lado extraordinariamente positivo. Gracias a que nos morimos, esta vida tiene sentido, pasión, tareas; en definitiva, posibilidades. Si no nos muriéramos, entonces no podríamos soportar la vida. Esta consideración resulta fundamental a la hora de dar cuenta de la trascendencia divina, la vida *post mortem*.

No obstante, la revelación de la muerte no es el único misterio. El misterio siguiente es el misterio de la culpa, del bien y del mal, de la responsabilidad radical. A este respecto, resulta necesario apuntar y recalcar que no se filosofa más que cuando ya se está a la luz de ese siguiente misterio. Un filósofo que sólo filosofa porque se muere, en realidad, constituye una especie de infante filosófico. Un filósofo es tal cuando filosofa, porque no puede seguir viviendo sin que los demás le importen más que él mismo, sin que el problema del bien y de la culpa se le hayan abierto de una forma absolutamente dramática en su propia existencia y sin que haya reconocido que un pobre ser humano, si quiere crecer como tal, ha de pasar necesariamente por el cáliz de la culpa. Y ello no porque la culpa sea buena en sí, sino porque la reacción frente a ella, si es plena, es la reacción que conducirá al ser humano frente a la sabiduría e incluso la plenitud de la φρόνησις.

Es así que no se filosofa porque nos dé gusto filosofar. No se filosofa por curiosidad. Se filosofa por necesidad de no seguir siendo un canalla. Esta consideración resulta absolutamente esencial y el hecho de que haya muchas culpas que degeneren en locura no debe evitar el que consideremos que la culpa se trata de un fenómeno omnipresente en la realidad de cada uno de nosotros. Ésta no es anterior al fenómeno de la muerte, sino posterior a ella, aunque la Biblia muestre de hecho la secuencia inversamente.

Esta adquisición del sentido de la libertad como responsabilidad, especialmente como responsabilidad por el otro, resulta fundamental a todas luces, porque desde ella podemos constatar cómo estamos hechos para algo que es realmente imagen de la Trinidad divina, tal y como ha apuntado el filósofo ruso Pavel Florenski, a saber: la unión hipostática con el otro. Estamos hechos para una sorprendente fusión con otro que no evita nuestra responsabilidad, la necesidad de seguir cuidando al otro, pero que a la vez no puede soslayar la consideración de que yo no soy yo más que cuando estoy habitado por otros túes. Sin esto, no habría posibilidad fundamental del fenómeno cristiano o judeocristiano en cuanto tal, que no consiste sino en la inhabitación del Espíritu, esto es, la capacidad de que el ser humano sea asumido por la divinidad, salvo en el pecado. Dicha consideración acerca de la inhabitación no puede venir al ser humano si éste no comprende que la unión hipostática no se da sólo entre las personas de la Trinidad, sino que constituye más bien el modelo para lo que el hombre puede y debe realizar aquí. Una unión que en el caso del ser humano no tiene por qué ser tan sólo la unión conyugal, sino que puede ser, y de hecho resulta, más extensiva y abarcante de lo que pudiera en principio pensarse.

Pero aquí no se acaba la serie de fenómenos que encierra el dinamismo misterioso de la existencia humana. Hay más acontecimientos traumáticos, lecciones del maestro exterior que pueden conmover la singularidad humana. No obstante, para que un hombre sea plenamente tal, no es necesario que los viva todos. En todo caso, hay que mantenerse abierto a su posibilidad, teniendo en cuenta que uno no aprende de tales acontecimientos, sino viviéndolos, recibiéndolos en carne propia. Ninguna teoría evita que nos pasen cosas y que reaccionemos actuando frente a ellas, que seamos ensimismamiento, mismidad y deshacimiento, que seamos aventura y a la vez proyecto, naturaleza y a la vez existencia.

La última tesis a plantear está basada en la constatación de que todos sabemos de algún modo que es realmente real aquello que tiene autoconciencia, saber de sí. Cuando hablamos de realidad en un sentido neutro, impersonal, como sucede en el caso de Zubiri u otros, a la vez y paradójicamente no podemos dejar de constatar que lo absoluto no sería absoluto si no tuviera conocimiento de sí mismo, tal y como constataba el propio Spinoza al convertir el pensamiento en un modo del Absoluto. De hecho, cuando hemos hablado de la dureza de la realidad, hacia lo que se quiere apuntar es a la famosa tesis del libro de Jean Améry, *Más allá de la culpa y de la expiación*, en el que el autor sostiene que, por un lado, no llegamos nunca a la realidad, porque siempre se nos presentan imágenes, iconos, ídolos nuestros —siguiendo la terminología propia de Jean Luc Marion— y que, por otro lado, la realidad es tan fuerte que ni siquiera el mayor de los sufrimientos nos lleva a ella. Incluso en un campo de exterminio uno está descendiendo hacia la realidad sin llegar a tocarla.

La dureza de la realidad, empero, no debe ser comprendida a modo de cosa, sino más bien bajo la figura del maestro exterior. Éste, la trascendencia radical que nos enseña, tiene que ser considerado como algo autoconsciente, teniendo en cuenta que la trascendencia traspasa los límites de lo que un ser humano puede considerar. En este sentido, todo proyecto teológico tiene algo de antropológico, y lo tiene adecuada y debidamente. Mucho más si atendemos al caso del judaísmo que a otras formas de teología. En todo caso, el apunte previo de la trascendencia radical del maestro exterior no sirve sino para echar por tierra todas aquellas concepciones que afirman que la realidad se acabará revelando en el fondo del sufrimiento. Y, sin embargo, esto no puede ser así. No podemos pensar, a este respecto, la realidad de modo meramente impersonal. Pues, entonces, se volvería o bien objeto o bien cosa o bien una emanación de algo diferente.

Esta es la imagen de las síntesis misteriosas en las que creo que el ser humano consiste, este ἅπαξ, que a la vez está abierto radicalmente a la unión hipostática, a la comunicación, a la coexistencia. Dicha apertura tiene su máxima realización en la posibilidad de la contemporaneidad con Cristo, pero antes tiene que efectuarse filosóficamente de maneras más modestas, dado que saltar hacia Dios por encima del prójimo no puede resultar sino ser un disparate. A propósito de esto, considero necesario terminar con aquella ironía que no puedo dejar de calificar como socrática y que Juan en sus cartas pone en boca de Jesús: «¿Cómo vas a amar a Dios al que no ves, si no amas al prójimo al que ves?» (cf. 1 Jn 4,20) Y es que ¿acaso no resulta infinitamente mucho más fácil creer que uno ama a Dios al que no ve, que al prójimo al que ve?

II
La persona como ser dinámico, relacional y creativo

Alfonso López Quintás

El tema de la persona es un tema admirable. Nos va mucho en su estudio, como es lógico. Pero es también un tema especialmente difícil, porque, dicho de una manera rápida, la persona es un ser dinámico, relacional, creativo, dotado de un impulso muy fuerte a crecer, a superar límites y alcanzar altas metas.

Todos venimos al mundo precedidos por la actitud amorosa de nuestros padres. Ellos son los que han creado ese *campo de juego amoroso* por el cual nos hemos visto llamados a la existencia. En esa llamada va implícita una exigencia de respuesta acogedora y agradecida. Aquí surge, con todo vigor, el *carácter relacional-dialógico del ser humano.*

1. La aceptación de los dones primarios

Al nacer, nos vemos insertos de golpe en el conjunto armónico de los seres y de las relaciones afectivas. Esta inserción es el *don primero y primario de nuestra vida.* Pero todo don exige agradecimiento, que significa estar a la recíproca y fundar las relaciones básicas. Esta actitud abierta y acogedora marca el comienzo de nuestra vida. Aceptar y agradecer los dones primarios es básico para la vida humana, que es, de por sí, abierta y relacional. Una persona que recibe tales dones, pero no los agradece, no se desarrolla plenamente, porque va contracorriente de su carácter abierto y creativo.

Actualmente, hay personas que no aceptan los dones primarios de la existencia, aduciendo que no se les ha consultado en qué familia y lugar querían nacer: «Yo acepto la mujer que escogí para casarme con ella –me dijo un conocido un día–, pero no las personas con las que me sentí vinculado al nacer». Es esta una cuestión espinosa, que sería largo tratar. Aquí me limito a decir que «debemos acoger los 'dones primarios', pues, en la cuestión de los orígenes, es mejor y más aconsejable aceptar que rechazar». Y ello porque los dones primarios son la primera ocasión que tenemos de *recibir y agradecer*. Secundar esa actitud es tarea de toda la vida. Bendito el que se dé pronto cuenta de ello.

2. La ambigüedad y la riqueza de la persona

Empezamos a comprobar que el tema de la persona es un tema harto difícil, no sólo por su riqueza, sino por la ambigüedad que conlleva. La *ambigüedad* se ha afrontado a lo largo de la historia de la filosofía como un enemigo al que debemos combatir. Sin embargo, conviene prestar atención, pues *hay tipos de ambigüedad que no proceden de falta de pericia y de precisión al expresarse; indican riqueza*. Una riqueza, digamos, enigmática, que debemos conservar e incluso incrementar. A medida que nuestra inteligencia se perfecciona porque subimos a los niveles superiores de realidad, descubrimos tipos de ambigüedad sumamente valiosos. Erradicarlos supondría una gran pérdida, al contener en sí una riqueza insondable. Lo ha visto sagazmente el filósofo francés contemporáneo Philipe Fauré-Fremiet, al escribir: «Un nuevo humanismo deberá necesariamente surgir cuando hasta el sentido común se familiarice suficientemente con la ambigüedad de lo real».[1]

Con su peculiar intuición preguntó en uno de sus dramas Gabriel Marcel: «¿Dónde termina el que ama? ¿Dónde empieza el ser amado?». No cabe responder con precisión. Pero no siempre es necesaria la precisión. Lo que sí necesitamos es hacer las paces con la ambigüedad y perfeccionar un método para adentrarnos por vía de participación en las formas de ambigüedad que nos llevan a lo profundo. Mi *método lúdico-ambital de pensar*, con su amplio estudio y puesta en juego de la «mirada profunda», nos ofrece amplios recursos para ello.

3. Lo relacional y lo ambiguo

El tema de la persona tiene mucho de ambiguo, en el sentido de profundo e incluso de enigmático. Ahora bien, la ambigüedad se agrava especialmente en el caso de la persona humana, debido a su carácter *relacional*. Hay que tomar en serio este adjetivo y distinguirlo cuidadosamente de lo «relativo». El «relativismo», sin duda alguna, hay que combatirlo. No así la «relacionalidad».

---

1 Cf. Philipe Fauré-Fremiet, *Esquisse d'une philosophie concrète* (París: PUF, 1954), 171.

El miedo al *relativismo* frenó durante muchos años el estudio y la valoración debida de lo *relacional*. El método de pensamiento que propongo cultiva con empeño la flexibilidad mental necesaria para superar el relativismo sin caer en la rigidez sustancialista. «¿Dónde se halla la belleza del Partenón?», les pregunté alguna vez a mis alumnos de la Universidad Complutense; y unos me decían: «En el Partenón mismo, en ese edificio levantado bajo la supervisión de Fidias, y que luce su mármol espléndido en la cumbre de la Acrópolis». Esto parece tener su parte de verdad. Pero otros discrepaban: «No, su belleza se halla en el contemplador. Sin contemplador, no surge la belleza». También esta opinión parece aceptable.

Estamos habituados a hablar en términos de dualidad (subjetivo y objetivo), y nos parece que debemos optar por lo uno o por lo otro. A mi modo de ver, la verdad nos exige una flexibilidad mental mayor, que nos permita superar el verbo *hallar* —que pertenece al nivel 1—, y preguntar más bien cuándo *surge* la belleza. Estamos en el nivel 2 — el de las personas y las obras culturales— y en éste podemos *integrar* lo que encierran de riqueza la visión objetiva y la subjetiva. Debemos aprender a superar los problemas por vía de elevación.

En el caso de la belleza, no se «halla» aquí o allí; la belleza *surge* de la interacción entre los dos elementos: el subjetivo y el objetivo. Pero si *surge*, ya tenemos un elemento de ambigüedad, que nos invita a duplicar la atención. Porque es una ambigüedad muy prometedora, sin duda alguna; y hemos de acostumbrarnos a ese tipo de eventos que «acontecen».[2] A las personas sólo podemos comprenderlas participando en su vida misma y en su génesis, es decir: en su proceso de desarrollo.

Hace unos años, se afirmaba con frecuencia que no podemos «contaminar la filosofía con elementos de la ética y ejemplos de la vida corriente». Pronto advertí que no se trataba de una *contaminación* –término negativo–, sino de una *participación creativa* en ciertos temas especialmente significativos. Si uno quiere conocer la excepcional figura de Mozart, no debe reducirse a leer un amplio tratado sobre ella y acumular datos eruditos. El verdadero conocimiento de Mozart se adquiere participando de su vida, viviendo hondamente sus obras. Si uno quiere conocer a Dante, debe sumergirse en la *Divina Comedia*. Esa inmersión presenta un carácter creativo, porque implica un dialogar con el autor y buscar la verdad en común. *Este es el gran secreto: buscar la verdad en común.*

Debemos captar la persona participando de su modo de ser, es decir, de su crecimiento por vía de ascenso. A ese proceso lo denomino «proceso de éxtasis». Es necesario estudiar profundamente los procesos antitéticos de «vértigo» y de

2 Los alemanes disponen de un término muy preciso para expresar este tipo de acontecimientos. Se trata de un «*Ereignis*», algo que «acontece» en un momento determinado.

«éxtasis», porque nos dan una clave para seguir por dentro el devenir de muchas personas. Hay personas que viven un proceso de éxtasis, y se desarrollan; y otras que se lanzan –diríamos, se catapultan—a procesos de vértigo, con su consiguiente autodestrucción.

Los procesos de éxtasis son, en el fondo, experiencias de encuentro. Visto en toda su riqueza, el encuentro es un acontecimiento decisivo en el proceso humano de desarrollo. El que vive un encuentro y cumple las exigencias del mismo tiene mucho camino hecho para crecer como persona y desarrollarse. La persona tiene unas posibilidades de crecimiento admirables, si cumple ciertas condiciones. Esas condiciones son las propias de las realidades del nivel 2: las personas, las comunidades, las obras culturales que ellas generan. Esas realidades sólo podemos conocerlas si logramos ver cómo se desarrollan, porque este desarrollo pertenece a su ser mismo. Son realidades que existen en la medida en que se van formando y desarrollando. No son realidades «hechas» del todo cuando nacen. En rigor, no son «hechas»; son creadas de tal modo que fomenten el encuentro. De ahí la necesidad de conocer cuanto antes las leyes de la creatividad, sus condiciones, su eficacia.

4. Los bloqueos de la creatividad y su solución

Si desconocemos las leyes de la creatividad y las posibilidades que nos abren en nuestro camino de crecimiento, nuestro desarrollo se bloquea. Feliz el que descubra esto a tiempo y ponga remedio a tal fracaso. En cierta universidad, explicaba un día las diversas formas de libertad cuando una joven estudiante me interrumpió para decir, con aire amable, lo siguiente:

—Profesor, no se moleste en estudiar con tanto empeño la libertad y sus modos, porque esto es muy fácil: en la vida hay que elegir entre libertad y normas. Si acepto las normas, no soy libre. Pero yo prefiero la libertad. Y las normas las aparco.

Sus compañeros me miraron con expectación, pensando que le reprocharía defender la vía del libertinaje. Pero yo me limité a preguntarle:

—A su juicio, la libertad y las normas se oponen. Pero ¿se oponen *siempre*?

Ella respondió con decisión, como quien dice algo obvio:

—Por supuesto, ¡siempre!

Entonces le dije:

—Pues mire, por ventura lo que usted opina es cierto, *pero sólo en el nivel 1*, el del manejo de objetos. En el nivel 2 sucede todo lo contrario: lejos de oponerse, *la libertad y las normas se complementan*.

Aquellos jóvenes se dieron cuenta de que mis escuetas palabras abrían un panorama completamente nuevo ante ellos, unos horizontes espléndidos, y me pidieron que les explicara a fondo la razón de este cambio. *La razón básica y decisiva es que acababa de entrar en juego la creatividad.* El niño se encuentra muy pronto rodeado de realidades que lo invitan a ir creando relaciones; por ejemplo, un diálogo con un hermano o un compañero de clase, pero un diálogo tiene sus leyes. Si no deja hablar al otro, habrá un monólogo, no un diálogo, ni un encuentro. Para desarrollar su vida, el niño se encuentra con diversas normas, que debe acatar.

Mucho más claro verá esto cuando quiera aprender a tocar un instrumento. La partitura le da innumerables normas para tocar bien una obra y debe seguirlas. ¿Es ello posible? ¿No suele decirse como algo incontestable que la libertad y las normas se repelen? Si esto fuera cierto, quedaríamos fuera del mundo de la cultura. Pero, afortunadamente no lo es, por una razón decisiva: las normas que le da la partitura no se reducen a simples y hoscos mandatos; son «cauces de la creatividad» del niño. Al asumirlas, su libertad cambia de signo: se convierte de *libertad de maniobra* en *libertad creativa.*

El lenguaje es activo y creativo; transforma el nombre de ciertas expresiones a medida que el ser humano asciende en la escala de su desarrollo. Por eso no se puede hablar sencillamente de «la» libertad, como si hubiera una sola forma de libertad; hay tantas cuantas formas tenemos de relacionarnos con las realidades de nuestro entorno.

Nunca olvidaré el día en que, siendo todavía pequeño, me permitieron poner las manos en el teclado de un precioso armonio fabricado en París. Al dar un acorde perteneciente a un responsorio de Tomás Luis de Victoria, sentí que entraba, muy humildemente, pero muy realmente, en el gran *campo de la música*, en el cual mi libertad podría escalar puestos de cierta altura. La primera condición para ello era descubrir que mi libertad no era asfixiada por la inmensa cantidad de normas de cada partitura, sino al revés: cada norma me abría nuevas y más altas posibilidades creativas. De tal forma que aprender a tocar un instrumento era una verdadera escuela de libertad, de promoción de la «libertad creativa».

Afortunadamente, no debemos elegir entre libertad y normas, sino entre formas inferiores y formas superiores de libertad. El secreto de nuestro ascenso como personas radica en perfeccionar nuestra libertad, vinculándola progresivamente con la creatividad.

¿Nos imaginamos la calidad de la unión que supo crear el padre Maximiliano Kolbe con el padre de familia al que suplió en el momento de entrar en el calabozo siniestro? Sin duda, este joven apóstol de la Inmaculada amaba la vida; tendría familiares queridos y amigos entrañables, cuyo recuerdo le haría emocionarse en aquellas horas decisivas. Se dice que, cuando alguien está en peligro de perder la vida, su instinto de conservación se exacerba y el miedo lo paraliza. Pero él, en aquel momento de silencio macabro, en que se estaba diezmando a la población reclusa, supo escuchar el llanto de un padre de familia que, a punto de entrar en el fatídico calabozo, clamó en alta voz: «¡Ay! ¡Mi mujer y mis hijos! ¿Qué va a ser de ellos?». Y, con una fuerza de voluntad sobrehumana, dio un paso adelante, y, dirigiéndose al comandante, le dijo: «Yo me ofrezco por él, que tiene familia y yo estoy solo».

Este ejemplo nos revela que limitar la libertad humana a la *libertad de maniobra*, libertad de actuar en cada momento en función de los propios intereses, supone un empobrecimiento injustificado de la persona.

5. Cómo abrirnos a los modos superiores de libertad

Para plantear en serio las bases de mi conducta, debería preguntarme si realmente se oponen insalvablemente la independencia y la solidaridad, la libertad y las normas, la interioridad de una persona y la exterioridad, el dentro y el fuera... Muchas personas opinarán rotundamente que sí. Yo pienso, por el contrario, que, si estos términos se opusieran siempre, nuestra realidad personal se hallaría condenada a exiliarse del mundo de la creatividad y malograrse. Porque, precisamente, cuando la creatividad se moviliza en nuestra vida, estos términos 'opuestos' se convierten en 'complementarios', y permiten a la persona desarrollarse plenamente. Justo al convertirse en complementarios, tales términos –aparentemente opuestos– se transforman en una fuente de inmensa riqueza. Y eso es lo que a nosotros nos va a permitir ser creativos.

6. El reto de la enseñanza actual

Cuando abordo el problema de superar la situación de emergencia educativa que padecemos hoy, suelo subrayar que la primera condición para conseguirlo es 'aprender a pensar con rigor'. Acabamos de ver cómo podemos resolver problemas que parecían insolubles. Hemos abierto una vía de solución al distinguir diversos niveles de realidad y pensar conforme a la lógica de cada uno. Si me muevo exclusivamente en el nivel 1, al usar el término *libertad* pienso automáticamente en la *libertad de maniobra*, que se dirige a manipular objetos, dominarlos, poseerlos, ponerlos a nuestra disposición. Entonces, no vislumbramos siquiera la forma de coordinar la libertad con la obediencia. Si subimos al nivel 2 —es decir, al trato con personas y con obras culturales—, el lenguaje moviliza términos nuevos y hablamos, por ejemplo, de 'libertad creativa'. Esto nos abre una posibilidad de entender las normas como *cauces de la creatividad* y hacer compatible la libertad con la *obediencia a normas.*

Un reto de la enseñanza actual es *enseñar a los jóvenes a amar la obediencia*, al descubrir el gran papel que juega en su desarrollo personal, porque la libertad en sus grados superiores va vinculada con ella. Si conseguimos que los jóvenes se convenzan de esto, habrán alcanzado una alta cota en su proceso de formación. A partir de ahí pueden llegar muy alto en su vida de libertad y creatividad.

Pero este gran logro no es demasiado costoso. Basta decirles que en el nivel 2, las realidades ambitales del entorno invitan al hombre a integrarse con ellas y crear relaciones valiosas. Al hacerlo, vemos que las normas dejan de ser meros mandatos para convertirse en *cauces de la creatividad* y transformar la *libertad de maniobra* en *libertad creativa.*

Nuestro proceso de crecimiento personal está impulsado por una serie de transfiguraciones hasta tal punto que pude escribir todo un libro amplio con el siguiente título, bien expresivo: *La ética o es transfiguración o no es nada.*[3] Se trata de una transformación de la actitud egoísta en una actitud de generosa entrega.

Esta transfiguración se advierte incluso en formas depuradas de cultura. Así, vista profundamente, la buena música es una efusión de amor; es, por esencia, amorosa; una entrega total. Cuando a Mozart, uno de los mayores «genios» de la historia de la música, se le preguntó qué era la 'genialidad', contestó: «Ni una gran inteligencia, ni la imaginación, ni las dos juntas hacen el genio. ¡Amor!, ¡amor!, ¡amor! He aquí el alma del genio».[4] En un primer momento me desconcertaron estas palabras del gran salzburgués, pero, al escribir un amplio libro sobre *Estética musical. El poder formativo de la música*,[5] comprendí que la música es, desde el principio, una entrega absoluta: no exige nada, no pide nada. Es donación pura, que sólo desea ser acogida y asumida. Recuérdese, entre mil otras obras, el *Rondó para piano y orquesta* del mismo Mozart, si es posible tocado por Alfred Brendel.

Entendidas así la libertad creativa y las normas, se comprende que el intérprete, cuanto mejor asuma las normas y re-cree la obra, *más libre se siente*. Una obra perfectamente re-creada es una obra auténtica, «verdadera». Una vez más se cumple el pronóstico del Evangelio: «La verdad os hará libres» (Jn 8, 31-38). Hace

3 Cfr. Alfonso López Quintás, La ética o es transfiguración o no es nada (Madrid: BAC, 2014).

4 Cf. Reginald Ringenbach, *Gott ist Musik. Theologische Annäherung an Mozart* (Múnich: Kösel Verlag, 1986), 79.

5 Colección Fundación López Quintás, 2020.

unos años, tres periodistas cualificados abandonaron la emisora de radio en la que actuaban porque en el frontispicio de la puerta de entrada se hallaba grabada esa conocida frase. Se ve que no habían vislumbrado siquiera la profunda afinidad que existe entre la verdad y la libertad. Si entendieran la verdad como un 'estado de pleno logro' que alcanza una persona cuando opta por los cuatro grandes valores y los considera como el 'ideal de su vida', verían que su decisión de vivir para la verdad, en la verdad y de la verdad los libera de las ataduras del egoísmo y les permite alcanzar las más altas cotas de libertad. Tiene, por tanto, pleno sentido afirmar que 'la verdad nos hace libres'.

7. La liberación de otra dicotomía muy significativa: la independencia y la solidaridad

Tras una audición del primer coro del *Concierto para Navidad* de J. S. Bach, pregunté a mis alumnos si los niños cantores habían actuado con total independencia de los demás, sólo pendientes de las indicaciones del director. Me respondieron que sí. Yo agregué: «Y esta independencia llamativa, por su corta edad, ¿les impidió ser perfectamente solidarios con ellos?». «De ningún modo, y esto es sorprendente –me contestaron– porque en todo momento atemperaron el ritmo y el volumen de su voz». La conclusión fue sumamente prometedora: cuando se moviliza la creatividad, se superan las dicotomías y se crea una sintonía perfecta, que es fuente de belleza.

Esta superación de las dicotomías es decisiva para seguir el método de crecimiento personal que propongo. Porque nos abre a la vida creativa. De ahí la importancia del juego para el crecimiento del niño. El juego no es importante para los pequeños porque los divierte, sino ante todo porque los introduce en el mundo de la creatividad.[6]

La palabra *juego* es más amplia de lo que a menudo se piensa. En alemán y en otras lenguas se llama *juego* a la actividad musical, teatral y coreográfica. El juego nos enseña a convertir los objetos en ámbitos. El tablero de ajedrez era una mera tabla. En cuanto pintamos en ella unos cuadraditos en blanco y negro, se convierte en *tablero de ajedrez*. Ya es un *ámbito*, porque nos ofrece posibilidades para jugar, mover en él las fichas y representar una lucha incruenta entre dos bandos. El juego nos dispone para la creatividad. De ahí su peculiar seriedad.

6 Una amplia exposición de esta teoría del juego puede verse en mi obra *Estética de la creatividad. Juego. Arte. Literatura*, 3a. ed. (Madrid: Rialp, 1998).

Si no conocemos esta relación de la creatividad y la capacidad de integrar conceptos a primera vista opuestos nos bloqueamos intelectualmente. Para fundamentar la antropología dialógica es indispensable superar dicho bloqueo y despejar el camino para proseguir nuestro ascenso hacia la plenitud personal. Necesitamos total libertad de acción para descubrir cómo se modela el lenguaje, aparecen diversos modos de libertad y la persona sube de nivel.

8. Al entrar en el reino de la creatividad, se supera el bloqueo

Si una persona está bloqueada, ¿cómo va a vivir la experiencia de crecimiento que, como bien sabemos, es un crecimiento ascendente? La respuesta es decidida: subiendo al nivel 2, en el cual el hombre se ve rodeado de ámbitos, donantes de posibilidades creativas. Al relacionarnos con ellos de forma receptiva y activa a la vez, nos adentramos en el campo de la creatividad. Con una tabla, que es un mero objeto, no podemos hacer juego. Sí lo podemos ante un tablero de ajedrez, que nos invita a realizar, con la guía del reglamento, el juego de vivir de modo incruento un enfrentamiento entre dos bandos. Jugar es muy importante y tiene su punto de seriedad, pues nos entrena para la creatividad.

Romano Guardini –laureado en 1962 con el Premio Erasmo *al mejor humanista europeo*– conmovió al público católico de su tiempo al hablar de la «liturgia como juego».[7] Hubo teólogos que no entendieron el profundo significado que diversos autores contemporáneos atribuyen al juego y mostraron su desagrado, pero el libro *El espíritu de la liturgia* se convirtió en un clásico del humanismo actual.

El juego ostenta una gran importancia en la formación humana porque transforma los objetos en ámbitos, es decir, realidades donantes de posibilidades creativas.

Llegamos, así, a un momento especial: entramos en el mundo maravilloso de la creatividad cuando entramos en relación con realidades que son *ámbitos*, esto es, que tienen posibilidades creativas que ofrecerle a uno. Una partitura, por ejemplo, no es un objeto; como sí lo es el papel en que fue escrita. Cuando el misionero español en tierras mexicanas fray Miguel de Guevara tomó a finales del siglo XVII un trozo de papel y escribió en él esa joya sin par que es el soneto «No me mueve, mi

7 Cf. Romano Guardini, *Vom Geist der Liturgie*, 19a. ed. (Friburgo: Herder, 1918, 1957); versión española última: *El espíritu de la liturgia* (Barcelona: Centro de Pastoral Litúrgica, 2001).

Dios, para quererte», «ambitalizó» el papel, lo convirtió en «ámbito», en cuanto nos ofreció muy altas posibilidades culturales y religiosas.[8]

9. La importancia de la integración

El juego es siempre un ejercicio de la creatividad. Cuando el hombre —ser ambital, ambitalizable y ambitalizador— realiza todos los juegos que le permiten los ámbitos que lo rodean, desarrolla su realidad personal, moviliza formas diversas de libertad, crea el mundo excelso de la cultura.

Ahora bien, para comprender la importancia de lo que acabo de decir, he de agregar enseguida que cuando se vincula el hombre —ser ambital por excelencia— con las realidades ambitales del entorno, algo maravilloso acontece, porque no se trata de una mera *suma*, sino de una *integración*. Dos bolas de tenis pueden unirse y suman dos, pero cada una permanece como era, pues no ha mejorado su modo de ser. Cuando una persona se relaciona con otra para buscar la verdad en común no sólo se unen y suman dos, sino que se *integran*: intercambian puntos de vista, comparten experiencias, ensamblan dos mundos, con sus proyectos y anhelos, sus éxitos y sus decepciones. Se integran y perfeccionan notablemente su riqueza personal.

Cuando un pianista experimentado se acerca a un piano abierto no sólo toma contacto con su instrumento favorito; acoge las múltiples posibilidades estéticas que éste le ofrece. Cuando una realidad abierta, por ejemplo, una persona, se relaciona con otra y hacen planes entre ellas, surge un campo de juego espléndido, un ámbito rebosante de posibilidades creativas. Y dicha unión de realidades abiertas no es superficial; es una *unión de integración*. Integrar es una forma de unión muy profunda. En ella, una persona participa de las posibilidades que hay en otra: sus ideales, anhelos, planes de acción... Y viceversa. Esta relación de participación se convierte en una fuente de luz. Gracias a ello, estas dos realidades ambitales, abiertas a la creación de un campo de juego común, pueden conocerse mutuamente y de modo radical.

8 Véase Alberto Carreño, "*No me mueve, mi Dios, para quererte*. Consideraciones nuevas sobre un viejo tema", *Divulgación Histórica. Revista mensual ilustrada*, 4, 1 (1942): 39-56. Véase, asimismo, mi obra *Las cimas de la cultura y el ascenso al amor oblativo* (Madrid: UFV Editorial, 2022), 351, nota 340.

10. El descubrimiento de la armonía mediante la integración

Se cuenta que unos monjes medievales, para amenizar sus escasos ratos de recreo, se propusieron un día cantar una misma melodía al mismo tiempo, pero en diversas alturas, a ver qué sucedía. Lo que sucedió fue uno de los descubrimientos más fecundos de la historia del arte: la *armonía*. Por eso, tras el gregoriano, vino el milagro de la polifonía sacra romana, con los geniales acordes de Giovanni Perluigi da Palestrina, italiano, y el español Tomás Luis de Victoria. Y esta polifonía adorable inspiró el mejor barroco italiano y alemán, que a su vez nos llevaron a las cumbres del clasicismo vienés. Para comprender por dentro este desarrollo de la música y vivir en todas sus dimensiones una obra modélica como *La pasión según san Mateo* de Bach, debemos potenciar la inteligencia lo suficiente para ser capaces de seguir al mismo tiempo los siete niveles que se pueden distinguir en esa obra y en tantísimas otras de gran talla.[9]

La necesidad de potenciar la inteligencia la subrayaron hace unos decenios el entonces cardenal Joseph Ratzinger y el también cardenal Paul Poupard, presidente emérito del Consejo Pontificio para la Cultura. No nos dijeron en concreto cómo realizar esa potenciación, y su proclama apenas tuvo eco. A mi entender, no se necesita para ello realizar grandes cursos sobre la mente. Basta ejercitar el método que denomino 'lúdico-ambital', porque se basa en el juego que nos dan los ámbitos de realidad cuando los integramos entre sí y con el ser humano. Veámoslo en esquema.

Cuando dos o más personas se unen y se integran, dan lugar a un encuentro. Con razón se considera el acontecimiento del encuentro como el acontecimiento decisivo del proceso de desarrollo ascensional del ser humano como persona. Al integrarse, diversos ámbitos se entrecruzan y enriquecen, y dan lugar a una realidad nueva y admirable, como puede ser un hogar, una escuela, un grupo de especialistas que unen sus fuerzas en torno a una investigación muy exigente...

El encuentro plantea diversas exigencias, que se condensan en una básica: *transformar la actitud egoísta en generosa*. Si se cumple tal condición, el encuentro nos ofrece óptimos frutos: energía interior, alegría, el grado colmado de la alegría que es el entusiasmo, el cual responde a una conciencia de plenitud y se traduce en *felicidad*. Al pensar que nos basta encontrarnos para ser felices, tendemos a perfeccionar la unidad de integración, purificándola de todo resabio egoísta. Subimos así al nivel 3, el de los grandes valores, inspirados todos ellos por el de la unidad,

9 Una descripción pormenorizada de estos niveles de realidad puede verse en mi obra *La experiencia estética y su poder formativo* (Colección Fundación López Quintás, 2023).

y su derivado, que es el amor personal. Cuando optamos por los valores, porque los consideramos como 'el ideal de nuestra vida', ponemos singular empeño en purificar nuestro amor y convertirlo en *amor de entrega, amor oblativo.*

Es muy ilustrativo notar que san Agustín, siempre preciso en el uso del lenguaje, usó el verbo latino *diligere* cuando esculpió la famosa frase «Ama y haz lo que quieras»: «Dilige, et quod vis fac». Y agrega: «Porque, si *amas con este tipo de amor generoso*, lo que hagas será bueno». Y concluye: «Tenete ergo dilectionem et securi estote». «Manteneos fieles al amor oblativo y estad seguros».[10]

11. Dios es amor oblativo

Justamente, ésta es la forma de amor que los cristianos de lengua griega denominaban *agape*, término derivado del verbo antiguo, casi en desuso, *agapao*, que los latinos, como san Agustín, tradujeron por *diligere*, amar generosamente.

Esto nos permite ascender al nivel 4 y leer con hondura el texto del Águila de Patmos, san Juan evangelista, que nos hace esta decisiva revelación: «Dios es amor de ágape; quien practica este tipo de amor permanece en Dios y Dios en él» (1 Jn 4, 7-8, 16-17). Para adentrarnos en el ámbito de lo divino, no necesitamos realizar un viaje que nos lleve desde la inmanencia a la trascendencia, como un ingenuo político parece haber imaginado. Según la lógica del nivel 4, ese 'viaje' consiste en transfigurar nuestra vida, entregándola a la práctica de un amor purificado.

Intuyeron todo esto, en alguna medida, dos genios de la ópera. En *La flauta mágica*, Wolfgang Amadeus Mozart nos muestra la figura del amor pasional, representado por la pareja de los dos Papagenos, y, en un nivel superior, describe la decisión de los protagonistas Tamino y Pamina de purificar su amor, mediante toda clase de pruebas, con el fin de ser recibidos en el templo de Sarastro, nombre derivado de Zoroastro, como símbolo de todo lo noble y elevado.

Richard Wagner, en sus obras *Tannhäuser y el concurso de canto en el Wartburg* y *Der fliegende Holländer* (*El holandés errante*) lleva a sus afligidos protagonistas a buscar la solución a sus males en dos jóvenes (Senta y Elisabeth), dispuestas a darlo todo por amor, un *amor de entrega* o *amor oblativo.*

10 Cf. *In Epist. I Ioannis* X, 7.

Síntesis

Hemos dicho que el encuentro es el primer gran acontecimiento de nuestro desarrollo como personas. Si las personas se unen profundamente porque se integran, descubren asombradas el valor de la unidad, y lo consideran como 'el ideal de su vida'.

El ideal no es una mera idea o un proyecto que uno se propone realizar, para llenar la vida de sentido. El ideal no es algo que nos proponemos conseguir, como cuando nos esforzamos por obtener un título oficial para abrirnos paso en la vida. Es una meta que más bien nos viene *propuesta*. Si la aceptamos como fuente, guía y meta de nuestra actividad, se convierte en un elemento promotor de vida auténtica, llena de sentido y desbordante de felicidad.

Cuando una persona entiende lo que es el ideal y lo asume en su vida, puede comprender a fondo la transformación de que nos habla el gran pedagogo, padre Joseph Kentenich,[11] en uno de sus diarios: «[...] En el campo de concentración nos conocimos unos cuantos presos. Formamos una especie de grupo, casi todos sacerdotes y algunos seglares. Fue tan bonita aquella comunidad que creamos que *Dachau pasó de ser un infierno a ser un paraíso*».

Esta transformación se dio merced a la creatividad. Estos presos crearon entre sí un ámbito de fe, a distancia, mediante pequeños signos para comunicarse, e incluso pasarse el pan eucarístico. Kentenich sintetizaba así la vida que llevaban guiados y motivados por el ideal: «El ideal lo es todo en la formación. Cuando un joven halla su auténtico ideal y lo asume como propio, ese joven está salvado». «Como psicólogo, puedo subrayar en principio que el secreto de la maduración de los jóvenes radica en el desarrollo del ideal personal». «Las dificultades juveniles son superadas en lo esencial cuando los jóvenes encuentran su ideal personal».[12]

La verdad es que cuando consideramos el valor de la unidad-amor como el ideal de nuestra vida, nos entusiasmamos con el conjunto de los valores y descubrimos su interrelación. El amor auténtico inspira los encuentros. Éstos son *nuestro gran bien*. Nuestro ideal es ejercitar la *bondad*. Si hemos de ser buenos con todos, hemos de facilitarles lo que necesitan para desarrollarse como personas, según nos inspira el valor de la *justicia*. Esta actitud virtuosa crea entre nosotros un clima de armonía y concordia tal que genera un *estado de suma belleza, la belleza que salva*.

---

11 El padre Joseph Kentenich (1885-1968) fue un gran pedagogo, vivió la experiencia de los campos de concentración en Dachau durante la Segunda Guerra Mundial, y es conocido principalmente por haber fundado el movimiento *Schoenstatt*.

12 Cf. Joseph Kentenich, *Ethos und Ideal in der Erziehung* (Vallendar-Schönstatt: Schönstatt Verlag, 1972), 186.

Optar por estos valores y tomarlos como el principio de nuestra acción es conseguir un *estado de pleno logro como persona*, que de antiguo recibe un nombre privilegiado: *la verdad*. Ser verdadero no tiene un significado *estático*: presenta toda la movilidad y el compromiso de *vivir para la verdad, en la verdad y de la verdad.*

III
La persona como fondo insondable y misterioso

Jacinto Choza

1. Teorías y prácticas contemporáneas

Las teorías y las prácticas contemporáneas de la persona coinciden en su mayor parte en considerarla como el sujeto de los derechos humanos, cuyo fundamento a su vez se remite a la esencia humana, es decir, a lo que en la tradición occidental se denomina naturaleza humana.

Esta consideración tiene una historia, que va desde *la definición filosófica y teológica de hombre y de humanismo* en la antigüedad y el medievo, a la *definición jurídica de la persona* en la modernidad y a la *definición fenomenológica de los personalismos* en los siglos XIX y XX. Entre estos personalismos contemporáneos se incluyen la fenomenología, el existencialismo, el pragmatismo, la hermenéutica y los autodenominados personalismos, todos los cuales son modalidades históricas del humanismo. El humanismo es la concepción de la esencia humana y la práctica de su realización en los diversos momentos de la historia humana.

El hombre se define primero en la Grecia clásica por su naturaleza, por su esencia, como 'animal que tiene lenguaje', como animal político, y en la Roma clásica se define 'por los derechos que se le reconocen' en la sociedad. En el medievo cristiano, después de haber definido en la antigüedad a la persona como 'modo de ser de Dios', se define a la persona en general como 'ser subsistente'.

En la edad moderna se define a la persona como 'autoconciencia, como sujeto que se autodetermina libremente a sí mismo, dotado de un valor infinito, de dignidad'. Se declara así y se proclama así para la totalidad de los seres humanos, y se reorganizan las sociedades partiendo del reconocimiento de esa igualdad universal.

Las teorías modernas de la persona son simultáneas a las prácticas de reconocimiento universal de la libertad y dignidad, a la promulgación y reconocimiento, en tanto que derechos subjetivos (es decir, en tanto que derechos humanos), de lo que hasta entonces se declaraba derecho natural en el orden teórico.

Finalmente, en la edad contemporánea, la persona se define 'por su carácter singular e irrepetible'. Tal definición es simultánea a la promulgación y el reconocimiento de la realización singular a través de los derechos subjetivos: derecho a la determinación política, a la libertad económica, a la libertad de pensamiento, de expresión, de asociación, etcétera.

2. Fuentes de la noción de persona: gramática, derecho y teatro. Autor, actor y personaje

La definición de hombre como animal racional, que tiene lenguaje, *échon lógon*, y como 'animal político', que vive en ciudades, tal como la formula Aristóteles en la *Política*, la cumple el 20% de la población ateniense en el siglo IV a.C.

Actualmente en la Unión Europea y en América la cumple el 75% de la población, al menos en cuanto a mínimos. Hacia el año 2000 América alcanza el 75% de población urbana.

El significado y el sentido de la noción de hombre se despliega en la cultura occidental, en el orden teórico y en el orden práctico, al ritmo de la definición de 'persona', que se puede desglosar en tres factores, dimensiones o momentos, correspondientes a los tres niveles de *autor, actor* y *personaje.*

Personaje y papel. Los seres humanos se identifican por lo que hacen, pero lo que hacen se inscribe dentro de un conjunto de actuaciones propias de una función dentro de la sociedad, en el ámbito familiar, como padre o madre, en el ámbito profesional, como médico o agricultor, en el ámbito político, como alcalde o juez, etcétera.

Actor. Por otra parte, lo que hacen se puede hacer de muchas maneras. Hay muchos modos de ser padre o madre, de ser médico o de ser juez. Y el modo en que esas actuaciones posibles se llevan a cabo, depende de la habilidad, interés, responsabilidad, recursos, etc., de cada uno.

Autor. Finalmente, aunque el hombre se identifica por lo que hace y por cómo lo hace, el hombre no es solamente lo que hace, el papel o personaje, ni solamente el modo en que lo hace, el actor. Es mucho más. También es todo lo que puede hacer, pero no hace, es todo lo que desea o sueña, etc. Es el autor de su vida; pero en su vida, en la escena, aparece menos de lo que él es como autor.

Los seres humanos nos realizamos como personas representando 'personajes o papeles' (el de ciudadano, profesional, padre o madre, etc.), que forman el entramado de la vida social. Esos papeles son representados de una manera o de otra según las posibilidades y decisiones de cada uno de esos mismos seres humanos en tanto que *actor.*

El fundamento de esos papeles y esos actos es el mismo ser humano como *autor*, pero la autoría de sí mismo, de sus actuaciones y de sus papeles no se debe solamente a él. Se debe también, y tal vez en mayor medida, a la sociedad, la historia, la naturaleza toda y Dios mismo.

El término persona aparece primero en el ámbito del teatro para designar el papel. La palabra *persona* viene de la palabra *máscara*, que en griego se dice *prósopon*, y en latín *persona*, derivada del verbo *personare*, porque la máscara cumplía la función de megáfono que hacía que la voz sonara más y mejor en el teatro. La máscara o la careta es lo que se ponían los actores de teatro en el rostro para representar a los distintos personajes de la tragedia o la comedia.

El teatro pone de manifiesto muy claramente la diferencia entre personaje y actor. Un actor representa en las diferentes comedias y tragedias diferentes personajes, así como en la vida real una misma persona desempeña diversos papeles en la vida familiar, profesional, política, etc., como se ha dicho.

El término persona aparece en segundo lugar en el ámbito del derecho para designar al actor. También en el derecho, desde la República romana, está presente la diferencia entre representante o actor (abogado defensor, fiscal, etc.) y representado (cliente, reo, etc.), todos los cuales reciben el nombre de *personae*, en cuanto que consisten en un ámbito de actuaciones posible, es decir, de papeles. En el ámbito judicial, dentro de esos papeles, uno es el del personaje y otro es el del actor.

El hombre es diferente como personaje y como actor. Puede sentirse a sí mismo como diferente según esas dos dimensiones, y puede ser juzgado separadamente según cada una de esas dos dimensiones. De hecho, la mayoría de las personas son juzgadas por los demás principalmente en tanto que personajes, en cuanto a lo que aparece de él en sus papeles, porque *la apariencia* es lo más perceptible, lo que más *aparece.*

El término persona aparece en tercer lugar en el ámbito de la gramática para designar al autor. Cuando los gramáticos empezaron a analizar el lenguaje y la lengua en todas sus manifestaciones, descubrieron que las lenguas se construyen en tanto que habladas por tres hablantes, que guardan un determinado tipo de relaciones entre sí y que determinan algunos de los usos del lenguaje. A esos tres hablantes los designaron como personas, y según las relaciones entre ellas y con las formas del lenguaje las denominaron primera persona, segunda persona y tercera persona.

En el uso de los gramáticos, la palabra *persona* significa *hablante*, y no tiene ningún contenido, salvo el de indicar mayor o menor proximidad con el que habla. Qué o quién sea el hablante, puede aparecer en el papel, pero no aparece en el pronombre *yo*, *tú* o *él*. El pronombre a secas indica un sí mismo singular que está en un lugar, y nada más.

La metáfora del gran teatro del mundo o de la comedia humana, no es simplemente una metáfora, sino que está ontológicamente fundada, como muy pronto pusieron de manifiesto los filósofos estoicos, especialmente Epicteto y Marco Aurelio, y muy recientemente teólogos como Jean Danielou y Hans Urs von Balthasar.

3. Origen teológico de la noción de persona

El contenido de la noción de persona como un hablante, como un yo y como un sí mismo singular irrepetible, se configura en la elaboración y definición teológica de la diferencia entre Jesucristo y Dios.

Para explicar, entender y darle un sentido a la declaración de Jesús en que él era Dios mismo, se utiliza la fórmula de que en Jesucristo hay una persona divina, un yo, un hablante, un autor de todas las actuaciones, y dos naturalezas, una divina y otra humana, dos personajes, dos papeles, dos modos de actuación en dos ámbitos diferentes.

Por otra parte, para aclarar qué relación tiene el Dios Hijo, que se hace hombre, con el Dios Padre y el Dios Espíritu Santo, se dice que cada uno de los tres es un yo, un hablante, una persona, y que los tres tienen una y la misma naturaleza de Dios, que los tres tienen el mismo papel y ámbito de actuación propio de Dios.

En estas fórmulas, en la primera, la cristológica, se define la divinidad del Hijo como persona, como un yo; y en la segunda, la trinitaria, lo que se define como divinidad es la naturaleza, el modo de actuación o el papel del Hijo.

A partir de estas dos definiciones, la persona pasa a significar el yo singular e irrepetible del hablante, con toda la profundidad de su fundamento, su inaccesibilidad y su misterio.

A partir de las definiciones teológicas, en el siglo VI Boecio formula la más clásica definición de persona como «supuesto individual de naturaleza racional», es decir, ser sustantivo racional, singularidad sustancial pensante. Ese es el contenido de los pronombres 'yo', 'tú' y 'él' o 'ella', y ese contenido queda definido por una densidad ontológica máxima: se trata del tipo de ser de mayor rango, puesto que no solamente es un ser sustancial, que existe en sí, sino que además es racional, tiene inteligencia y se conoce a sí mismo.

4. Sentido universal de la dignidad del hombre Locke, Kant y los derechos humanos

Junto a estas definiciones de la noción de persona en el orden teórico, la organización social reconoce a todos los individuos las formas de actuación características de la naturaleza humana, las capacidades operativas de la persona.

Naturaleza humana, ley natural y su interpretación. El conjunto de esas formas de actuación y de capacidades operativas quedan comprendidas en lo que se denomina naturaleza y ley natural, que se toma como fuente y criterio de interpretación del derecho. La promulgación de leyes se ajusta a esa ley natural, según su interpretación legítima, que corresponde a la Iglesia.

Estado moderno y declaraciones de derechos. Cuando se rompe la armonía entre los Estados y la Iglesia, se fragmenta la Iglesia cristiana en iglesias nacionales, y los Estados se constituyen en soberanos; la promulgación de leyes no apela tanto a la ley natural interpretada por la Iglesia como a la naturaleza humana, a la esencia humana o a la conciencia humana. Como señala Weber, todos los movimientos que pretenden cambiar el orden establecido, las revoluciones, se legitiman por apelación a la naturaleza y a la esencia humana.

Los Estados modernos convierten los antiguos contenidos de la ley natural en derecho positivo, y, correlativamente, quedan obligados a garantizar, proteger y financiar esas leyes promulgadas con carácter universal para todos los súbditos.

Igualdad de derechos y caída del antiguo régimen. En la edad moderna se proclama en el orden teórico y en el orden práctico que la esencia humana radica en la autoconciencia de la persona y en su libertad, que pasa a ser el fundamento del orden civil y del Estado. Con ello, el antiguo régimen de las monarquías absolutas queda cancelado y sustituido por los regímenes republicanos de las nuevas sociedades democráticas.

Las proclamaciones de la soberanía de la autoconciencia se desarrollan en las obras de los ilustrados, especialmente en las de Descartes, Locke, Rousseau y Kant en el orden teórico, y, en el orden práctico, en la organización social que surge de la revolución inglesa de 1642-1688, la revolución estadounidense de 1776, la revolución francesa de 1789 y las revoluciones latinoamericanas a partir de 1810.

Derechos del hombre y del ciudadano. La ciudadanía. Cuando se inicia el siglo XIX, los Estados de la cristiandad cuentan con declaraciones de la dignidad universal de todos los hombres y con declaraciones de derechos inherente a la esencia de los hombres, es decir, declaraciones de derechos humanos. Por ello los Estados occidentales, que emergen teniendo como fundamento la autoconciencia y la libertad de los individuos que constituyen sus sociedades, tienen como obligación primordial garantizar y financiar tales derechos para tales individuos.

Esa obligación del Estado respecto de los individuos que constituyen sus sociedades es el contenido del vínculo que se denomina ciudadanía. Los derechos humanos son derechos del hombre en general, derechos inherentes a la esencia humana, y derechos del ciudadano en particular, derechos de los individuos garantizados por la nación y el Estado mediante el vínculo de la ciudadanía.

Derechos humanos y desconfesionalización del Estado. El cristianismo, especialmente en su versión paulina romana, se desarrolla proclamando la universalidad de la dignidad humana y la igualdad de todos los hombres («ya no hay judío ni griego, esclavo ni libre, hombre ni mujer, sino que todos sois uno solo en Cristo Jesús», Gal 3,28). Pero la cristiandad no traduce este principio teórico en la organización de la sociedad. La sociedad antigua, la medieval y la moderna se configura según las estructuras jerárquicas del feudalismo y de las monarquías absolutas, hasta la caída del antiguo régimen.

La proclamación de los derechos humanos, en cuanto que proclamación de la soberanía de la autoconciencia, lleva consigo la desconfesionalización del Estado en los países católicos, y por eso se encuentra con la fuerte oposición de la Iglesia Católica, que empieza a asumir tales proclamaciones en la segunda mitad del siglo XX, a partir del Concilio Vaticano II.

5. Sentido singular de la dignidad de la persona. Existencialismos, hermenéutica y personalismos

En la edad moderna la ciencia y la filosofía se refieren a lo que es universal y necesario, y el derecho se promulga para la totalidad de la ciudadanía, pues ha quedado establecido que todos los hombres son iguales en dignidad.

Pero en el siglo XX la ciencia y la filosofía, por una parte, y el derecho, por otra, descubren al hombre como persona individual, como especialmente único en su singularidad. La filosofía y la ciencia se ocupan de los casos singulares, y eso lleva consigo una especie de revolución en la filosofía y la ciencia. Por otra parte, la política y el derecho se ocupan también de las minorías y de las identidades personales en su singularidad, lo cual lleva consigo igualmente otras transformaciones en la organización y gestión de la sociedad.

La proclamación de que todos los hombres son iguales en dignidad lleva consigo que los obreros y campesinos también lo son, y asimismo las mujeres, los minusválidos, los extranjeros, etc. Se tarda mucho tiempo hasta aclarar y reconocer en orden práctico que todos los hombres tienen una misma naturaleza y dignidad humana, y, por tanto, que son personas, tanto los ricos como los pobres, tanto los hombres como las mujeres, tanto lo que tienen todas las capacidades como los que no las tienen, tanto los que son ciudadanos como los que son extranjeros, etcétera.

A partir del siglo XX, las ciencias de la naturaleza, hasta entonces tenidas por saberes de lo universal y necesario, empiezan a configurarse como saberes históricos, saberes de lo singular y contingente. Cuando la astrofísica empieza a considerar la hipótesis, repetidamente confirmada a lo largo de todo el siglo, de que el universo tiene un comienzo, una historia y probablemente un final, con alteraciones perceptibles en sus leyes según las distintas fases, la cosmología e incluso la física se transforman en ciencias idiográficas. Parece que también hay una neonatología y una pediatría del universo. Hay una historia del tiempo, de las galaxias, de las estrellas, etcétera.

Los filósofos de la Grecia clásica, Platón y Aristóteles, habían dicho que sólo hay ciencia de lo universal, y que solamente sobre lo universal cabe un conocimiento objetivo y verdadero, es decir, científico, demostrable, necesario.

Sin quitarle ninguna de sus cualidades al conocimiento y las explicaciones científicas, en el siglo XX tiene lugar un proceso de singularización del saber, que apunta no a las leyes universales y a la explicación por las causas necesarias, sino al caso singular e irrepetible y a su comprensión en tanto que tal, especialmente cuando se trata de vivientes, y más aún de vivientes humanos. Como si el carácter de singularidad irrepetible de la persona se extendiera a cada criatura, a cada elemento y a cada proceso del universo.

Así, en el siglo XX se desarrollan saberes como la inmunología y la genética, entre otros, que pretenden un conocimiento del organismo individual en tanto que tal, de su funcionamiento particular, único e irrepetible, y de su comportamiento singular.

Ese proceso de profundización en lo singular no solamente se da en la física y en la biología, sino también en las ciencias que ya se ocupaban del espíritu personal, pero que lo estudiaban desde el punto de vista de su naturaleza, de su esencia universal, y pasan en el siglo XX a estudiarlo desde el punto de vista de su singularidad personal.

Así, la filosofía se ocupa menos de la esencia universal, deja de ser un saber esencialista, para ocuparse de la persona singular en su duración concreta, y pasa a ser existencialismo. La lógica y la epistemología abren espacio para la comprensión y la interpretación del discurso singular, para la comprensión intersubjetiva, y aparece así la hermenéutica, el saber de la interpretación y la comprensión. La ética deja de fundamentarse solamente en la naturaleza para fundamentarse también en la conciencia, y pasa de ser una ética de normas objetivas a ser una ética de situación.

Ocurre algo análogo en la teología. La teología de las fórmulas objetivas hace espacio también para una teología existencial, para la comprensión de la relación del hombre con Dios en la intimidad de la conciencia personal. La interioridad personal pasa a ser el centro de la religión, más que el templo y el culto, más que la ley moral y las normas, y más que los dogmas y las formulaciones teológicas.

Es la tarea y el esfuerzo de los teólogos innovadores del siglo XIX, como Newman y Kierkegaard, y del siglo XX como Edith Stein, Guardini o De Lubac, entre otros muchos.

En derecho y en política, el siglo XIX y la primera mitad del XX viven la proclamación y protección de los derechos humanos de la igualdad, de los derechos que todos comparten, en el siglo XIX y la segunda mitad del siglo XX viven la proclamación y protección de los derechos humanos de la diferencia, los derechos de la conciencia, de la singularidad personal, única e irrepetible.

Hasta el siglo XX el conocimiento versa sobre lo objetivo, universal y demostrable, y pertenece al orden de la explicación y de la necesidad, de la ciencia. En el siglo XIX y XX versa sobre lo subjetivo, singular e indemostrable, y pertenece al orden de la comprensión y de la gracia, de lo gratuito.

6. De la realización del hombre a la realización de la persona singular

A partir de los siglos XX y XIX, el hombre empieza a ser entendido no solamente desde el punto de vista de su naturaleza universal, sino también desde el punto de vista de su singularidad personal. El hombre y su universo son el mismo y siguen siendo objetos del conocimiento científico universal, pero a cada sujeto personal el medio le afecta hasta el punto de que la integración de ese mundo en sí mismo lo cambia, lo cual le lleva a comportarse de una manera peculiar, que a su vez afecta también al mundo. Más en concreto, el mundo familiar y social que afecta a la persona singular queda integrado en la totalidad de esa persona, la cual, a su vez, mediante su comportamiento, tiene unos efectos que alteran también el mundo familiar y social.

En la doctrina general de la hermenéutica, Gadamer le da a este círculo el nombre de 'historia de la conciencia efectual'. La describe como proceso en el que el sujeto consciente es afectado por el medio en lo que se llama comprensión, y el medio es afectado por esa comprensión que acontece en el sujeto consciente, tanto si la comprensión es adecuada como si es inadecuada, porque de ella se sigue un comportamiento, un modo de ser del sujeto.

La biografía humana, el tiempo de vida humana, es el ámbito de la autorrealización personal, que consiste en afrontar las posibilidades y requerimientos del medio social, según las propias capacidades, las aspiraciones y valoraciones más propias del sí mismo.

El sujeto humano puede encontrarse con una pluralidad de papeles para representar a lo largo de su vida, y cada vez puede elegir entre una diversidad más amplia de ellos. En efecto, cada vez hay más profesiones y más modelos familiares.

Puede también actuar de modos más personales en la ejecución de sus papeles, es decir, tiene más autonomía y amplitud de movimientos, tiene más libertad como actor.

Esa ampliación de las posibilidades del papel y de las del actor, significan de suyo una ampliación de las capacidades del sujeto personal como autor. Esta ampliación de las posibilidades del sujeto personal, como autor de los papeles, como autor de las actuaciones de los actores, y como autor del medio y de sí mismo, es lo que se puede describir como personalismo, y se puede señalar como lo común a las doctrinas filosóficas y a las prácticas políticas y sociales de los siglos XIX y XX.

Aunque el término *personalismo* corresponde propiamente a una corriente filosófica nacida en el seno de los ambientes cristianos franceses de los siglos XIX y XX, y que tiene su comienzo explícito en Emmanuel Mounier, es claro que se pueden considerar personalismos los desarrollos filosóficos que toman como punto de partida a la persona en su singularidad y piensan teóricamente y promueven en la práctica su realización desde esas singularidades.

Es en este sentido en el que se puede decir que son personalismos la fenomenología, el existencialismo, el pragmatismo y la hermenéutica.

7. Ampliación del campo y el contexto de la realización de la persona en el siglo XXI

Desde los comienzos de la especie, el *homo sapiens* no ha dejado de ampliar continuamente sus capacidades ni de profundizar en sí mismo, no ha cesado en su «crecimiento hacia sí mismo y el acto», como dice Aristóteles (cf. *De anima*, II, 5, 417b 6-7). La más perceptible de esas ampliaciones en el pasado ha sido la invención de la escritura y de la ciudad, que ha permitido establecer comunicación entre todos los miembros de la especie por encima del espacio y del tiempo.

Las teorías y las prácticas sobre la persona de finales del siglo XIX y del siglo XX apuntan a la reflexión sobre la persona como fundamento del despliegue de la naturaleza y a la ampliación técnica de las capacidades humanas, es decir, a la ampliación de las posibilidades y recursos de esa naturaleza.

En el plano teórico, el pensamiento indaga sobre los modos en que el espíritu puede llevar al hombre y al cosmos en general más allá de sí mismos, tal como están dados hasta ahora históricamente. En el orden práctico, el desarrollo de la técnica da lugar a un transhumanismo en el que el ser humano se homologa a los espíritus puros en el orden operativo.

La formulación más difundida del personalismo en el orden teórico es la tesis de Jean-Paul Sartre, según la cual la existencia precede y constituye a la esencia. Esta tesis tiene una formulación más radical en la obra de Juan Pablo II *Persona y acción:* la libertad personal consolida y funda la esencia y la naturaleza humana en cada caso individual. Con la metáfora del teatro que se viene utilizando, se puede decir que el sujeto personal es autor de sí mismo como hombre, de sí mismo como actor que representa papeles y personajes, y que es autor de un número indefinido de personajes que puede representar.

La tesis del personalismo contemporáneo se puede comprender también con una 'metáfora cosmológica'. Si la luna tuviera conciencia y voluntad de describir su órbita como lo hace, y la describiera también porque lo sabe y lo quiere, la luna sería una persona.

La luna sería dueña de su papel y sería la actriz de sus permanentes presentaciones. Pasamos a un personalismo lunar si decimos que la luna, por sí misma, porque quiere, desde sí misma, es la autora de sus actuaciones y de sus papeles, o sea, de su naturaleza.

En el caso del ser humano, eso es el personalismo, y esas son las teorías contemporáneas de la persona, el crecimiento y la profundización en sí mismo propio del ser humano a comienzos de la era digital.

Por lo que se refiere a la ampliación de sus capacidades y a la superación de sus límites dados hasta ahora, después de la invención de la escritura y las ciudades, probablemente el cambio más profundo es la sustitución del medio en el que vive. Hasta el siglo XX, el medio en el que el hombre vive son los campos de tierra cultivada. A partir del siglo XX, el medio en que empieza a vivir de un modo más determinante son los campos electromagnéticos.

Como describe Higinio Marín en *Mundus*,[1] «la tierra y el agua, que era el medio en el cual los hombres habitaban y a través del cual establecían todas sus comu-

1 Higinio Marín, *Mundus. Una arqueología filosófica de la existencia* (Granada: Nuevo Inicio, 2019).

nicaciones, ha sido sustituido por el aire y la luz, como medio a través del cual los hombres establecen mayoritariamente sus comunicaciones».

La tierra, el agua, el aire y el fuego son los cuatro elementos en los que Heracles había desglosado la naturaleza, desglose con el que se inicia el neolítico, el tiempo heraclida. A partir del siglo XX, las comunicaciones humanas operan en el aire y la luz, los elementos en los que reina Hermes, el dios de la comunicación, y que marca el comienzo de la era digital o de los tiempos herméticos.

En los tiempos de Hermes, las comunicaciones entre los hombres son instantáneas, sin que medie tiempo entre la actividad del emisor y la recepción del mensaje por parte del receptor. El mensaje circula a la velocidad de la luz en el medio electromagnético, o bien, si hay entrelazamiento cuántico entre uno y otro, la emisión y la recepción son estrictamente simultáneas, como ocurre con la comunicación entre los espíritus puros.

Esa instantaneidad entre los humanos en el exterior también se da en la interioridad de los organismos entre unos subsistemas orgánicos y otros, abriendo un amplio horizonte de posibilidades para la superación de enfermedades y deficiencias, para un amplio número de actividades terapéuticas.

Esta ampliación de la profundización hacia sí mismo y de la comunicación y comunión con los otros, es 'el campo del transhumanismo', que ha examinado en toda su amplitud Carlos Beorlegui en un libro de reciente publicación.[2] El transhumanismo despierta recelos y temores, y abre el camino hacia las distopías, pero también, como las técnicas de la escritura y la alquimia en los inicios del calcolítico, señala un nuevo paso adelante en la realización de la naturaleza humana y de la persona humana.

Ahora, como en los inicios del calcolítico, lo más determinante de la persona humana no son las teorías, sino las prácticas, las tecnologías de lo humano, la inteligencia artificial, la comunicación artificial, las decisiones artificiales, etcétera.

El hecho de que en el progreso esté siempre presente el riesgo e incluso la amenaza de la destrucción, es la señal de que el protagonismo corre permanentemente por cuenta de seres libres, de seres para los cuales el fundamento de su naturaleza y de su singularidad personal es la libertad, y de que esa libertad mantiene la identidad consigo misma, pero el hombre, la persona singular, se muestra como cada vez más libre.

---

2 Carlos Beorlegui, *Nuevas tecnologías, trans/posthumanismo y naturaleza humana* (Granada: Comares, 2021).

IV
Siete tesis sobre la persona

Francesc Torralba

A continuación, presentaré en siete tesis lo que a mi juicio resulta más relevante a la hora de abordar un tratado de antropología filosófica. Ya desde los inicios de mi propia vocación filosófica, la cuestión del ser humano, de la persona, ha sido fundamental para mí. Por eso, a lo largo de estos años, he tratado de sintetizar estos siete puntos clave que, a mi modo de ver, deberían ser contemplados por cualquier antropología filosófica que tenga como objetivo describir lo esencial de la condición humana y no aquello que resulta meramente accidental a ella. Esto es, aquello que nos une de un modo profundo a todos los seres humanos, más allá de la inmensa diversidad de caracteres, formas, estilos de vida, opciones religiosas, sistemas de valores. Este trabajo de abstracción formal constituye lo más valioso de la antropología filosófica, precisamente por permitir identificar en qué consiste lo más esencial del *ánthropos* o de la persona.

Creo, además, que esta tarea es hoy particularmente acuciante, en un contexto de tanta pluralidad y fragmentación. Si es verdad que un signo de la posmodernidad es la hiperfragmentación –una especie de rompecabezas donde las piezas son cada vez más pequeñas–, todavía son más necesarios aquellos saberes que permitan unir esta multiplicidad de fragmentos. A este respecto, debe notarse que muchas veces nos obstinamos solamente en ver aquello que nos distingue y nos separa (en los ámbitos lingüístico, de género, de creencias, valores, etc.), y, sin embargo, lo más sabio y lo más necesario es ver lo que nos une para poder crear vínculos profundos entre los seres humanos: vínculos de fraternidad. Por eso, me ha interesado siempre la antropología filosófica y tengo la suerte de enseñarla desde hace más de veinticinco años. Y a lo largo de este tiempo he intentado sintetizar el núcleo de su saber en los siete puntos que voy a desglosar en adelante.

1. La persona es un misterio

La primera tesis es que la persona es, por encima de todo y de manera irreductible, un misterio. Esta tesis constituye un antídoto a cualquier reduccionismo tanto científico como disciplinario. Aquí utilizo la categoría de misterio tal y como la emplea el pensador francés Gabriel Marcel. Sin precisarlo ahora exhaustivamente, el misterio tiene que ver con algo que no puede ser conceptualizado, aspecto también subrayado por el filósofo alemán Karl Jaspers. En este sentido, cuando hablamos de ser humano, hablamos de una realidad, un sujeto, del que ningún abordaje puede, en definitiva, dar cuenta de manera total y exhaustiva. Siempre subsistiría un residuo en su comprensión, que no sería capaz de alcanzar el concepto.

Esta idea me parece clave frente a las tendencias reduccionistas que intentan explicar la totalidad de la complejidad humana a partir de una de sus partes, dimensiones o caracteres. En todo caso, cuando hablamos del ser humano como misterio, nos referimos a una realidad que nos trasciende y que, a pesar de nuestra infinita capacidad racional, no podemos, en último término, describirla de un modo analítico y definitivo. En resumidas cuentas, no podemos crear un sistema a la hora de dar cuenta de la realidad humana en cuanto tal.

Para ilustrar este planteamiento, no puedo dejar de referirme a san Agustín, cuando hace alusión al *magnum miraculum*, el gran milagro, en el que consiste el hecho de ser humano. Esta expresión nos hace percatarnos de que el hombre es una realidad profunda, enigmática, trascendente, caracteres que percibimos en parte. De ahí la necesidad del diálogo interdisciplinar. De ahí la necesidad de la humildad de las disciplinas y de evitar caer en aquello que Ortega y Gasset denominó la barbarie de la hiperespecialización, donde cada especialista cree comprender la totalidad del sujeto y del fenómeno humano, cuando, en último término, de lo que da cuenta es tan sólo de un fragmento o de una parte del mismo.

Esta primera tesis la enuncio no con el fin de señalar que todo ejercicio racional sea innecesario o estéril, sino precisamente para subrayar todo lo contrario. Cuando uno parte de que la persona es misterio, esa consideración, en lugar de frenar la actividad racional, la estimula, en la medida en que uno se encuentra con un objeto, el ser humano, que no puede trocear ni colocar bajo categorías. De hecho, la indagación sobre la realidad del ser humano se halla siempre abierta a nuevos horizontes.

Por eso, me interesa tanto entender la antropología como un diálogo diacrónico entre los grandes pensadores que han reflexionado sobre la condición humana. En este diálogo, no se puede descartar a nadie. A veces, descartamos a quienes no comparten nuestros *aprioris* ideológicos. Y a mí me parece que lo más honesto en esta tarea es no desechar a nadie que haya pensado con hondura lo que somos. Desde Sócrates hasta Martín Buber. A este respecto, me gusta aquella idea de Xavier Zubiri, quien señalaba que hacer filosofía consiste no en otra cosa, sino en dialogar con los grandes filósofos sobre las grandes cuestiones a través de un intercambio transhistórico o diacrónico que no termina nunca ni terminará jamás.

Ese diálogo no consiste, ni mucho menos, en un eterno retorno de lo mismo, sino que cabría imaginarlo bajo una forma helicoidal. Si fuera un eterno retorno de lo mismo, constituiría un sinsentido, dando vueltas a lo que finalmente resulta idéntico, sin progresar con ello en su necesaria profundización ulterior. A este respecto, considero que el diálogo filosófico constituye una invitación a dar vueltas a lo mismo, pero a la vez descendiendo al núcleo fundamental. Cuando san Agustín meditaba sobre el ser humano, no sabía lo que era una neurona o un genotipo, algo que conocemos gracias a Mendel. Dicho descubrimiento, sin duda, nos permite conocer con más complejidad al ser humano, pero a la vez no podemos dejar de percatarnos de lo que queda por conocer acerca del ser humano y su propia constitución relacional.

Por lo tanto, entiendo la antropología como un saber en gerundio (no en participio), como un diálogo transhistórico, donde no se descarta a nadie. Obviamente, esta es una tarea que trasciende las posibilidades de un único ser humano. Pero sí que uno cuenta con la posibilidad de indagar en los textos, encontrándose en ellos con aproximaciones múltiples a este ser tan complejo y poliédrico que es el ser humano y que, por otra parte, constituimos cada uno de nosotros.

Así pues, la primera tesis enunciada nos indica que ante el ser humano estamos frente a un misterio. Dicho misterio activa el pensamiento. Pero, ante el misterio, la actitud siempre ha de ser de reverencia y humildad. Conocemos lo que conocemos. Queda un enorme campo por indagar.

2. La persona es irrepetible

La segunda tesis es aquella que hace referencia a la irrepetibilidad o singularidad de cada uno de nosotros. Para mí, la fuente de inspiración de esta segunda tesis ha sido Søren Kierkegaard con su concepto de *Enkeltheden*, una palabra danesa de difícil traducción, pero que podríamos entender como 'individualidad', 'singularidad'. Con ella se ilustra la aseveración de que cada ser humano, a pesar de las características comunes con las que contamos (por ejemplo, la capacidad racional, lingüística o de sentir, etc.), es único e irrepetible. Esta idea ya se encuentra esbozada en la tradición filosófica clásica. A este respecto, recuérdese la definición de

Boecio y cómo en ella ya está presente esta idea, cuando define a la persona como *individua substantia rationalis naturae.*

No obstante, reitero que mi fuente de inspiración a la hora de formular y pensar esta singularidad ha sido especialmente Kierkegaard. Él la reivindica frente a esa tendencia a comprender al ser humano como un objeto o como una nota a pie de página del sistema. Contra esta tendencia, se ha de afirmar que cada ser humano es único e irrepetible. Esto no significa que realmente tengamos conciencia de esta unicidad. Precisamente lo que lamenta Kierkegaard es que, a pesar de ser únicos, vivimos como clones. Vivimos como seres automatizados que llegamos a una caracterización de nosotros mismos por medio de la mímesis, esto es, repetir patrones de conducta o modelos de vida, cuando lo que realmente somos es seres únicos e irrepetibles.

Pero ¿qué significa el hecho de que los seres humanos seamos únicos e irrepetibles? Quiere decir que contamos con unas características, necesidades, capacidades, inclinaciones y unos dones o talentos únicos, que si no son desarrollados y florecen, se pierden para siempre. Por tanto, esta unicidad del ser humano puede permanecer en un estado potencial, en letargo, o puede ser potenciada, desarrollada, articulada y expresada en la historia, de modo tal que esa aportación no se pierda.

Creo que en este punto es donde cobra sentido el proceso de educar, idea que vinculo a otra gran pensadora llamada Edith Stein. Cuando ella habla de *Bildung* ('educación', 'formación'), esa formación tiene que ver con aquello que hemos apuntado en el párrafo anterior, a saber: ayudar a un ser humano a llegar a ser lo que está llamado a ser, esto es, que pueda devenir en lo que realmente puede llegar a ser. Por tanto, hay una singularidad humana que para abrirse camino necesita de una *paideia*, de un pedagogo, de una comunidad educativa, para que puedan socráticamente extraer esta singularidad que hay dentro de él o ella. Es más, si esta singularidad no se extrae, no aflora, no se articula ni se exterioriza, se pierde para siempre. En conclusión, esa riqueza se perdería para siempre y todo lo que vendría aparejado con ella.

Pero ¿en dónde radica esa singularidad a la que nos estamos refiriendo? Por un lado, dice Kierkegaard, nos deja estupefactos. Cuando uno piensa a fondo que cada uno de nosotros es único, se percata de su 'irremplazabilidad' o condición irremplazable, categoría desarrollada en profundidad por el filósofo danés contemporáneo Peter Kemp. A este respecto, se pueden reemplazar las cosas, los objetos, incluso los roles, pero el modo como esa persona enseñaba o vivía algo es único. Las personas no se pueden reemplazar. De ahí el drama de la muerte, puesto que, si cada persona es única, significa que el hueco que deja no lo puede ocupar nadie. Cosa que no ocurre cuando uno pierde un objeto cualquiera.

En este sentido, la unicidad de la persona representa el gran drama. Por eso, frente a la pérdida del otro, no hay consuelo, si no hay fe en una posible reconstrucción de ese ser en su totalidad, una suerte de renacimiento espiritual en forma de resurrección. Pero con ello ya entraríamos en el terreno de la fe, de lo que los alemanes llaman *Glaube*, de la 'creencia'. En cualquier caso, la unicidad en la que consiste la persona humana, cuando la pensamos, nos deja estupefactos, porque supone a la vez responsabilidad, pero a la vez también implica que todo ser humano, en palabras de Romano Guardini, constituye una obra de arte *in fieri*. Guardini —que además tenía el don de la claridad tanto oral como escrita— expresa muy bien este carácter único de la persona humana, al tratarla como una obra de arte en construcción.

No obstante, muchas veces la tendencia social es a olvidar, a menoscabar o despreciar esa unicidad, en orden a vivir mimética o gregariamente, como diría Ortega y Gasset. Esto es, la tendencia, tan criticada por Kierkegaard, a vivir en la multitud y perder la individualidad en ese todo uniforme. Así queda enunciada la segunda tesis: la tesis de la singularidad.

3. La persona es vulnerable

Hay una tercera tesis que para mí es clave en un tratado completo de antropología filosófica, a saber, la condición vulnerable del ser humano. Es algo en lo que vengo reflexionando los últimos años. Somos seres vulnerables, susceptibles de ser heridos. De hecho, la misma palabra vulnerable proviene del término latino *vulnus* que significa 'herida'. Enuncio esta tesis frente a las visiones autosuficientes, autárquicas o absolutistas del ser humano. Es necesario reiterarlo: somos seres vulnerables.

Hay múltiples imágenes, expresiones o epifanías de esa vulnerabilidad. Señalo algunas. Por ejemplo, el dolor. El dolor es una epifanía de la vulnerabilidad. Pero también lo es la enfermedad. También lo es la decrepitud, la desmemoria, el fracaso. Y, por supuesto, la muerte es la epifanía suprema de la vulnerabilidad. Todas ellas constituyen expresiones, por medio de las cuales podemos intuir algo que nos desagrada: nuestra condición vulnerable.

Por lo general, se trata de una condición que ocultamos. Sobre todo, porque nos duele esta vulnerabilidad. Nos duele reconocernos frágiles, contingentes e indigentes. En definitiva, nos pesa vernos como seres carenciales. Se trata de una terminología que, como Wittgenstein apuntaba, tiene un cierto aire de familia. A partir de ella, se puede hablar del ser humano como un ser carencial. Esta idea la encontramos en Gabriel Marcel, pero también en Arnold Gehlen, que reflejan cómo el ser humano es un ser al que le falta algo, que tiene carencias. Un ser que busca, que tiene necesidades múltiples y de todo tipo, que pueden ser incluso evaluables y medibles, como ya hizo Abraham Maslow. Pero, en todo caso, somos seres fundamentalmente carenciales, frágiles y vulnerables.

A este respecto, la expresión de Heidegger resulta especialmente interesante e iluminadora: el ser del hombre es un ser indigente. Un ser indigente es aquel que pide, que necesita algo que no tiene por él mismo. En este sentido, y para mí, una buena antropología es la que no cae en la tentación de definirnos como seres autosuficientes o independientes, o incluso autárquicos. De hecho, decir que somos vulnerables significa que somos también dependientes. Incluso diría heterónomos. Dependemos del aire, del agua, de la temperatura externa, etc., pero también del amor y del reconocimiento de los demás.

Me parece que en los tiempos actuales hemos construido una idea de autonomía muy cercana a la autosuficiencia. Ésta en el fondo es irreal. Incluso es irreal la distinción entre seres vulnerables y no vulnerables. Para mí, la vulnerabilidad es una categoría universal, aunque sea cierto que haya grados de vulnerabilidad en función de las situaciones diversas en las que se encuentren los individuos. En todo caso, la vulnerabilidad en la que cada uno consiste se va transformando a lo largo del periplo vital. En este sentido, el *nasciturus* es muy vulnerable, tan vulnerable que necesita esa esfera de acogida, que es el útero de su madre, para poder desarrollarse y crecer. También el neonato, una vez fuera del útero, resulta muy vulnerable. Precisa de una esfera de protección que vele por él, lo cuide y lo atienda. Si no, muere. El desarrollo del propio periplo vital nos habla de los grados de vulnerabilidad a los que antes aludíamos.

Frente a los grados, tipos y niveles de vulnerabilidad, los seres humanos desarrollamos mecanismos de reducción de la vulnerabilidad. Mecanismos que siempre resultan provisionales. Con otras palabras, no tenemos la fórmula para alcanzar la invulnerabilidad. A pesar del desarrollo tecnológico exponencial del que hoy gozamos, al final la vulnerabilidad se manifiesta. Incluso se acaba imponiendo.

4. La persona es polifacética

Me voy a referir ahora a la cuarta tesis que quiero plantear en nuestras reflexiones acerca de la esencia humana, que no es otra sino, el polifacetismo humano. Esta otra faceta me ha interesado también y especialmente en los últimos años, sobre todo, en su vertiente dedicada a la reflexión sobre la acción, esto es, el ser humano como ser capaz de múltiples actividades. Formulo esta tesis frente a la visión unidimensional que reduce al ser humano a un ser que produce y consume: un *homo laborans* y un *homo consumens*. Frente a esta visión, hay que reivindicar el polifacetismo del ser humano, que es un polifacetismo potencial y que, para poder desarrollarse, necesita de nuevo de la *paideia*.

Ahora bien, lo que resulta innegable es que somos polifacéticos. Lo que ocurre es que muy frecuentemente nos encontramos en sistemas económicos y sociales en los que sólo conjugamos algunas de estas múltiples actividades, mientras que otras quedan fuera del espectro.

Aludo al siguiente ejemplo para ilustrar esta cuestión. Es un hecho que podemos meditar, rezar, practicar el silencio, conversar, etc. No obstante, estas prácticas en sociedades tecnocapitalistas, caracterizadas por la hiperaceleración (Harmut Rosa), quedan o bien imposibilitadas en su desarrollo o bien sujetas a una práctica excesivamente breve y sucinta. Me gusta, a este respecto, recordar aquello de lo que habla el Eclesiastés (*Qohélet*): «Hay un tiempo para cada cosa». Y, sin embargo, muchas veces esta multiplicidad de potenciales acciones que podemos llevar a efecto se ven reducidas a la mínima expresión. Al final de este proceso, tenemos seres que resultan unidimensionales, a la manera que subraya Herbert Marcuse en su obra *El hombre unidimensional*, autor muy olvidado, por otra parte, como muchos exponentes fundamentales de la primera generación de la Escuela de Frankfurt.

Por eso, me parece interesante subrayar este polifacetismo, porque lo vemos en el niño y en el adolescente e incluso en el joven. Ahora bien, este polifacetismo requiere de un desarrollo basado en la educación y la ayuda de los otros, a la hora de poner en práctica su aprendizaje. A mi modo de ver, la base de este polifacetismo ya la encontramos en Aristóteles, cuando habla de la triple actividad humana: la *theoría* (la actividad contemplativa; *contemplatio mundi*, decían los medievales), la *práxis* (la acción) y la *póiesis* (la producción). Por consiguiente, siguiendo a Aristóteles, somos seres contemplativos, prácticos y poiéticos.

Sin embargo, no cabe duda de que en nuestro tiempo actual el gran eclipse ha afectado especialmente a la dimensión contemplativa de la existencia. Lo que se produce en nuestro mundo presente es que todo lo que tiene que ver con la actividad contemplativa, la *theoría*, sufre. Sufre o queda eclipsada. Somos hoy seres hiperactivos, esto es, desarrollamos una praxis hiperacelerada. Pero somos también seres hiperproductivos. Hiperproductividad que viene contrapesada por un hiperconsumismo, para que precisamente no se dé un excedente innecesario en la producción, a la que se entregan las sociedades contemporáneas.

Pese a todo, la cuarta tesis —que vengo sosteniendo— relativa al polifacetismo evidencia la riqueza en la que consiste la realidad humana. Este polifacetismo es también único en cada ser humano. Hay individuos más dotados para la contemplación, para la praxis o para la artesanía que otros. Hay seres que tienen una inclinación o talento natural para la pintura, la poesía o la música; o seres que tienen una inclinación natural para el pensar y para enseñar a pensar. Por lo tanto, esta característica polifacética de la realidad humana corresponde también en su despliegue a la dimensión de unicidad que afecta a cada esencia humana en cuanto tal. Cada uno tiene unas potencias, que muchas veces hasta el mismo sujeto ignora. De ahí la importancia del famoso dicho «*nosce te ipsum*», cuya traducción es «conócete a ti mismo». Con otras palabras, conoce cuáles son tus potencias y tus capacidades.

5. La persona es un ser lingüístico

Paso a enunciar, a continuación, la quinta tesis. La expresaré con la terminología de uno de mis maestros, Lluis Duch, monje de Montserrat y antropólogo de referencia. Dice así: el ser humano es un ser políglota. Somos seres lingüísticos. Aristóteles se refirió a esto mismo con la expresión *zóon logikón*. Igualmente, Charles Taylor se refiere al hombre como animal lingüístico. En consecuencia, somos seres capaces de articular múltiples lenguajes. Tratemos esto más detenidamente.

Nótese que *lógos* en griego significa tanto 'palabra' como 'razón', pero yo prefiero hablar más bien de palabras en plural, *lógoi*, dado que somos capaces de múltiples articulaciones lingüísticas, que pasan desde el lenguaje científico, que constituye un tipo de éste e incluso un juego de lenguaje (Wittgenstein), hasta el lenguaje poético o religioso, que también son otros tantos juegos del lenguaje. Esto quiere decir que somos seres lingüísticos, pero tenemos capacidad de expresar aquello que tenemos dentro de distintas formas. Esta expresión diversa constituye una riqueza enorme, a saber, el hecho de que podamos leer una poesía de García Lorca, escuchar una misa de Mozart, contemplar *El grito* de Munch, etc. Todas estas realidades constituyen lenguajes humanos, como lo es también la fórmula de la relatividad de Einstein.

Así pues, considero que hay que reivindicar la palabra o, más bien, las palabras (en plural), porque es algo que nos hace particularmente singulares en el conjunto del mundo. No obstante, debemos tener en cuenta que hay juegos del lenguaje que están siendo ninguneados, maltratados y arrinconados. Y hay otras formas del lenguaje que se están imponiendo de una forma totalitaria. Un ejemplo de estas últimas lo constituye el lenguaje económico o tecnoeconómico. En relación con este lenguaje, en la actualidad, muchos otros lenguajes quedan olvidados. Y, sin embargo, el ser humano es capaz de esos otros lenguajes. Otro ejemplo vendría dado por la pérdida del lenguaje oral en detrimento de la imagen. En este sentido, es cierto que podemos expresarnos a través del lenguaje icónico. Piénsese, a este respecto, en la enseñanza que puede transmitirse a través de un icono ruso de Jesús. No obstante, en nuestro mundo actual, todas las formas relativas al lenguaje oral están sufriendo, especialmente cuando se trata también de posibilidades humanas. No hay más que observar la realidad de un aula para percatarse de cómo los alumnos hoy tienen especiales dificultades en sus formas de expresión oral a la hora de articular y crear sus pensamientos sin un apoyo audiovisual.

A este respecto, podemos constatar cómo hay dominios de ciertas formas del lenguaje que van copando y colonizando gran parte de la vida humana. Por eso, me parece que la reducción de juegos del lenguaje también constituye una reducción de mundos de vida o de juegos de vida, expresión esta del segundo Wittgenstein. Y si al final los seres humanos sólo tenemos un modo de lenguaje, no podemos expresar la complejidad y, en consecuencia, nos empobrecemos terriblemente. Por eso, resulta necesario en ocasiones rehabilitar el lenguaje filosófico, el lenguaje poético, el lenguaje simbólico, el lenguaje de la danza, de la pintura y de la escultura, porque son lenguajes que con mucha frecuencia quedan eclipsados en nuestro mundo, en favor del lenguaje tecnológico, científico, o fundamentalmente económico.

6. La persona es multidimensional

Quiero detenerme ahora en la sexta tesis, a la que merece la pena prestar atención. Se trata de la tesis de la tetradimensionalidad del ser humano. Se podría formular así: el ser humano se presenta en la realidad con distintas caras o facetas. En este sentido, me gusta la imagen del polígono, dado que un polígono tiene distintas caras. A este respecto, no somos seres planos. Tampoco somos seres que podrían explicarse como un punto, sino que más bien somos seres poliédricos.

Es así como he llegado a la conclusión de que debemos subrayar que somos seres multidimensionales. Es por ello que el abordaje de la realidad humana sólo puede efectuarse atendiendo al perspectivismo. Y ello debido a que, si uno confunde la dimensión que está observando con la totalidad del sujeto, entonces pierde profundidad. Pongo un ejemplo para ilustrar esta cuestión: el ser humano cuenta con una dimensión corporal, somos seres encarnados, no tenemos un cuerpo. Esto último constituye una formulación muy extrínseca, como si tener un cuerpo pudiera asimilarse al hecho de tener un coche o una vivienda o un libro en la mano. Por eso, resulta más adecuado hablar de que somos seres encarnados (en clara alusión a la *sarx* griega). Y esto es importante, porque no podemos vivir, ni desarrollarnos, ni crecer, ni comprendernos al margen de esta dimensión, la carnalidad o la corporeidad, que constituye, por su parte, la ocasión para expresar emociones, sentimientos, alegrías, tristezas, etc., especialmente con el rostro: la dimensión tanto más expresiva y significativa como lingüísticamente más potente de nuestra corporeidad, a la hora de expresar nuestra propia realidad, junto con las manos. En este sentido, si uno acaba confundiendo esta dimensión con la totalidad de la persona, sucumbe a un reduccionismo. Efectivamente, somos seres corporales, pero ¿sólo somos cuerpo?

A mi modo de ver, el reduccionismo acontece cuando subrayamos que sólo somos algo. Este 'sólo' es el reduccionismo, pues ¿cómo sabe uno que sólo somos eso? Por lo tanto, cuando hablamos de multidimensionalidad o tetradimensionalidad, nos referimos a que hay dimensiones de la persona más visibles y otras más invisibles. Aquí me resulta muy útil la distinción que hace san Agustín entre interioridad y exterioridad o entre el *homo interior* y el *homo exterior*. A la misma distinción alude la discípula de Husserl, Edith Stein, con un lenguaje fenomenológico del siglo XX: refiere que el ser humano cuenta con una *innerlichkeit* (interioridad) y una *äußerlichkeit* (exterioridad).

Así, podemos constatar la existencia de dos primeras dimensiones en el ser humano. Está la dimensión visible, tangible, audible, táctil de cada uno de nosotros. A este respecto, debe tenerse en cuenta que no hay vida humana sin cuerpo. La vida humana va siempre incorporada o encarnada en una realidad material. Esto es lo que la tentación gnóstica no acepta forjando la ilusión, basada en el deseo de un vivir sin un cuerpo tan pesado, tan tosco, lleno de limitaciones y esclavitudes. No obstante, yo considero que para que haya o se dé una vida, tiene que haber o darse un ser encarnado. No puedo imaginar un ser humano digitalizado, una especie de avatar en el metaverso. Para mí, eso ya no es ser humano. Este cuerpo puede haber adquirido modalidades diversas (dolido, sano, atlético, roto, etc.), pero en cualquier caso constituye una dimensión irrenunciable a la hora de considerar el despliegue de nuestra existencia.

Pero también contamos con una dimensión que hace alusión a la vida anímica, la *psiqué*, el *anima* (en terminología medieval), que hace referencia a toda nuestra vida mental y emocional y a todas las potencias ínsitas en ésta: imaginación, memoria, voluntad, intelecto o las inteligencias (si utilizamos un lenguaje más contemporáneo). Por lo tanto, comprender a un ser humano no consiste sólo en cuantificar, pesar, medir su exterioridad o su corporeidad, aunque lo podamos hacer de hecho. Es más, cuando indagamos en ese universo que llamamos la interioridad, entramos en un terreno sutil, intangible, en el que es necesario adentrarse para no quedarse en la superficie de uno mismo. Esto es, si no se entra dentro del castillo interior, en terminología teresiana, se queda en el afuera, sin poder dar cuenta del adentro.

Por su parte, también nos encontramos con la dimensión interpersonal, aparte de la física y la psíquica, pues somos seres que estamos configurados de tal manera que establecemos vínculos no sólo con nosotros mismos, sino con la realidad que nos rodea, pero, sobre todo, con los otros. Aquí uno dos tradiciones: la tradición aristotélica del *zóon politikón* y la tradición del Génesis que afirma que no es bueno que el hombre esté solo (Gn 2,18). Estamos hechos para la *koinonía*, para la comunidad, para la vinculación, justamente por nuestra vulnerabilidad. Si fuéramos dioses, autárquicos, autosuficientes, podríamos permitirnos el lujo de la vida individualista. El error del individualismo, empero, es que se olvida de la vulnerabilidad.

Por eso, está condenada al fracaso una sociedad individualista, precisamente porque el ser humano no sólo no puede prescindir de los demás, sino que los necesita. Y eso es lo que explica la comunidad, la tribu, el vínculo, el clan. Por consiguiente, somos seres que contamos con esta dimensión interpersonal, la llamada intersubjetividad, aunque naturalmente existan nomenclaturas y terminologías muy distintas a la hora de expresar en qué consiste la sociabilidad de nuestro ser.

Y, finalmente, resulta conveniente hablar de una última dimensión, que podría denominarse como espiritual, metafísica, trascendente o incluso pneumática, en referencia a la palabra griega *pnéuma* que significa 'espíritu'. En hebreo la palabra empleada para dar cuenta del espíritu es *ruhaj.* Me refiero con esta dimensión a aquello que escapa, que no podemos conceptualizar y que no podemos articular científicamente, pero que está dentro de nosotros y nos impulsa a trascender y salir de nosotros mismos. Edith Stein dice que esta dimensión, el espíritu o la espiritualidad, es esencialmente esta fuerza extática que nos abre no sólo a salir de nosotros mismos, sino también a indagar lo que ignoramos y explorar lo que desconocemos; en suma, a trascender, que significa ir más allá de lo que dominamos y conocemos.

Según mi visión, esta idea de la tetradimensionalidad es importante, porque muestra al ser humano como un ser con múltiples caras, interdependientemente vinculadas, conexas de modo tal que, por un lado, no podemos comprender las unas sin las otras y que, por otro lado, no podemos desgajar las unas de las otras.

7. La persona es un ser entre dos mundos

Llegamos, así, a la última tesis que quiero subrayar para terminar esta sintetización de la antropología filosófica que estoy proponiendo. Esta séptima tesis cuenta con un esquema muy simplificado, pero, a mi modo de ver, básico de aquello que debería contener una antropología filosófica. Es la tesis que plantea al ser humano como un ser entre dos mundos, *inter-mundos*. El ser humano sería así un entre-medio, entre la nada y el todo. Quien ha expresado esto de un modo sublime ha sido el pensador francés Blaise Pascal en la primera parte de los *Pensamientos*. En ella el pensador francés reitera esta idea muchas veces: entre el todo y la nada estamos nosotros. El todo es excesivo. La nada también. A este respecto, el ser humano es planteado como un *inter-mundos*, como si fuera un peldaño en una escalera del mundo entre el ámbito de lo divino y el ámbito de lo brutal, de lo animal. Sería así como una especie de síntesis o de coincidencia de opuestos. Hay mucho de brutalidad o de animalidad en todo ser humano, pero también hay algo que escapa y que representa un peldaño superior en la escala del mundo.

El beato Ramón Llull (siglo XIII), contemporáneo de santo Tomás de Aquino, dibujó una *scala mundi* con distintos peldaños y situó al ser humano entre el *brutus* y el *angelus*, algo que también reseñó Pascal. Hay algo de angélico en el ser humano, pero también algo de brutal. Podemos embrutecernos, pero también elevarnos. Pero, en todo caso, estamos en este intermedio. Por consiguiente, el ser humano no debe caer en la tentación de creer que está ya en lo divino, porque en él pesa lo corporal, la gravedad, las necesidades, las carencias. No obstante, tampoco se puede reducir a pura animalidad, a pura brutalidad, a pesar del nivel instintivo, orgánico y físico que hay en todo ser humano.

Por eso, para mí, esta idea del ser humano como *inter-mundos* resulta especialmente relevante. Entre lo divino y lo animal estamos nosotros. Y no considero que podamos elevarnos con nuestra propia voluntad o decidir si queremos estar en un escalón o el otro. Es por ello que no comparto la tesis de Pico della Mirandola según la cual uno decide dónde quiere estar en esta escala del mundo. Creo que esto no es posible. Creo que por nuestro propio ser no podemos elevarnos. Estamos entre dos mundos, intuimos el infinito, pero no somos infinitos. Dicho de otra manera, somos finitos, pero intuimos lo infinito. Es así como somos una extraña síntesis entre finitud e infinitud, posibilidad e imposibilidad, idea que ya encontramos reflejada en la obra *La enfermedad mortal* del filósofo danés Søren Kierkegaard.

Estas son las tesis básicas que quería expresar en torno a la esencia humana, con la pequeña introducción que las ha precedido, destinada a ponderar el valor, alcance e importancia de la antropología filosófica en este mundo, especialmente para las nuevas generaciones. Tengo la impresión de que cada vez es más difícil la abstracción y de que cada vez resulta más difícil dar con lo esencial. Y es que muchas veces nos detenemos en lo epidérmico y creamos mundos binarios de carácter dicotómico, en los que el tú y el yo ya no tienen nada en común. Así, comparecen mundos enfrentados, dicotomizados. Y a mí me parece que la clave, a este respecto, es encontrar lo que une. Este constituye el reto fundamental de la antropología filosófica, la búsqueda de lo esencial y lo común.

Decía el *Tao Te King*, obra que atribuimos a Lao Tsé (aunque sabemos que no fue escrita por él), que el necio sólo ve las diferencias, mientras que el sabio es capaz de intuir lo que une, lo esencial. Yo creo que la antropología filosófica, en este sentido, es un camino de sabiduría.

V
Del yo al nosotros; del nosotros al yo[1]

Carlos Díaz

1. 'Y'

Martin Buber escribe con mayúsculas *Ich und Du*, tan sólo por una exigencia gramatical del idioma alemán; en español hubiera debido traducirse *yo Y tú*, pues más que el yo y el tú por separado, lo importante es la '*Y*' de la unibinariedad '*yoYtú*'. Aunque resulte casi imposible de procesar, cada uno de nosotros es, como

---

1 **Encuadramiento filosófico:** «El personalismo es inherente a la filosofía, pues quien piensa sobre las cosas y sobre sí mismo es la persona, causalidad de primer grado. Negada la persona, se acaba la filosofía. Por eso, cada ataque ha significado una remodalización progrediente de su *modus essendi et operandi*. A la mil veces anunciada muerte del hombre le han seguido otros tantos renacimientos, los muertos del personalismo gozan de buena salud; sin personología no habría historia de la filosofía.» Sin embargo, la versión filosófica del *personalismo comunitario*, las huellas de su fundador han desaparecido prácticamente. Emmanuel Mounier ha perdido su vigencia, porque el marxismo y el catolicismo social, que fueron sus referentes dialécticos, han perdido su vigencia social. Según la revista *Die Schrift*, en Europa sólo se conocen, en cuanto al personalismo comunitario, los nombres de Karol Wojtyła (perspectiva teocéntrica) y Carlos Díaz (perspectiva antropo-teocéntrica). El personalismo actual es mayoritariamente judío, pues incluso el católico Jean Luc Marion (introducido en España por Carlos Díaz a partir de la *Revista Católica Internacional Communio*) debe lo mejor de su filosofía al judío Emmanuel Levinas. Junto a Marion, el hugonote Paul Ricœur tiene una fuerte presencia hermenéutica en las universidades y escuelas de filosofía, teología y literatura. Por lo que propiamente se refiere al personalismo judío, dos son sus grandes referentes eidéticos, que por otra parte han polemizado entre sí: Martin Buber y Emmanuel Levinas. Carlos Díaz ha traducido muchos libros del primero de ellos y uno del segundo (*Nombres propios*), y ha escrito sobre ambos algunos libros. La perspectiva de Carlos Díaz es personalista comunitaria, por la inspiración de Emmanuel Mounier; su ontología es relacional, por la inspiración de Martin Buber (desde el *Y* del *yo-tú*), y desde la perspectiva del 'otro' como sujeto ético, por la inspiración de Levinas. Con Marion, Ricœur y Levinas ha impartido conferencias conjuntas. Desde hace más de una década, Carlos Díaz ejerce como terapeuta, con la intención de aplicar el personalismo al sufrimiento cada vez mayor de las personas y de la humanidad. La filosofía teórica se convierte así en tanatología (conforme al título de su libro *Logotanatoterapia*, 2022)». Una versión de este texto fue publicada anteriormente en Atrio (08-07-2022): https://www.atrio.org/2022/07/22294/

mínimo, *dos En uno*. El principio de identidad subjetiva no es 'yo soy yo', ni 'tú eres tú', sino '*yo soy yoYtú y tú eres túYyo*'.

El 'y' es *un a priori relacional* en cada persona. *Sólo gracias a él cabe la reciprocidad. El tú es innato en mí*, o mejor, *co-nato*, venido a la realidad coetáneamente, no antes ni después de mí ni de ti. Laberíntica identidad (*ipse)* y alteridad diferenciada (no *idem*), *se sale 'nosotros' habiendo entrado 'yo'*.

El tú me encuentra, *si al mismo tiempo se encuentra a sí mismo*; *encontrar no es elegir unilateralmente*, sino entrambarse, dejar que el yo fluya en el tuyo y el tuyo en el mío (*zwischen*). Y es *ahora, main/tenant*, tu mano sosteniendo la mía y a la inversa. Relacionarse es permitirse elegir, siendo elegido. Únicamente cuando te reconozco en tu alteridad, puedo decir 'yo'.

Autoconciencia recognoscitiva. El 'primero sanarme a mí mismo y luego al tú', el '*primero cambiarme a mí y después a los demás*', como también el '*primero cambiar a la sociedad y después a mí*' son falsos. Nosotros no somos un sumatorio *yo+yo+yo*. El falso respeto, el 'buen tono', son *relaciones esquizofrénicas*. El '*defiendo mi derecho a equivocarme*' es adolescente.

Las palabras básicas son *pares de palabras*. Una palabra básica es el par yo-tú; la otra el yo-ello. No existe yo sin tú. Yo llego a ser yo en el tú; cuando soy 'yo', digo 'tú'. El tú no es sólo mi referencia o relato (*relatum* viene de *refero, llevar, ofrecer al otro*), sino también *mi correlato para ofrecer al otro correferencias significativas*. Nada más falaz que el '*sé feliz y blíndate*', pues no soy un simploide *Da-sein* que *está ahí*. Imposible la heteroestima sin la autoestima, y a la recíproca. El aplauso ajeno más vacía que llena a quien no está lleno; los otros pueden darnos fama, pero no sentido. La fama di-fama, pues sin el oído ajeno, todo eco del yo resulta hipoacúsica, aunque utilicemos amplificadores.

La palabra básica yo-tú sólo puede ser dicha con la totalidad del ser. El tú no pone límites; todo lo demás vive en su luz. El tú me sale al encuentro por gracia, no se le encuentra tan sólo buscando. Donde se dice *tú*, no se habla de cosas. Relación es reciprocidad. Toda vida verdadera es *encuentro (Be/gegnung = hacia ti/contra ti)*. La relación yo-tú fracasa sin un *yo-nosotros*. Tú/yo: *nos*. Querer a la otra persona es quererla de tal manera que al quererla se quiera a sí misma, y en ella a otros. En el tú podemos avistar la orla del *Tú eterno*.

El yo sin ti expresa contrariedad, el *yo contra ti contra/dicció*n. Pero el yo real es *ad/versus-con/versus*. La *'Y' innocens* no es sin la *'O' nocens*. *Nec sine te, sed tecum*. Yo llego a ser en el tú y, llegando así a serlo, te llamo tú. Tú/yo: *nos*. Querer a la otra persona de tal manera que al quererla se quiera a sí misma constituye la esencia del *nosotros*. A más disipación del yo-tú-*nosotros*, peor *yo social*.

Yo *y tú* son incosificables o inobjetivables, pues una cosa-objeto no es persona-sujeto. El yo que maltrata al tú convirtiéndolo en *ello* deviene ello él mismo. El yo enfermo (*infirmis*) tiende a *idiotificar* al otro por su *apoderamiento* de él, como si se tratase de su propiedad, un *idiota-idiotes*. Pero cada yo es sostenido por la correlación de fuerzas con la alteridad, ley de gravitación universal-interpersonal. Si la araña ve cortados sus hilos conectivos, se desploma por la inercia de su propio vacío. Si no se trabaja, la flecha cupídica deviene saeta envenenada. El proceso dura toda la vida. Donde el pasado prevalece sobre el futuro no hay novedad, sino rutina, el entristecerse de los pronombres.

Lo propio del yo no es lo *autómaton*, sino la *autonomía relacional*: todos respiramos el aire común, y en esa medida, cada uno respira al otro. El yo *es poroso, y por eso poderoso*, aprende a convivir, *fronterizo*, mestizo. Pero si lo iluminas demasiado, cambia o desaparece; lo aprietas tanto que lo ahogas: el ego ahogó al rey Midas.

Estamos siempre *en crisis*, en *criba*, en *dis/cernimiento*. La persona es un sujeto inestable, proteico, y si ama siempre con la misma intensidad es que no se está creciendo. Kierkegaard no denomina *repetición* a la tristeza de lo ya desgastado, sino a la alegría de recrear y redescubrir lo nuevo que hay en lo consuetudinario. Un '*Y*' *acaramelado*, pegajoso, no resiste la prueba del encuentro y se traduce en separación o en dependencia. A veces una relación de tipo 'Y' que estaba durmiendo se despierta como *O*, como *ello*, *y a la inversa*.

Yo soy *quien soy* (un *quién*), pero también un *qué*, cuando no soy *quien* soy. La relación yo-tú es *móvil*; puede comenzar por un flechazo, pero si la flecha cupídica no es trabajada, deviene saeta envenenada: perdida su intensidad, degenera en el *yo social (yo-ello)* ideológico.

El yo es agente, actor y autor. El simple *agente* mecánico no actúa como persona. Es *actor*, porque 'actúa' para ser *ad-mirado*, visto, adoptando distintos personajes. Y es *autor y auctoritas*. Mi *yo* es *gerundial*, el *estar realizándome* hasta alcanzar por el *adsum fidelizador* el *ergo sum* del *soy persona*. *El yo es participial* por el orgullo de lo *ya realizado* –aunque sea defectivamente– al buscar el *ideal de perfección*. En comunión con los otros, yo soy un *yo transfigurado-trans-figurador*, con el gozo de ir con ellos más lejos y más alto, *capaz de transformar el ergo sum* en el *ergo sursum et prorsum*, porque nadie va hacia arriba, si no tiene con quién ir. Por eso se acerca al *adsum eternizador*: todo amor desea profunda eternidad, algo imposible sin la existencia de *un eternizador*. De ahí *la obligación (y la ob/ligazón) de hacer fructificar sus talentos* conforme a su condición perfectiva, cuidando nuestra facticidad biológica y también *las ideas, las idealidades, las ideaciones, los idealismos*. Vivir es buscar ese *ideal de perfección*.

En la relación yo-tú ninguno de ellos es *adjetivo* (de *ad-iacere*, lo meramente yuxtapuesto), sino *pronombres personales* (pro-nombres: en favor personal recíproco). Sólo son pronombres personales el yo y tú, los demás (él y ella, ello) son impersonales.

Yo no soy el fundamento de mi *egoverso autodefendido*, bloqueado y bloqueador, un yo compacto y macizo en el vacío del ser, que quiere ser todo yo y no deberle nada a nadie. Tal yo no tiene a dónde ir, fracasa y hace fracasar. Yo quiero ser contigo *egofaciente* (devenir *yo*) y que tú seas conmigo *tuificante* (disposición para convertirte en *tú*).

La terapia dialógica de Buber nos invita a cambiar no sólo de discurso, sino también de conducta.

1.1. Prolepsis

Tenemos un yo *endógeno* (el yo en relación conmigo mismo) y un yo *exógeno* (el yo que se *tuifica* o relaciona con otros). Tratar al otro como a mí mismo sería el culmen del 'nosotros', *yo exógeno* a la vez que *yo endógeno*. ¿Pesa más la imagen del *yo endógeno* o la del *exógeno*? A veces hay que cerrar la ventana del yo, que se queda a oscuras para sobrevivir, aunque sea algo desgarrador. Entonces retengo mi propia imagen (*autolepsis*) sin la tuya, *autoperceptio* contra la visión que los demás tienen de mí (*heterolepsis*). A veces se tiende a compensar la pérdida del tú de mi vida idealizando al *posible nuevo* tú de mi vida. La realidad es compleja; hay mentalidades de abandono relacional sistemático, dado su ciclo de euforia-depresión-euforia-depresión, y otras empeñadas en imponerle la propia imagen, o (lo que es mejor) cambiar ambos, para que el otro sea contigo lo que sin ti él no pudiera llegar a ser, cambiar para que el otro cambie. Fantaseamos, almacenamos y recuperamos prolepsis que me resultaron fallidas con *A*, pero me sirvieron con *B*, por si me sirven con *C*... La *prolepsis tanática*, el suicidio, consiste en matarme a mí para matarte a ti, terrible lógica del mal.

En el intento de agradar, las interacciones no cesan. Cuando esto deviene una obsesión, nos encontramos en relaciones disfuncionales neuróticas que agotan la relación de cada sí mismo consigo (*autolepsis*). Los modos de confirmar una relación varían, por ejemplo, con una sonrisa (confirmación visual), un apretón de manos (confirmación táctil), una frase de aliento (confirmación auditiva). También el rechazo puede ser directo o indirecto; incluso cabe confirmarlo en un nivel y desconfirmarlo en otro. Ciertas zonas nuestras esperan ser más confirmadas que otras. Ciertas personas claman por ser más confirmadas que otras. Cualquier pequeña desconfirmación puede desorganizar a la persona sin autoestima y solicitar obsesivamente pruebas de que los demás le tienen en consideración: ¿estuve bien, lo hice bien, te gustó, qué te pareció? Todo ello para que los demás confirmen mi *self.*

Cuando el contexto es imprevisible, modificamos el yo proyectando estrategias de éxito. Estas *anticipaciones (prolepsis)* del yo son *ensayos de yo.* ¿Qué hace el yo con sus yos previamente utilizados, o simplemente imaginados? O no vuelve a usarlos, porque no hay ocasión para ello, o por haber sido desafortunados, o trata de olvidarlos, los asume y almacena. Unas veces son yos meramente fantaseados, otras ocasionalmente sobrevenidos. El éxito o fracaso –la eficacia o ineficacia propositiva– *se prueba en la interacción*, la *prueba de la realidad: qué bien me salió el trato de ayer, qué estúpidamente me comporté anoche.* Las interacciones no cesan.

Así pues, el yo construye su autoimagen para que el otro la acepte, y a su vez la imagen que se ofrece al otro se construye a tenor de la que se ha construido uno de él, razón por la cual se ha de tener en cuenta quién soy para el otro y quién es el otro para mí. Este punto de partida en la interacción es un *pacto de supeditación* que, de incumplirse, resulta difícilmente reparable. Uno se supedita de antemano al otro, y cede a su requerimiento. Esto no se opone a que en el curso de la interacción se destruyan las imágenes previas y se construyan otras: *'Creía que era... y resulta que es...'* También pueden conservarse las imágenes preexistentes, por ejemplo, *el niño requiere que el rey mago siga siéndolo.*

En cualquier caso, la imagen que el otro nos devuelve es también una definición de nosotros mismos. Formúlese o no, en situaciones especialmente relevantes y por la indecisión ansiosa que suscita, surge la pregunta: *'¿Qué le habré parecido?', 'le he debido parecer que...'.* Toda interacción confirma o desconfirma la identidad: en el primer caso, somos ante el otro como pretendíamos ser; en el segundo, somos menos (en la relación de envidia, necesitamos defendernos de la herida narcisista) o somos más para el otro de lo que imaginábamos ser, con la subsiguiente gratificación en forma de autoestima. Por lo general, aceptamos sin reticencia esta imagen realzada, pero a veces no ocurre así, y por la responsabilidad que se contrae nos vemos obligados a reaccionar para que el otro no nos tenga en más de lo que somos. En suma, toda definición ajena se compara con la definición que uno esperaba obtener: ¿Somos preferidos o preteridos?, ¿en qué lugar, respecto a los demás, se nos sitúa? Nuestra autoestima sufre, si se nos sitúa allí donde pensamos que no debemos estar, y más aún si se sitúa a otro en la posición que juzgamos nos corresponde. *La envidia.*

1.2. Ídolo-ícono

El ídolo no permite relación yo-tú, sino sólo *relación yo-yo*. El ídolo –narcisista– quiere ser mirado y exige al tú la renuncia a su propio yo. Es lo *diábolo*, porque desune y separa; atrae la mirada hacia sí y la detiene. Hace que su mirada constituya/destituya impositivamente al otro, a su imagen y semejanza, con conocimiento controlador y con amor de posesividad. Se cobra, no es gratuito. Produce vértigo, dependencia.

A diferencia del ídolo, *el ícono* permite que aparezcan los demás: el tú de mi yo, el tú de tu tú, el yo del nosotros y el nosotros del yo. Nos hacemos un ícono del otro cuando vemos desde el '*y*' del tú-y-yo. El ícono se mira a sí mismo viendo al tú y crece cuando el tú es más grande que el propio yo. La mirada icónica intuye *el misterio más allá de lo que se ve*; no solamente te miro a ti, sino que me dejo mirar por ti. La mirada icónica no se impone a los otros, *respeta la diferencia que hay en la identidad* yo-tú.

El *ícono* me remite a otro, disminuyendo, para *ver-con el tú* aquello hacia lo que el tú mira, reconociendo la irreductibilidad del otro y rompiendo la imposición y la posesividad. Permite la humildad de la diferencia, por eso nos invita a respetarlo. Da y se da en libertad. *Es un símbolo,* y como tal une, pero advirtiéndonos que siempre hay separación, diferencia, y es sano que la haya. El otro es un límite de nuestra libertad. Creamos un espacio de universalidad, una *posibilidad de éxtasis*, un terreno de juego común, antítesis de la envidia del deseo del deseo.

Cuando se trata de un trinomio relacional, las posibilidades son ocho: -Yo más, Tú más, Él o ellos más. -Yo más, Tú más, Él o ellos menos. -Yo más, Tú menos, Él o ellos más. -Yo más, Tú menos, Él o ellos menos. -Yo menos, Tú más, Él o ellos más. -Yo menos, Tú más, Él o ellos menos. -Yo menos, Tú menos, Él o ellos más. -Yo menos, Tú menos, Él o ellos menos.

La relación icónica desvela en cada uno de nosotros un padre, un adulto y un niño. Más aún: hay un padre del padre, un padre del adulto y un padre del niño; hay un padre del adulto, un adulto del adulto y un niño del adulto; y hay un padre del niño, un adulto del niño, y un niño del niño, debiendo dar a cada uno de ellos lo suyo. Tú puedes o no desconfirmarme, confirmarme o reconfirmarme como padre, como adulto, o como niño. La persona relacionalmente madura (flexible) debe de saber cuándo le hablan desde el niño, desde el adulto o desde el padre. El adulto que no ha superado su niño berrinchudo hablará desde el deseo, rabietas. El *paternalismo de arriba a abajo* o *de abajo arriba*, o el *niñancismo* tiránico de los adolescentes ignoran el *fraternalismo.* Que el hijo acoja al niño que hay en el padre resulta tan difícil como que el padre acoja al padre que hay en el hijo. Todos queremos ser mayores al precio de quererlo ser demasiado pronto. Las *fallas en la responsabilidad y en la relación* son propias de personas emocionalmente dañadas en la infancia por la carencia de vínculos afectivos; las personas importantes en sus vidas no llenaron sus necesidades emocionales y/o físicas.

Sólo el *eros diatrófico* o *amor tutelar* produce esa confianza en una realidad que es crediticia. *La autorrealización personal depende de la manera en que un sujeto realiza su encuentro con el otro.* De lo contrario, padeceremos una angustia básica y veremos al mundo como un lugar peligroso y terrible. Un primigenio *sentimiento de culpa* obedece a este razonamiento: no me aman porque no soy digno de ser amado, es decir, porque soy despreciable.

2. Simpatía y empatía

Los *mensajes-yo* usan formas positivas para poner de manifiesto situaciones negativas: en lugar de utilizar el *hubieras* u otro tipo de reclamos, o de propiciar comparaciones con otras personas o experiencias, el mensaje-yo debería decir: hay demasiado ruido y no puedo leer si tengo que estar siempre empezando; me siento aturdido y frustrado por este griterío; me siento mal con las peleas entre ustedes; sentí que a nadie le importaba el estado de nuestra casa cuando vi el desorden que dejaron en la cocina; tal vez esperaba demasiado; no te he entendido bien; no me he explicado bien. Y así: evito descargar mis nervios sobre ti; indico qué actitud deseo que adoptes tú; asumo la propia responsabilidad de mis límites, no hiero nuestras sensibilidades; facilito las discusiones relajadas evitando respuestas hostiles; acepto los sentimientos profundos de ambos; libero la relación y la convierto en confiada, comprensiva y madura.

Los *mensajes-tú* (deja de molestarme, eso no se hace, así no vas a llegar a ninguna parte, contigo no se puede hablar) producen nuevos conflictos. Te causo un innecesario enojo que impide mostrarte mis verdaderos sentimientos, y además no te haré cambiar de conducta, si no te manifiesto sus consecuencias para mí.

Cada persona tiene un *'y' empático* co-simpático o anti-pático. Imposible *'trasfundo mi piel por el de cualquier otro'*. La empatía no es el sentirme cómodo biológicamente, sino *hacer que lo antipático llegue a ser simpático por la fuerza de la empatía misma*. Es el encuentro donde *cada uno es cada uno y los dos son uno. La empatía ha de actualizarse, dinamizarse*; donde hay más pasado que futuro, todo está descubierto.

Ni tu *superyó* ni tu *ello* deberían organizar mi yo, ni a la recíproca. *Sólo el yo*, él sí, puede ser *yo-y-tú*. Tú no puedes rebajar tu propia tasa de estupidez respecto de ti mismo, si no rebajas la tasa de estupidez del otro que te hace estúpido. Ni configurar tu propio yo endógeno, si te riges por las exigencias del exógeno *yo social*.

Desde Carl Rogers, se entiende por *empatía* a una simpatía o *fühlen* barato, un sentimiento impreciso, lábil, un toquecito en la espalda, un 'ponerse en los zapatos del otro' (¿qué hacemos con los *sin zapatos*?). En *Las condiciones necesarias para el cambio de la personalidad en la terapia* (1957) elabora Rogers la *Unconditional Positive Regard*, cuyas tesis son: *a)* El contacto psicológico entre dos individuos sólo tiene lugar en una relación empática, en 'un sentir el mundo interior y personal del cliente *como si* fuera propio'. *b)* El *counselor* se integra totalmente en esa relación y aceptado incondicionalmente por el cliente: 'No me entretengo en aceptar o rehusar lo que el cliente dice, lo único que me interesa es aceptarlo', 'me siento igualmente cordial respecto a las cualidades del cliente como a sus puntos flacos y a sus problemas, no me pasa por la cabeza juzgar lo que dice el cliente, a mí me gusta el cliente'. Según Rogers, el terapeuta prescinde totalmente de sus propios sentimientos para adoptar los ajenos, pero sin los primeros tampoco se aprehenden los segundos; lo que puede exigirse al terapeuta es que domine sus propios sentimientos, no que los elimine. Como si cupiese separar las cualidades del cliente y el cliente mismo, como si fueran lo mismo el juicio lógico y el moral.

La *actitud empática* estaría, según Rogers, *Away from façade* (libre de máscaras y apariencias). *Away from 'ougts'* (libre del 'deberías'). *Away from meeting expectations* (libres de lo que se espera de nosotros). *Away from pleasing others* (libre de agradar a los demás). Y debe tender: *Toward self-direction* (hacia la dirección de sí mismo). *Toward being process* (hacia el ser en proceso). *Toward being complexity* (hacia el ser en complejidad). *Toward openness to experience* (hacia la apertura a la experiencia). *Toward acceptance of others* (hacia la aceptación de los otros). *Toward trust of self* (hacia la confianza en sí mismo). Demasiado *Toward* para tan poco tú-y-yo.

Los gradientes de *sim-patía* (*syn-pathos*) son diversos (tímidos, arrolladores, desbordantes, líquidos, unilaterales, correlativos (*nebeneinanderfühlen*), inestables, recíprocos (*miteinenderfühlen*), profundos (*einsfühlen*). La *simpatía idiopática*, que excluye o absorbe lo ajeno, es la antítesis de la *simpatía heteropática*. Sólo en la libre *fusión inter/sim/pática* se produce un *nosotros*. No se puede sentir *en* el otro, sin sentir *con* el otro. Lo definitorio de la *empatía es la fusión de horizontes*. Por eso: *a)* No es empática la empatía que es una mera reacción de autoprotección para evitación del dolor propio, *'se acabó, quiero ver caras alegres a mi alrededor'*. *b)* La empatía *genuina* no es la del tipo *no quiero ni imaginarme si le pasara eso a mí hija*, o *¿qué sería si me pasase a mí lo mismo?* *c)* El *parásito emocional* se adhiere fervorosamente a todo lo políticamente correcto y se convierte en su agitado portaestandarte. *d)* El *saprofita emocional* roba las vidas ajenas (*a mí me pasó exactamente lo mismo)* para llenar el vacío de mi existencia gris. Este *vampirismo psíquico* es incapaz de simbiosis. *e)* Empatizar tampoco es *inundar. f)* Tampoco es empatía el *eudemonismo hipertrófico* que encuentra al mismo tiempo en el sufrimiento de los demás, *consuelo para su propio dolor*: lágrimas de cocodrilo son. *g)* No son empáticas las *angustias específicas de contagio* que evitan lugares tristes o esquivan imágenes crudas para borrarlas de la esfera de las propias vivencias. *h)* La empatía degenera en los escenarios de masas; las masas no tienen sentimientos, tienen instintos. *i)* Contra la opinión de Schopenhauer, según la cual la persona empática no sólo encuentra en el sufrimiento ajeno un consuelo para el propio, sino que además lo incluye en el dolor universal, creemos que en la *universalización del sufrimiento* no se alcanza la resignación tranquila de los propios padecimientos, y mucho menos que el propio pesar haya de ser primero imaginado como ajeno y después *me dé pena a mí mismo*. El dolor no pasa primero por la representación del dolor, aunque pueda ser que el mal de muchos consuele a los peores.

Nuestro corazón no está configurado para amar primero y odiar después, ni a la inversa. La antipatía no siempre viene después de haber simpatizado antes, como si el odio fuese siempre un amor invertido, pues a veces se odia desde el instante en que se nos aparece: *nondum odiabat et odiare amabat*, *todavía no odiaba y amaba odiar*. Quien no puede odiar tampoco puede amar, y a la recíproca. Cuando se ama algo, se odia lo inseparable de lo que se ama (odio la enfermedad porque amo la salud). También cabe *compatibilizar ambos sentimientos*, tolerar lo que se odia u odiar esto más de lo que se ama aquello, sin por eso desear la destrucción de lo menos amado. Todo esto vale para el *resentimiento*: cuando un bien propio de rango menor ocupa el lugar de un bien ajeno de rango mayor.

2.1. La 'y' sim-pática como 'o' anti-pática

La *'Y'* es *versus* y *adversus (O)*. El yo *adversativo* es *contra ti. Te odia, luego existe, odio gemelar*. Nadie odia sin degradarse y sin depender de lo odiado. Sus formas son tres: *yo sin ti; tú contra mí; o tú o yo*. En todos los casos, decir al otro *'ya no espero nada de ti'* es matarlo en mi corazón.

Yo-ello. El *ello* es un objeto, un *nos/otros*, espalda con espalda, no cara a cara. Al cosificarte, en lugar de *alterificarte* (reconocerte como un *alter ego*), te altero, te alieno, te enajeno, te idiotizo como propiedad *mía*, *objeto*, cosa, instrumento para mi uso, *inventariable* en mi catálogo, robo tu dignidad e incluso prefiero tu *eliminación*. El fraternicida Caín mata a Abel, y responde arrogante: ¿Acaso soy yo el guardián de mi hermano? Pero Yahvé le está preguntando por él mismo: ¿Quién eres tú, Caín, 'contra ti mismo' en tu propio hermano? El bien de Abel es el mal de Caín, que necesita un *contra-mal* para que el mal ajeno sea su propio bien. Padezco el mal, ejerzo el mal, ejerzo el mal, padezco el mal. Cualquier cosa es buena para ejercer el mal. La *ley del Talión*, *lógica del absurdo*: ojo por ojo, aunque el mundo se quede ciego. La *lógica de la acusación* se universaliza: contra los antepasados, contra los progenitores, contra los compañeros, contra la profesión, contra las instituciones, contra Dios, y finalmente contra uno mismo, cuando ya no queda nadie a quien acusar. Ya sea en *circuito largo* (me odio día y noche, luego existo, *cogito sádico*), ya en *circuito corto* (*egocidio*) con intención *suicida* (ahí os dejo mi cadáver para que os acuse), *quien triunfa no es el muerto* porque ha sucumbido, *sino la muerte*.

El yo amargado con su carga de aislamiento resulta al fin impotente para soportar el no soportarse a sí mismo asolado, desolado y encerrado en su infierno (*l'enfer m'enferme*). El infierno-encierro de esa nada sin relación con nadie en que me he convertido me miente (*l'enfer me ment*), y al mentirme, me enferma *(m'enferme aussi)*. Allí *Satán* –en hebreo, el *acusador*, sin la iconografía barroca que lo presenta con rabo y cuernos– acusa así: '¡Desespérate en tu irremisible soledad, acúsate por siempre!'. El *demonio* tuvo antes que vivir como ángel, y sólo tras la desobediencia mutarse en ángel caído. La astuta baba de *Satanás* el diablo (en hebreo, *Satán*, *diábolos*, *calumniador*) consiste en *aparecer sin apariencia*, persona-nadie que no da la cara (*personne*: 'persona' y al mismo tiempo 'nadie'), en hacer creer que él, Satán, no existe ni es responsable de nada, para que la persona ya auto*acusada-infernalizada* no pueda rebelarse contra él, condenada a su propio infierno.

El satanismo es descalificación: Yo sí, tú no. Yo más, tú menos. Objetivo: hundir al otro, mentir, difamar. Locuacidad, encanto superficial, inteligencia manipuladora, ausencia de remordimiento, cinismo, insinceridad, desprecio, desconfianza, burla, sexualidad impersonal. *Carencia de propositividad*: reacciones depresivas, enojo y resentimiento cargado de deseos de venganza, ansiedad, ataques de pánico, baja autoestima. Inadaptación. *Falta de respeto*: responsabilizar y culpabilizar al otro, ofender, rebajar, humillar, asediar, chantajear. *Stalking*: control, acoso compulsivo, llamadas telefónicas ofensivas, correos electrónicos constantes, espionaje, acusación en redes sociales.

2.2. El yo auto-anti-pático

No siempre se sabe ser hetero/empático ni auto/empático. Según Kierkegaard, «la situación del desesperado se asemeja a la de un agonizante que en su lecho de muerte se debate con ella sin poder morirse, ya que la desesperación es la total ausencia de esperanzas, incluso la de morir». Es múltiple:

- El yo desesperado por autodespreciado. Acumulando desesperación pasada, desespera de no poder deshacerse de su yo presente.

- El yo real desesperado por el yo posible. Cuando lo posible lo abarca todo, el abismo se ha tragado al yo real. Apenas el instante revela su yo posible, ya surge otro, y estas fantasmagorías desfilan con tanta rapidez que todo nos parece posible, tornándose así el yo una ilusión por haber abandonado la realidad. Un yo que sólo se mira en lo posible, sólo es lo que es a medias.

- El yo sin potencia obediencial para aceptar lo necesario de su yo no ha percibido que ese yo es el propio yo, un yo preciso y, por tanto, una necesidad. Lo posible padece dos descarríos, el de la nostalgia, y el de la melancolía imaginativa (esperanza, temor o angustia).

- El yo desesperado por el yo necesario. El determinista fatalista desespera de su yo, puesto que para ellos no existe más que la necesidad. El yo del determinista no respira, pues la necesidad pura le asfixia.

- El yo desesperado por no querer ser uno mismo. Mientras dura la dificultad, el yo no se atreve a retornar a sí mismo, rehúsa ser él mismo, pues juega con la hipótesis de que la dificultad pasará, que quizá cambiará, y que ese sombrío panorama se olvidará.

- El yo desesperado por aferrado a sí mismo contra lo eterno. Teme que la eternidad le robe aquello que él considera demoníacamente su propia superioridad infinita sobre el resto de los humanos. Es la desesperación demoníaca: querer ser él mismo, ¡con su tormento!, para protestar toda la vida mediante ese tormento mismo.

- El yo desesperado por desesperar del pecado. El máximo pecado es creer que uno es el pecador más grande y que nadie puede perdonarlo: 'Ese *nunca me perdonaré* ¿significa que, si Dios quisiera perdonarlo, el hombre mismo no?'.

- El yo desesperado por el remordimiento quisiera que lo acontecido no hubiera tenido lugar. La rumia eterna del culpabilismo patológico inhabilitador niega sutilmente la culpa real: 'Soy el mejor, porque mi percepción de la culpa es superior y por eso me remuerde más', encontrándose orgulloso de su finura moral. Sin embargo, el escrupuloso es inconsecuente al no ser escrupuloso con su propio escrúpulo.

- El yo desesperado obsesivo convertido en idea fija; su rumia mental le saca de la vida. Schopenhauer acertó al resaltar el papel positivo del remordido, que lo vive como un comentario retrospectivo en forma de 'debieras haber actuado de otro modo', o 'deberías tratar de ser otro hombre'. La conciencia une el pasado y el futuro, y descubre la causalidad del yo por encima de sus actos de culpabilidad particulares. La persona capaz de arrepentirse –ningún otro ser puede hacerlo– dice: «Lo que hice no estuvo bien, quisiera que no hubiera sucedido; pero lo que sucedió, sucedió».

Seis son *las patologías de tal desesperación de sí mismo.* Primera: no querer ni poder perdonar (conducta neurótica). Segunda, querer perdonar, pero no poder. Tercera, querer y poder perdonar, pero el ofendido no acepta el perdón. Cuarta, perdonarse a sí mismo, pero no a los demás ni a Dios. Quinta, no poder acoger el perdón del otro. Sexta, acoger el perdón del otro, pero no perdonarse a sí mismo. Nietzsche erraba al considerar el perdón una vuelta al resentimiento contra sí, una interiorización del resentimiento que ya no diría 'es culpa tuya', sino 'es culpa mía', eternizando la deuda retroalimentada. También erraba Baudrillard, para quien el perdón sería un metabolismo funcional con funciones regeneradoras, una zona de indiferencia estratégica para sentirse bien.

¿Perdono pero no olvido? Es bueno recordar para no volver a repetir lo malo, pero recordarlo como perdonado. La *felix culpa*, el saber olvidar.

3. Logoterapia: ¿qué me pide el 'y', qué le doy?

La vida nos plantea las preguntas vitales a las que debemos responder. Damos respuestas demasiado rápidas a preguntas que no solemos formularnos, antes de responder nos cambian las preguntas. Muchos ni siquiera se formulan *¿puedo intentar ser esperanza para los desesperanzados?, ¿su vida necesita algo de mí?, ¿qué les pasará a ellos si yo no hago lo que debo?* Respuesta frecuente: ¡Yo le hago un favor a la vida viviendo; si ella me ha dado algo es porque ha querido sin que yo lo pidiese, mis padres me trajeron al mundo, ¡así que me sostengan ellos!

Mala cosa es escuchar lecciones ajenas sin antes haber pensado sobre ellas; sólo quien viene a aprender con algo dentro, se va con algo más, pero quien únicamente viene 'a ver qué dicen', se va tan vacío al salir como cuando entró. '¿Qué ha venido usted a buscar en este curso?': 'Comprobar si es usted tan divertido como dicen'. Vivir: la vida espera de nosotros planteamientos de excelencia. La otra mala praxis consiste en quedar supuestamente impresionados por la enseñanza, pero luego no ponerla en práctica: 'Nos ha movido usted el *tapete*', pero luego nadie mueve el *culete*.

3.1. También la 'y' se oxida. Asumir lo inevitable

Hombre (homo) = tierra (humus) = humilde (humilis). Vamos cayendo, somos caedizos. De *tomber* (caer) viene *tombeau* (tumba). Enfermar es: -Caer, desplomarse, venirse abajo (*in-firmis*). -Quedar a expensas de los demás. -Sentirme extraño de mi propio cuerpo y de mi propia mente, con la sensación de desdoblamiento. -Sentir el estupor de lo que apenas puedo creer que me esté ocurriendo. -Padecer hipersensibilidad, resentimiento contra los demás: ya no significo nada, me han olvidado. -Quedar fijado en el ayer para evitar el hoy. -Sentir culpa: ¿qué habré hecho yo para merecer esto, por qué a mí y a los otros no? -Demandar tiránicamente a quienes más nos cuidan. -Odiar la juventud ajena, desear que todo desaparezca para que mi pérdida comparativa sea menor. -Aferrarse al mito de la *biorremediación*, pleiteando con los médicos por creerse mal cuidado.

El arte de utilizar las enfermedades es una responsabilidad biográfica: ¿por qué he enfermado? *La enfermedad puedo ser yo mismo*, que no estoy desplegando mi vida de manera sana. Por eso el *¿quién soy yo?* abre al *¿qué será de mí?* Quien se hunde en un problema tiende a vivir todo desde ese problema. Si no podemos dar vida a los muertos, demos vida a los que aún viven medio muertos o premuertos.

Se necesita audacia para el sufrimiento. De *mens* (mente) viene *mensura* (mesura) y de *demens* (demente) *desmesura*. La muerte es la pura *desmesura*, porque rompe incluso la medida del sufrimiento. Ser *homo sapiens conlleva* la *audacia para el sufrimiento* (*homo patiens*): *atrévete a sufrir.* Cada modo de vivir conlleva otro de enfermar, cada historia clínica es un fragmento de biografía; cuando visito al médico no sólo le digo *aquí le traigo mi enfermedad*, sino *aquí le traigo mi realidad*, y ello de forma perentoria. A mayor sufrimiento, más urgencia. Algunos sufren menos, pero son más desgraciados; otros sufren más por querer sufrir menos; otros lo sobrellevan bien, pues el dolor es menor según la forma de sufrirlo.

Poco enseñó la vida a quienes no enseñó a soportar el sufrimiento. El humano es un aprendiz, y el sufrimiento su maestro, nadie se conoce a fondo hasta que no ha sufrido. Se madura en el dolor y se crece en él; a veces la desgracia enseña más que los éxitos. Quien ante el infortunio se aturde o distrae no aprende. De toda creación saldrás con vergüenza, porque fue inferior a tu sueño, aquel *no llegar* que constituye la grandeza. ¡Bendita lucha la del artista entre la inspiración y la ejecución! Cuando un creador está por entero en su obra, sufre los dolores de parto de sus personajes. Llorar lo irreparable, lamentar acciones pasadas que ya no es posible cancelar, es absurdo. *El amor tiene también su límite compasivo*; en ocasiones no podemos amar más de lo que podemos, si queremos seguir vivos. Ahora bien, tampoco sanaremos más amando menos; nuestra ayuda tendrá suficiente energía sanadora si en ella nuestro amor es más grande que nuestra obligación; si tenemos más dolor que amor.

A la sordera y al amor eternamente malogrado de Beethoven le siguió una pertinaz miopía. En estas condiciones compone en 1825 la *Sonata en mí* y la *Misa en re*, culminando en la *Novena Sinfonía*, y dentro de ella el coro *Oda a la alegría*. Entre las obras de música *inmortales* no sólo se cuentan las sinfonías acabadas, sino también las *incompletas*, e incluso las *patéticas*, donde el sufrimiento crea una tensión fecunda y hasta revolucionaria. El *homo patiens* es un *optimista trágico*. No hay herida profunda, si la alegría no lo es más. Nada hay que no pueda ennoblecerse, ya sea haciendo algo mejor o aguantándolo; contra patología, *agatología*, yo soy más que mis síntomas. Vivir es superar obstáculos (sin especializarse masoquistamente en caídas). La personalidad –la *biografía*– sólo aparece cuando la *persona* se ha hecho cargo de sí dándole un sentido.

Lo que el humano necesita no es la *homeostasis*, el equilibrio; l*a vida es una tensión permanente que hay que afrontar*, cuya realización da sentido a la existencia. Una tensión escasa entre el yo y el ideal es tan nociva para la salud mental como una excesiva. La ejercitación en las *misiones* confiere sentido a la misión, la dimisión sume en la depresión.

Ninguna situación carece de sentido, ni siquiera la confluencia de la tríada trágica dolor, culpa y muerte. La psicología no debe preparar para *the day after* sin ansiedad ni culpabilidad, eso que llaman trivialmente *elaborar el duelo*, y que suele ser una especie de *vuelta a la normalidad* tras el *adiós mundo cruel*. Logoterapia es *logotanatoterapia*, *resurrección desde* el sufrimiento *descendiendo a los infiernos*, a los *lugares más bajos* por el poder del amor. Mientras se permanece en el *pienso luego existo*, no se existe del todo. Sólo el dolor no anestesiado es maestro de vida porque despierta y pone en carne viva todo nuestro ser.

Si no muriésemos podríamos aplazarlo todo, pues nunca se daría el caso de tener que hacer algo ahora, o mañana, o pasado mañana, o dentro de un año, o dentro de cien años, o cuando fuere: ya habría tiempo para ello, tendríamos infinitamente tiempo. Pero el hecho de que nuestro tiempo esté limitado permite utilizar una posibilidad de sacar provecho y de convertirlo en fértil. Con el acta de nacimiento recibimos el acta de defunción. *Thanatos* no es para después de *eros*, ambos se copertenecen. Somos lo vivo que la muerte no ha matado. Cuando parece que la muerte no ha venido, ya echa sus gusanos en nosotros. El necio teme la muerte y la rehúye, el loco la busca, y el sabio la espera. Cuanto más tiempo de esta vida perdamos, más muerto estará su sentido, tanto que ya ni lo sentiremos.

La muerte es sustancia, no accidente. Lo que se llama *calidad de vida* no llegará a serlo sin *calidad de muerte*, no euforia *distanásica*, eufemísticamente denominada *eutanasia*. No sabe morir quien no sabe vivir, ni sabe vivir quien no sabe morir. La muerte no es la mera cuestión de ser o no ser, sino de *ser-y-no-ser*. Y quien huye de la muerte carga con su propio ataúd incluso en el gimnasio. Si para el pesimista la salud es un estado transitorio que no puede conducir a nada bueno, y para el miedoso la enfermedad es un estado transitorio, *yo-soy-yo-y-mis-enfermedades*. No es el sufrimiento el problema, sino la ausencia de respuesta a la pregunta *¿para qué sufrir*? Quien halla el *sentido de vida* está preparado para sufrir y para sacrificarse. La cosa puede ser compleja y llegado el momento a veces pasa por diversas etapas: *Negación del hecho* (¡no es posible!). *Rebelión* (¿por qué a mí?). *Negociación* (¡denme al menos un año más!). *Depresión* (¡no merece la pena tanta lucha!). *Aceptación* (estoy preparado). El sufrimiento necesita un ideal de vida bueno. No hay ninguna situación que el humano no pueda ennoblecer haciendo o aguantando.

Las personas superficiales que pasan su vida en la peluquería hallan su sentido en el moldeado de su cabello, o se descerrajan un tiro. El *principio de placer* no se contrapone al de *realidad*, pues éste *no constituye* el sentido de nuestras aspiraciones, sino que es la *consecuencia* de su realización. *No sufrir puede ser indicio de enfermedad.* Si nos preguntásemos si desearíamos cancelar todas las vivencias tristes de nuestra vida pasada, diríamos que no, pues sabemos cuánto hemos crecido y madurado en esas épocas de nuestra vida. El sufrimiento tiene sentido cuando se padece *por causa de*, apuntando más allá de sí mismo: se sufre mal si no se ayuda a nadie. El sacrificio puede dar sentido a la muerte, el mero instinto de conservación no.

Para que algo tenga sentido, la esperanza exige: *a)* Que se trate de un bien (un mal no lo esperamos, lo tememos). *b)* De un bien futuro (lo que ya tenemos no lo esperamos, lo disfrutamos). *c)* De un bien futuro y necesario (un capricho no lo esperamos, se nos antoja). *d)* De un bien futuro, necesario y posible (lo imposible no lo esperamos, nos des/espera). *e)* Difícil de conseguir: lo fácil de conseguir no se echa de menos. *f)* Que tenga como objeto una vida más plena, no anhelos destructivos. *g)* Que entrañe inconformismo, sin contentarse con la situación actual propia ni ajena. *h)* Que sea esperado pacientemente (la impaciencia impide que algo se sustancie). *i)* Que de forma activa lleve el sueño a su despertar. *j)* Que no se cierre a la Esperanza, pues una esperanza minúscula se autodestruye antes o después. En resumen, la esperanza da crédito a la realidad, la sala de espera es siempre, de algún modo, sala de esperanza; si no fuera así, nadie entraría en ella. Ahora bien, o cambiamos nosotros el destino, o el destino nos cambiará a nosotros. La esperanza activa da crédito a la realidad. Vivimos del crédito que ella nos ofrece. La vida es ese árbol de fruta madura que cada cual ha de cultivar sin desmayo.

3.2. El poder de la compasión: sufro tu sufrir

La *hipocresía del* 'sentir lástima' es un *qué asco me daría besarle*, o como una mera disposición desiderativa (*me gustaría ayudarle*). ¡Oh, yo, qué alma bella soy, qué espíritu delicado el mío porque me da lástima el pueblo! Tal *simpatía imaginativa* es narcisista. Los sufrientes no están ahí ante nosotros para que nos den lástima, sino para que nos afanemos en la medida de lo posible en aminorar su penosidad dándoles la mano. *Fingir* y mentir no conlleva beneficios, el fin no justifica los medios. *Cuanta menos gente me duela, más tacaño será mi sufrimiento*; *a menor profundidad de la herida, menor amor compasivo.*

Tampoco bastan el abstracto *no hacer mal a nadie*, ni el prometeico 'ofrece resistencia al mal' (*heroísmo activo del sufrimiento*), ni el búdico '*resiste al mal prescindiendo de la sed*' (*heroísmo pasivo del sufrimiento*), que anula el nexo causal entre el yo y sus actos predicando la *santa indiferencia de cada uno*.

Ni vale la *reacción ocnofílica* que, para vencer la angustia, mantiene el vínculo temeroso de dependencia con quien le dispensa seguridad.

No basta *hacer bastante* (*satisfacere*), es necesario *padecer bastante* (*satispati*), la *satispasión*, el *satispadecer*. Sentirse interpelado por la ajena *des/gracia* es una gracia, aunque nos haga sufrir.

Pero ¿por qué deberían los demás soportarme a mí, el egoísta, e incluso pagar mis facturas?, ¿cómo sabría yo que el tú por mí auxiliado no va a pagarme con una puñalada trasera?, ¿no sería eso hacer el tonto por angelismo, lo primero que me censurarían mis propios familiares? Ser compasivo parece una quijotada. Por otra parte, la dulzura del 'buen corazón', la 'simpatía natural' (*Mitgefühl*), la 'empatía psíquica' (*Einfühlung*) por pertenecer a una misma especie, el sentimiento de 'obligación moral' (*Gewissen*), el cumplir con la 'obligación legal' (*Befehl*) y con el 'orden social' (*Ordnung*), el *egoísmo razonable* de quien paga sus impuestos porque eso beneficia a todos, nada de eso es propio de una actitud compasiva.

Sumando todas esas razones, no salen las cuentas de la compasión profunda. *Amar sin compadecer no es amar. Nuestro principio de identidad es la compasión del sufrimiento ajeno.* Nadie te abraza, luego no existes para nadie, yo para ti no estoy, puedes morirte, perro. La persona *des/*pasiva o in/*com*pasiva no abraza. Somos *pensantes com/pasivos*. Amar es la culminación del conocer; el corazón tiene sus razones que la razón no conoce. El *ordo amoris* del *cor/razón* abre camino haciendo *entrar en razón*. Donde no hay amor no hay verdad. Conocer es *co/nacer* al *con/doler*; si no me dueles, me es indiferente que existas o no. La prueba ontológica objetiva de la existencia de alguien es que me duele. No se ama solamente porque se conoce, en el amor se reconoce.

¿Por qué me dueles? La unidualidad amor/odio, sea innata, no impide su desarrollo por el aprendizaje. Hay que *educar los sentimientos.* Me dueles porque tu dolor despierta y activa el mío y pasas a ser importante para mí: por eso sufro tu sufrir. Me dueles por el querer con el que quiero quererte. Tú me dueles porque me dañas, porque te dañas, por lo que te hago, por lo que no te hago, por lo que otros te hacen, por lo que tú no sabes hacer, ni siquiera sé por qué me dueles. Mi dolor por ti deviene *con/dolencia*, aunque no se deba exigir reciprocidad (nadie tiene 'derecho' a que le quieran), pudiendo darse de forma unilateral. La manera más profunda de comprenderte es sufrir por ti, de ahí que cada ser humano se parezca tanto a su dolor.

La vida no es sólo progreso competitivo, también es pasión compasiva: tu dolor es mi dolor, sufro tu sufrir, no te robaré, no atentaré contra ti, no mataré ni me mataré. Yo soy mi dolor en ti, tú eres tu dolor en mí. La manera más profunda de sentir algo es sufrir por ello, de ahí que cada ser humano se parezca tanto a su dolor.

El *principio de identidad del yo, quién sea yo, no está en el egótico 'yo pienso, luego yo existo', sino en la compasión.* Estos serían sus prenotandos: *a) Yo soy yo/y/tú. b) Lo más íntimo de cada persona (de cada yo/tú) es su sufrimiento. c) Si des/cuido tu sufrimiento, descuido el mío. d) Si me cuidas, me siento amado, y a la inversa. También el amor otorgado a uno mismo* por sí mismo radica en la com/pasión. Yo sé quién soy por el cómo de mi compadecerme contigo, tú sabes quién eres por el cómo de tu compadecerte conmigo. Sólo entonces *soy importante para ti.*

Amar sin compasión no es amar. Nuestro principio de identidad es la ajena compasión, superior al apego a sí mismo. Nadie te abraza, luego no existes para nadie, yo para ti no estoy, puedes morirte, perro. La persona *des/*pasiva o in/*com*pasiva no abraza. Te abrazo compasivamente, luego existes para mí. La persona compasiva ve el rostro de cada deficiente en toda la humanidad e intenta ayudar, pero si no puede, si *su agusanamiento le agusanaría* a él mismo, reconocerá que hasta el amor tiene su *límite compasivo*: un padre no debería engañar a su hijo tetrapléjico con la promesa de que un día volará junto al sol. Pero *¿y si no puedo llegar a tanto por el motivo que fuere?* El sol pidió a la humilde lámpara de aceite que le sustituyese un rato, y ella dijo: «Se hará lo que se pueda». *Si puedes curar, cura; si no puedes curar, calma; si no puedes calmar, consuela.* Sólo hay un deber que puede ser querido: *el poder de salvar;* y sólo hay un honor: *el honor de ayudar.*

Tiene sentido afirmar 'siento lo mismo que usted, pero no tengo compasión alguna de usted'. El historiador, el novelista, el artista pueden no sentir simpatía por sus personajes, no es lo mismo *sentir lo mismo que otro* que *vivir lo mismo que otro.*

4. Compasión es más que empatía o simpatía, aunque se manejen sinonímicamente

La súplica del desvalido *se me impone sin que yo pueda hacer oídos sordos a la llamada* de su miseria. Ante el otro, deseo escapar porque me incordia, 'no es mi problema'. Ser *yo* significa estar cosido a responsabilidades. *Extranjero para mí mismo, yo soy rehén* corresponsable de tu extranjería. Nadie puede responder en mi lugar; mi dignidad está en la respuesta responsable a la *segunda persona. Mi conciencia pierde ante ti su primacía y su soberanía.* Ante el tú mi conciencia no vuelve triunfalmente sobre sí para reposar complacida en ella misma; no existe mayor hipocresía que la que ha inventado la caridad bien ordenada. El otro es el débil, el pobre, la viuda, el huérfano, el extranjero. Aunque sea yo quien se lance hacia el otro en un impulso generoso, es el otro quien toma la iniciativa con su sola presencia; aunque no haga nada, se interpone en mi camino. *Mi conciencia pierde su primacía* ante el otro. Ante él no se ha de pretender una apreciación objetiva de la misma, atendiendo a su valía o dignidad, ni tomar en consideración la maldad de su voluntad, la limitación de su entendimiento, o la absurdidad de su orientación, ya que lo primero podría fácilmente suscitar odio contra ella y lo último, desprecio; *lo único que se ha de tomar en consideración son sus sufrimientos.*

Para conocer al hombre es necesario amarle, *tú existes solamente si amas*; a quien no ama le es totalmente indiferente que exista a no. *El amor es la prueba ontológica objetiva de la existencia de alguien*, el criterio del ser, donde no hay amor no hay verdad. *Antes que pensante, el hombre es un ser com/pasivo.* No se ama porque se *conoce*, sino porque en el amor se *reconoce* en una esfera común que sobrepasa el campo de cada uno. *Amar sin compasión no es amar: si el otro no me duele, ni existe él ni existo yo.* No por *respeto por la ley, sino por respeto al otro*: *no autonomía, sino heteronomía, autonomía del otro.*

A la pregunta *¿dónde me gustaría estar ahora, mejor que en ningún otro sitio?* respondo *aquí, acompañándote en tu angustia.* No podría yo tratarme como fin en sí mismo, si no cumpliera este requerimiento. No sólo no debo sentir alegría ante tu desgracia; ni pretextar que tu odio me da derecho a vengarme; ni que me diga a mí mismo que el derecho ha sido violado y que no soy yo, sino el derecho en sí el que se está vengando; tengo que preocuparme positivamente por ti. No odiaré a mi hermano en mi corazón. El odio no tiene justificación. No hay motivo ni razón para odiar; cada aparente motivo es un error y una aberración. No he de pretender una apreciación objetiva de la persona según su valía o dignidad, ni tomar en consideración la maldad de su voluntad, la limitación de su entendimiento, o la absurdidad de sus conceptos, ya que lo primero podría suscitar odio contra ella, y lo último desprecio; lo único que se ha de tomar en consideración son sus sufrimientos.

5. El 'y', sentido de la vida acompañada

La logoterapia pretende ayudar a la persona a encontrar su sentido existencial en los valores que dimanan de él. La homeostasis, la homogeneidad ataráxica, aburre, cansa. *Una vida 'fácil'* corre el riesgo de devenir *una vida difícil.* El sentido de la vida se realiza en el ser propio de cada cual. Por excelentes que fueran los valores heredados, cada persona debe hacerlos suyos. Siempre estamos solos, cada quien tiene que vivir su propia muerte, aunque esté tan acompañado de seres queridos. *El sentido de la vida puede variar*, y a veces bastan unos pocos segundos para que la existencia dé un vuelco total. Para no pocos el mundo huele mal y esa desesperación los enfrenta a la decisión del '*suicidio de balance*', compara *haber* con *debe*, y el balance negativo que ve en esa comparación le mueve al suicidio.

La logoterapia es para que la persona viva con sentido: a) Yo no solamente soy yo, sino yo/y/tú. b) Lo más íntimo de cada yo y tú es su sufrimiento. c) Lo que cura el sufrimiento es la hospitalidad del yo/y/tú. d) Por la hospitalidad, yo cuido mi sufrimiento cuidando al tuyo, es decir, al yo/y/tú. e) Si des/cuido tu sufrimiento, descuido el mío. f) Si me cuidas, me siento amado, y a la inversa. g) Este planteamiento no adopta la figura romántica del enamoramiento de los quinceañeros. Se abre al tú de toda la humanidad (el nosotros abarcable por cada yo/y/tú. h) Sin esto, incluso las mejores tecnologías de la salud están condenadas al fracaso.

Si la vida tiene un sentido, entonces también el sufrimiento debe tenerlo. Si los terapeutas quieren fortalecer la salud mental de sus pacientes, no deben tener miedo a aumentar dicha carga y orientarles hacia el sentido de sus vidas. Si un individuo no tiene que enfrentarse con misiones que cumplir y evita la tensión específicamente despertada por dichas misiones, se establecerá un determinado tipo de neurosis, la *neurosis noogénica.* Es la *homeorresis*. Pese a todos los males, si en este instante se nos preguntara si nuestra vida tiene sentido. Muchos responderíamos: ¡Sólo por haber vivido ese instante ya lo habría merecido!

Más allá del 'ofrece resistencia al mal' (*heroísmo activo del sufrimiento*) y del 'no ofrezcas resistencia al mal' (*heroísmo pasivo del sufrimiento*) el budismo –sacando el yo del nexo causal para alcanzar la *santa indiferencia*– dice: «No suprimas el mal, sino *la resistencia* al *mal* y hazlo prescindiendo de la sed». Tampoco debería ser dado de alta ningún paciente para que *post logoterapiam* o *extra logoterapiam* en una sociedad indecente, en cuanto que persona '*sensatamente curada*', se acople a ella. No apostamos por la *reacción ocnofílica* para vencer la angustia que mantiene el vínculo temeroso con quien dispensa seguridad a cambio de *no hacer mal a nadie.*

Casi inmediatamente después de su boda en 1921, Franz Rosenzweig recibe en 1922 el diagnóstico (un año de vida, aunque todavía vivirá siete años más) de esclerosis lateral amniotrófica, con la progresiva paralización del bulbo raquídeo y de todos los músculos y con la pérdida de la capacidad de hablar. A finales de año pierde la capacidad de escribir. Desde 1923 queda encadenado a una silla, completamente inmóvil y casi mudo. Testigo vivo de una actitud biofílica, gracias a los constantes cuidados de su esposa, insustituible intérprete de cada uno de los gestos y movimientos de sus labios y de sus párpados, logra hablar un poco y dictar cartas, así como redactar varios trabajos. Paralizado en todos sus miembros, excepto dos o tres leves movimientos de la cabeza y del leve movimiento de un dedo, totalmente incapacitado para hablar, así vivía este hombre. Sin la dedicación de su mujer, por cuanto se hacía cargo de su pensar y de su opinar y los comprendía siguiendo sus levísimas indicaciones, no hubiera llegado hasta nosotros la voz de la vida de esta alma en su cuerpo muerto, que tan lúcidamente había permanecido como aquel día en que brotó de ella *La estrella de la redención*. En 1922 celebra el *Jom Kippur* en su casa con sus amigos, entre ellos Erich Fromm, en una atmósfera de gran emoción y participación. A sus 34 años escribe Rosenzweig: «La gente cree que soy infeliz. Ninguno imagina lo feliz que soy». El año 1924, a fin de poder comunicarse, e incluso escribir, la casa AEG le fabrica una especie de máquina de escribir que Rosenzweig maneja moviendo únicamente una palanca atada mediante un hilo a su dedo pulgar, de modo que con el solo movimiento de la mano izquierda (la única todavía no afectada completamente por la parálisis), el enfermo podía indicar cada una de las letras y componer las palabras. Para facilitar el trabajo de comprensión fue necesario un segundo disco conectado a una varilla, a su vez atada a la palanca manipulada por el paciente. «Con este aparato, en cuya elaboración participó activamente Rosenzweig, logró comunicarse con el exterior escribiendo todavía durante otros cuatro años, hasta el final». Moría a los 42 años.

«Si una persona ha hallado el sentido que buscaba, está preparada para sufrir, para ofrecer sacrificios, e incluso, si ello es preciso, para dar su vida» (Viktor E. Frankl, *Psicoterapia y humanismo*), pues el sufrimiento dotado de sentido apunta más allá de sí mismo, remite a una causa por la que ofrecemos sin masoquismo nuestros padecimientos. Por eso, cuanto más prolifera la *tecnoterapia* del *homo indolorus*, *inodorus et insipidus*, tanto más se esfuma un *humanismo algésico sin masoquismo*. La vida tiene sentido *hasta el último aliento.*

Eso es algo que en cada instante sólo depende de nosotros. El ser humano puede sufrir sin estar enfermo, y puede estar enfermo sin sufrir. El sufrimiento es una oportunidad auténtica. Existen signos patognomónicos de enfermedades anímicas en las cuales sufre por no poder sufrir. Si nos preguntásemos con toda honestidad y seriedad si desearíamos cancelar las vivencias tristes de nuestra vida pasada, por ejemplo, las relativas al amor frustrado, en la *vivencia del puro sufrir*, diríamos que no, pues de algún modo sabemos cuánto hemos crecido y madurado interiormente en esos fragmentos y épocas de nuestra vida. El sufrimiento dotado de sentido apunta más allá de sí mismo, remite a una causa por la que ofrecemos sin masoquismo nuestro padecimiento, crea en la persona una tensión fecunda que evita llorar por lo pasado incancelable: *no hay ninguna situación de la vida que realmente carezca de sentido.* Los aspectos aparentemente negativos de la existencia humana, en especial la *tríada trágica dolor-culpa-muerte*, pueden transformarse con sólo afrontarlos con la actitud correcta. Hay mucho sufrimiento inevitable, y el terapeuta debería cuidarse de colaborar con la tendencia del paciente a huir de ello.

Si a la pregunta *¿dónde me gustaría estar ahora, mejor que en ningún otro sitio?* respondes que *aquí*, está bien. *Dos medidas de riqueza algésica: la primera, que cuanta menos gente te duela, más pobre en valores será tu dolor; la segunda es la profundidad de la herida.* Quien pretende salvar su 'y' lo perderá, si no la abre a los sufrientes, pues vamos muriendo poco a poco para aquello que no ejercemos: entonces llamamos *vida* a *la costumbre de ir muriendo.*

La vida es siempre una ocasión para mejorar: *no debes aferrarte a tu dolor, puedes sumergirlo en el dolor general.* La vida no sólo se colma creando y gozando, sino también sufriendo. La persona madura en el dolor. Entre las obras de música inmortales no se cuentan solamente las sinfonías incompletas, sino también las 'patéticas'. El sufrimiento crea en la persona una tensión fecunda. Esta posibilidad de convertir lo ya acaecido en algo fecundo para la historia interior de la persona no se halla en contradicción con su responsabilidad, sino que forma una unidad dialéctica. Quien ante el golpe de infortunio se aturde o trata de distraerse, no aprende. No hay en la vida ninguna situación que el ser humano no pueda ennoblecer algo.

O cargamos nosotros con el destino voluntariamente o él carga con nosotros. Quien se subleva contra su destino no ha comprendido el sentido de todo destino. Cuando un epiléptico se pregunta *qué habría sido de él si su padre no hubiese sido un bebedor* y no le hubiese engendrado durante su ebriedad, sólo cabe una respuesta, a saber, que él está inculpando sin sentido a su destino, pues su cuestionamiento es falso: si a él le hubiese engendrado otro padre, él no hubiera llegado a ser 'él', y por eso tampoco hubiese podido plantear esta cuestión carente de sentido, ni alzar sus airadas quejas contra el destino. Si la vida tiene sentido, también el sufrimiento: la vida nos pone ante las preguntas a las que debemos responder.

Hay que ir al fondo, bajar a los lugares más bajos, *descender a los infiernos*, sin la *descomprensión* del mal buzo que emerge demasiado deprisa del agua en que se hallaba sumergido a enorme presión. De una experiencia traumática no se sale indemne. La vida misma es un trauma. El sufrimiento es el maestro de la vida, y nosotros sus discípulos. Tanatoterapia y logoterapia van juntas, como dos gemelas univitelinas juntas. Hay que aprender a hacer buen uso de nuestras enfermedades, transformar la necesidad en virtud.

6. Compasión es co-debilitamiento voluntario

La compasión es la empatía del *debilitamiento voluntario*. Puede simpatizarse con malhechores, o con asociaciones de egoístas. Los gradientes de la simpatía (*syn-pathos*) son muy diversos (tímidas, arrolladoras, desbordantes, líquidas, unilaterales (*nebeneinanderfühlen*), inestables, recíprocas (*miteinenderfühlen*), y por eso cabe decir «*simpatizo con usted, pero no tengo ninguna compasión con usted*». Lo que suele llamarse *empatía* es una simpatía imprecisa, lábil y superficial, 'ponerse en los zapatos del otro'. Pero ¿qué hacemos con los *sin zapatos*? Un toquecito en la espalda, un mero eco sentimental, un *fühlen* barato. La relación con el pobre empobrece, le huimos, es peligroso, huele mal, no le invitamos a nuestra casa. Su mal me malea, me carga con su peso. Pero la compasión es un *einsfühlen*, un ir hacia lo profundo del sufrimiento.

Freud y Nietzsche, enemigos de la compasión, alegaron que *devolver bien por mal es injusto*, pero la *empatía debilita con el débil haciéndolo de ese modo fuerte*. La persona sana lucha por transformarlos en *poder afectivo*, el cual: *a)* es *dinámico*, pasa de estar dormido a estar activo y rugiente, y a apagarse; *b)* se manifiesta *a través del deseo*, la anorexia desiderativa debilita; *c)* es *deseo de reconocimiento y de endebilitamiento compasivo activo no de 'empoderamiento'*, intolerable si busca *ocupar y usurpar el espacio vital* del otro; *d)* el poder de una afectividad sana es *personal y sinárquico* a la vez (*win-win relationship*), sin que por ello desaparezcan las diferencias de cada uno; *e)* por su imperio los impotentes pueden gozar del cuidado de las almas bellas, en lugar de padecer la crueldad de los corazones duros y la indiferencia de los esteticistas desmayados; *e) el perdón y la compasión actúan* sinérgicamente; *f)* ante la falta de compasión con muchos (abortados, muertos por hambre, etc.), desea la existencia de un Dios compasivo.

Una vida 'fácil' deviene una *vida difícil. Si nos preguntásemos* si estamos dispuestos a suprimir de nuestra existencia las vivencias dolorosas o desdichadas, diríamos que no. Mejor luchar con el *cor/razón* por la virtud (fuerza, *vir*) que por el vicio, pues *da más fuerza sentirse amado que creerse fuerte*, y *más autoestima amar que odiar*. El amor se compromete a conocer; una vez conocido, el amor es la culminación del conocer. *Conocer es co/nacer*. El *cor/razón* se adelanta, abre caminos. Este *entrar en razón* no es un salir del *ordo amoris*. Pero hay que *educar los sentimientos y los afectos*. Hacen falta *maestros de virtud*, es decir, de poder sanador. La *educación sentimental* enseña que no se ama a la otra persona porque sea rica, hermosa, joven, inteligente; pues si esos dones desapareciesen, dejaríamos de amarla. *Minus te amat qui tecum aliud amat*, el amor no dice «te quiero porque eres así», ni «te quiero mientras seas así», sino «te quiero aunque seas así». Quien ama se compromete a co/regir, a transformar el 'a pesar de' en 'porque'. El amor es a la vez causa eficiente y causa final (por tanto, causalidad circular). Quiero tu querer para construir un querer mejor. No es sumatorio de dos, sino co-crecimiento.

Del aprendizaje significativo no puede faltar la *imaginación creativa*, situada en el hemisferio derecho del cuerpo, que controla el lado izquierdo. Por el pensamiento lateral o creativo, *cualquier valoración de una situación es sólo una de las muchas posibles*, siendo sus rasgos: genialidad, originalidad, audacia, ojos ingenuos, ingenio, perspicacia, flexibilidad, imprevisibilidad, apertura, aleatoriedad difusa, descodificación: «Apenas ha dado usted una pincelada, y todo ha cambiado», dice el discípulo admirado, pero el arte comienza donde comienza esa pincelada. No son antagónicos arte y artesanía, (1% de inspiración, 99% de transpiración). Una vida un poco larga no se improvisa. Comprométete y la mente se caldeará, la creatividad se disparará, la creatividad se potencia. No contraponer *hábito* (entendido como lo repetitivo, lo conocido, lo seguro, lo fácil, lo inercial) a *creatividad*.

Para forjar el carácter necesitamos maestros que transmitan emotivamente lo que enseñan. Por fortuna existen personas emocionalmente, aunque no gocen del aplauso social, cuyos valores son: *a)* Totalidad (unidad, integración, interconexión, organización, superación de la dicotomía). *b)* Perfección (justicia, determinación, equidad, plenitud). *c)* Consumación (terminación, finalidad, realización). *d)* Rectitud (orden, legitimidad, autenticidad). *e)* Vitalidad (procesualidad, no estar muerto, espontaneidad). *f)* Riqueza (diferenciación, complejidad). *g)* Sencillez (honestidad, esencialidad, esquematicidad). *h)* Belleza (rectitud, forma, esplendor del conjunto). *i)* Bondad (benevolencia, donatividad, entrega). *j)* Individualidad (personalidad, diferencia, irrepetibilidad). *k)* Alegría (diversión, gozo, viveza, humor, exuberancia). *l)* Veracidad (pureza, limpieza, claridad, patencia). *m)* Autonomía solidaria (ser con los otros sin dejar de ser uno mismo).

Quien ama *se alegra de que el otro viva*, pero el amor también suda: habrás de jugar muchos números, y no sólo una vez (*amor de conquista*), sino siempre (*amor de mantenimiento*) y de forma creciente (*amor de perfección*). Sin ello, el amor deviene rutina. El amado es eminente por ser amado, no por ser excelente, pues el amor es *el mejor embajador del tú*, sólo los ojos del amado admirado pueden mirar y admirar los ojos de quien le mira y admira; si el amado no es engreído sabrá que su hermosura es admirada por haber sido mirada. Los valores descubiertos en el amor resultan *de mayor altura de lo que nos parecían antes de amar*: ¡*maravilloso mundo* el que descubre Dante después de enamorarse de Beatriz! El amor es *diatrófico*, alimenta todo aquello por donde pasa. Amor profundo, amor extenso y amor eterno no son incompatibles: cuanto más profundo, tanto más extenso y tanto mayor su deseo de perdurar; amar a otro es decirle: mientras yo viva, tú no morirás. Lo inexplicable del amor es que uno quiera perderse en el otro y que, perdiéndose, ambos salgan ganando.

La justicia sin amor te hace duro. La inteligencia sin amor te hace cruel. La amabilidad sin amor te hace hipócrita. La fe sin amor te hace fanático. El deber sin amor te hace malhumorado. La cultura sin amor te hace distante. El orden sin amor te hace complicado. La agudeza sin amor te hace agresivo. El honor sin amor te hace arrogante. La amistad sin amor te hace interesado. El poseer sin amor te hace extraño. La responsabilidad sin amor te hace implacable. El trabajo sin amor te hace esclavo. La ambición sin amor te hace injusto. Los *sentimientos distróficos* no muestran cariño. Conocen la diferencia entre lo correcto y lo incorrecto, pero no les importa. Hieren a los demás sin razón. Aunque sean superficialmente encantadores, sólo atienden a sus propias necesidades. Actúan cruelmente con los más débiles. No sienten culpa ni remordimiento. Creen que lo único incorrecto es ser atrapados. Fomentan la discordia. Invierten el *ordo amoris* en *disordo amoris*.

Apelemos al famoso velo de la ignorancia, y hagamos nuestro punto de partida el año uno antes de los muertos. Sin cantinfleos hermenéuticos ni formas blandas de control, que nos llevan a desarrollar cuadros persistentes de ansiedad. Ahuyentar a como dé lugar el dolor y el sufrimiento es una vulgaridad, como también lo es resignarse sin más a que en la vida todo sea sacrificio y sudor.

7. La dinámica del corazón sanador. Del pienso luego al somos amados luego existimos; me dueles, luego eres importante para mí

Invocación-sanación. ¿Cómo afrontar la enfermedad, el dolor? Desde el *vocativo*. Toda debilidad se traduce en peticiones directas o indirectas de auxilio. Pero el pobre, el enfermo, a pesar de todo, muchas veces ni siquiera se atreve a pedir, por miedo, por soberbia, por experiencias negativas anteriores. El adulto lanza peticiones indirectas, de náufrago a la deriva, pero sin atreverse a pedir directamente: ¿y si se ríen de mí, y si pierdo mi aura?

Genitivación-sanación. El vocativo pide un genitivo receptor de ese vocativo. Quien necesita beber pide una fuente, un *de dónde* del cual nos advenga el cariño, la nutrición, el afecto. No el egocéntrico *yo pienso, luego yo existo*, sino el *soy amado, luego existo*.

Donación-sanación. Dativo de espacio, y, mejor, dativo de tiempo, sanar es pasar del genitivo al dativo, al don permanente en el *per/dón*. Hacerse dativo, don nato, donativo, afianzarse en el don que infunde vida, es hacer medicina. *Donato.* Hacerse dativo, don nato, donativo, hay más alegría en dar que en recibir.

Ablativo-sanador. Con-jugar sin excepción, en toda circunstancia, sin acepción de personas, mediante el ejercicio de lo que sana, a saber, el hacer de la vida entrega, dentro de los límites de la humana condición.

Nominación-sanación. El *amor es el nombre de la persona*. Somos, al final, el nombre con que somos (sanados) y con que nos dejamos amar (sanar).

Contra el acusativo: «El sentido de mi vida es acompañar a quienes, como peregrinos, buscan fatigosamente el sentido de sus vidas, o afrontan el sufrimiento de una vida para ellos sin sentido» (Frankl). «Cuando veo sufrir a otros seres es como si ellos sufrieran en mi lugar» (Jaspers).

VI
La persona como un microcosmos trascendental

Mauricio Beuchot

1. Introducción

Se me ha pedido que exponga mi concepción de la persona, y en estas páginas trataré de hacerlo, después de haber meditado en ella durante mucho tiempo. Lo que sigue será, pues, la síntesis de mis ideas acerca de este tema. Comenzaré con una precisión metodológica, para después entrar en lo que toca a la fenomenología, luego pasar a la hermenéutica, como mediadora entre aquélla y la ontología, para desembocar en esta última. La parte ontológica o metafísica contendrá la de la antropología filosófica, en la que se inicia.

En efecto, mi estudio se ubica en la antropología filosófica o filosofía del hombre. Pero esta disciplina se nutre de la fenomenología y de la hermenéutica, y llega hasta la ontología o metafísica. Es el estudio del ser humano a la luz de la razón. De esta manera se puede definir nuestra asignatura, pero ella depende de otras, por lo que tenemos que hacer una síntesis a partir de lo que éstas aportan.

Comienzo, pues, por las consideraciones metodológicas previas, que serán muy breves, para pasar a la parte fenomenológica, la cual, mediante la aplicación de la hermenéutica, nos conducirá a la dimensión ontológica o metafísica, que es la más elevada a la vez que fundamental. No en balde esa progresión de la fenomenología, para pasar a la hermenéutica y finalmente a la ontología fue la que mostró como conducente Heidegger en *Ser y tiempo*. Aquí sólo será esbozada, tratando de darle por lo menos lo que sea suficiente para tener una idea de la persona.

2. Consideraciones metodológicas

Comenzaré con unas breves indicaciones metodológicas. La metodología depende de la lógica, es lógica aplicada, y nos dice cómo proceder ordenadamente en el conocimiento. Así, primero se capta el aparecer, luego el ser. Es decir, primero se ve lo accidental o manifiesto, luego lo substancial o esencial. Lo que primero se intuye del hombre son sus manifestaciones exteriores, como es natural; pero ellas nos deben llevar a lo interior y más profundo. Primero veremos, pues, qué es lo que se nos muestra de modo exterior, para pasar después a lo que subyace, a lo que se da de modo substantivo.[1]

Captamos, así, primero las acciones del hombre, que nos revelan ciertas intencionalidades que tiene, las cuales nos remiten a las facultades que posee, y, finalmente, a un reducto substancial que constituye la persona. Realizamos, con ello, un análisis que nos lleva resolutivamente de los actos a las facultades, y de éstas al sujeto. Nuestro método es, por ello, analítico o inductivo, que procede de los efectos a las causas, de los fenómenos a sus principios, cual compete a la antropología filosófica, que debe tomar muy en cuenta la experiencia, para buscar sus bases teóricas más profundas.

Pasaré, entonces, a una visión fenomenológica del hombre o de la persona humana. Esto nos hará atender a sus manifestaciones exteriores, para ir captando su esencia, según quería Edmund Husserl. También buscaremos el puesto del hombre en el cosmos, tal como lo hizo Max Scheler. Igualmente, nos asomaremos a su estar-en-el-mundo, cosa que realizó Martin Heidegger. Y, además, daremos importancia al cuerpo, en el sentido de carne, como aconsejó Maurice Merleau-Ponty. Esas miradas fenomenológicas nos inician en la consideración de la persona, para poder pasar después a los aspectos hermenéuticos y ontológicos de la misma.

3. Mirada fenomenológica hacia el ser humano

Atenderemos, pues, ahora a la parte de fenomenología en esta exposición.[2] Miremos lo que nos muestra el hombre de sí mismo. Y lo que más se manifiesta es su carácter intencional, su vida como despliegue de relaciones a partir de su esencia.

1 Emerich Coreth, ¿Qué es el hombre? Esquema de una antropología filosófica (Barcelona: Herder, 1985), 181 y ss.

2 Mauricio Beuchot, *La persona y su entorno. Bases de un personalismo analógico* (Sevilla: Thémata, 2020), 87 y ss.

3.1. El hombre como intencionalidad

La fenomenología ha tenido como concepto básico el de intencionalidad. Lo aprovecharé aquí para esta visión fenomenológica del ser humano, de la persona. Así, desde este punto de vista, concibo al hombre como núcleo de intencionalidades. Él es una unidad bio-psico-social, en la cual abarcamos tanto lo natural como lo cultural. Porque, si bien lo biológico es natural, y lo sociológico es cultural, lo psicológico abarca tanto lo natural como lo cultural en el hombre. Sobre todo, podemos ver esto de una manera intencional, es decir, considerar al hombre como centro desde el cual se despliegan múltiples intencionalidades (cognoscitiva, volitiva, emocional, etc.), es decir, como un núcleo de intencionalidades.[3]

Con esto recuperamos lo clásico y lo contemporáneo, ya que la noción de intencionalidad viene de Aristóteles, pasa por sus comentaristas medievales, tanto árabes como latinos, y por el Renacimiento (Cayetano) llega hasta la Modernidad, donde es recuperada señaladamente por Franz Brentano. Él la transmitió a dos discípulos suyos geniales, Freud y Husserl. De hecho, Freud, que era estudiante de medicina, llevó algunos cursos optativos de filosofía, todos con Brentano y todos sobre Aristóteles. Allí seguramente recibió de él la noción de intencionalidad, que trabajó como *Trieb* o pulsión.[4] Igualmente, es recuperada por Husserl, que basó su fenomenología en el trabajo intencional de la mente que conoce intuyendo.[5]

Pero también se recuperó en Heidegger, no sólo a través de Husserl, sino por el contacto que tuvo con Brentano, el cual fue temprano, ya que el primer libro filosófico que leyó el autor de *Ser y tiempo* fue la tesis de aquél sobre los múltiples modos de decirse el ser en Aristóteles, esto es, precisamente acerca de la analogía.[6] Además, la intencionalidad fue recogida por Gadamer, seguramente a través de Husserl y Heidegger; pero, sobre todo, fue retomada por Ricœur, quien se consideraba formado en la escuela de la fenomenología.[7]

Así, pues, el hombre es un ser intencional. La noción de intencionalidad es la única que, según dice Hilary Putnam, no han podido desbancar los funcionalistas, y que incluso marca el acabose del funcionalismo.[8] Pues bien, en el hombre hay

3 Mauricio Beuchot, *Antropología filosófica. Hacia un personalismo analógico-icónico* (Madrid: Fundación Emmanuel Mounier, 2004), 19-28.

4 Mauricio Beuchot, "Aristóteles y la escolástica en Freud a través de Brentano", *Espíritu*, 47/118 (1998): 161 y ss.

5 Emmanuel Levinas, *La teoría fenomenológica de la intuición* (Salamanca: Sígueme, 2004), 65 y ss.

6 Ernst Nolte, *Heidegger. Política e historia en su vida y pensamiento* (Madrid: Tecnos, 1998), 36.

7 Paul Ricœur, *Sí mismo como otro*, 2a. ed. (México: Siglo XXI, 2003), 199-202.

8 Hilary Putnam, *Representación y realidad. Un balance crítico del funcionalismo* (Barcelona: Gedisa, 1990), 119 y ss.

varias intencionalidades; sobre todo una cognoscitiva, otra volitiva y otra emocional (o pulsional). Algunos hablan de una intencionalidad activa y hasta se podría hablar de una intencionalidad entitativa u ontológica, que se da en el hombre como base de las otras intencionalidades. De hecho, se ha llegado a hablar de la intencionalidad como una propiedad trascendental del ser, es decir, de todos los entes.[9] Pero eso se ha discutido mucho.

La intencionalidad es, en primer lugar, consciente e inconsciente. Es decir, hay una intencionalidad consciente, que es la del conocimiento y la voluntad, pero también una intencionalidad inconsciente, que es la de las pulsiones, instintos o pasiones. Mas también sabemos que, según lo enseñaba ya Husserl, la intencionalidad es la tensión, la proyección de nuestro ser hacia sus objetos, y no sólo eso, él nos dice también que la intencionalidad es significante, que tiene un significado o sentido.[10] Por eso requiere de una interpretación, es decir, de la hermenéutica. Así, el modelo o ícono del ser humano es el del que está volcado hacia fuera de sí, hacia los otros, hacia lo diferente. Y quiero decir aquí que, en antropología filosófica, más que los argumentos, lo que convence es el modelo de ser humano que presentemos: si es feliz, si se ve realizado, mentalmente sano, etc., y por eso la intencionalidad exige que éste se proyecte hacia afuera, que se distienda hacia lo otro, principalmente hacia los demás semejantes, sus análogos.

3.2. El hombre, animal analógico

Hemos visto que lo más propio del hombre es su carácter intencional, eso nos lleva a toda una antropología filosófica. Veámoslo más detenidamente. Esto es algo muy analógico; en efecto, hay una intencionalidad múltiple: cognoscitiva, volitiva y afectiva o pulsional. Conocimiento, amor y libertad. Creatividad en todo caso, y apertura a los demás, salida de sí mismo. Es la herencia de Brentano, que dejó el concepto de intencionalidad en su alumno Freud, quien la tradujo como pulsión, impulso, instinto; de modo que no sacar esa intencionalidad hacia afuera produce la enfermedad. Y Husserl la recogió como intencionalidad, tal cual. El filósofo analítico recientemente fallecido, Hilary Putnam, abandonó el funcionalismo o

---

9 Mariano Deandrea, "L'*intentio*, nuova proprietà trascendentale dell'essere?", *Angelicum*, 40 (1963): 370 y ss.

10 Carlos Díaz, *Husserl: intencionalidad y fenomenología* (Algorta-Vizcaya: Zero, 1971), 79 y ss.

conductismo porque no podía dar cuenta de la intencionalidad, a la cual consideró, por eso mismo, como algo intrínsecamente humano.[11]

A esa intencionalidad pertenece la conciencia y, por lo mismo, la subjetividad, el sujeto, sin el cual no hay personalismo posible. Por eso se puede partir de ese carácter intencional de la persona para comprenderla.[12]

La intencionalidad es, pues, analógica; es decir, tiene múltiples direcciones. Una de ellas es la cognoscitiva, que implica la sensación y la intelección. La experiencia tiene que ser entendida (intelecto sentiente, como dijera Zubiri). Los sentidos se conectan con el entendimiento. Y también está la imaginación, que nos conecta con lo posible, hasta hacernos crear obras de arte y utopías.

Hay, además, una intencionalidad volitiva. Se quiere algo o a alguien. Se desean cosas y personas; sobre todo, se desea el deseo del otro. Es decir, ser deseado por el otro, amado por él. Aquí, en la conjunción de la voluntad y el intelecto, se da la libertad. Ésta, la libertad, es lo más propio de la persona, porque es intelectiva y volitiva.[13]

Pero también hay una intencionalidad pulsional, que abarca lo que antes se llamaba apetitos naturales, otras veces se los llamaba instintos, y también se los llamaba pasiones. Provienen desde el inconsciente, como el impulso sexual, el odio, la ira, etc.[14] Tienen que ser filtrados por la conciencia, es decir, por el intelecto y la voluntad, para ser plenamente humanos, o para ser conscientes y responsables, libres.

No se puede desconocer esta intencionalidad inconsciente; es la que han señalado Freud y los estudiosos de la psicología profunda. No atendemos lo suficiente a esta cara oculta del ser humano, a veces por temor, a veces por repulsión, a veces por simple ignorancia.

E, incluso, se puede hablar de una intencionalidad ontológica, a saber, la de seguir y permanecer en la existencia. Es como lo que Spinoza y Leibniz llamaban el *conatus essendi*, que se manifiesta en el instinto más primordial, el de autoconservación.

Por otra parte, la intencionalidad es relacional, mueve al hombre a la relación. Consigo mismo, con los otros y con los demás seres que lo rodean. Por ella surgen relaciones de conocimiento, de amor, de creatividad, de libertad.

---

11 Hilary Putnam, "Por qué el funcionalismo no funcionó", en *Representación y realidad*, 119 y ss.

12 Beuchot, *Antropología filosófica*, 19 y ss.

13 Ignasi X. Fuster Camp, *Persona y libertad* (Barcelona: Balmes, 2010), 235 y ss.

14 El *eros* y el *thánatos* de Freud; cf. Aquilino Polaino-Lorente, *La metapsicología freudiana* (Madrid: Dossat, 1981), 65-77, donde analiza la dupla amor-odio.

El hombre tiene algo de todas las cosas. Participa de todos los reinos del ser. Tiene un poco del mundo mineral, del vegetal, del animal y del espiritual. Por eso es el microcosmos, porque tiene partes de todo el macrocosmos.[15] No solamente conoce todo lo que le rodea; de alguna manera y en alguna medida, *es* todas las cosas. Es un mundo en pequeño. El hombre es el análogo del universo, un ícono suyo.

Ese carácter de mundo menor, de horizonte en el que se conjuntan todos los seres, habla de la alta dignidad del hombre. Pero, a diferencia de lo que se dedujo de eso en otras épocas, esto le debe dar conciencia de su responsabilidad para con todas las cosas de su entorno. Es decir, no debe creerse el dueño de la naturaleza y el explotador de ésta, sino su cuidador, su protector.

El valor que promueve el personalismo es la persona misma, su vida. Es decir, el cumplimiento o plenificación de sus intencionalidades. Y, como la primera de todas es la de existir, o vivir, el valor principal es el de la defensa y la promoción de la vida. Es cuando se ve que la antropología filosófica fundamenta a la ética, la cual no es vacía, sino que tiene contenido axiológico, con este valor de la vida a la cabeza. Porque lo principal y más propio de la persona es su vida, su existencia. Pero ésta se ve amenazada, si no cuida su entorno vital, la naturaleza, que es la que le proporciona los medios para subsistir.

Por eso es importante la bioética o ética de la vida, que nos lleva a la ecología. A una que sea personalista, es decir, que, atendiendo a la persona, se responsabilice del cuidado del hábitat natural.[16]

3.3. El hombre en la sociedad

Esas intencionalidades o relaciones de la persona consigo misma y con los demás están colocadas en una dimensión ética, sobre todo social. Ahora bien, podemos afirmar, en seguimiento de Max Scheler, que el hombre actúa por lo que le resulta motivador, por sus valores, y por eso la ética se basa en una axiología.[17]

Esta fundamentación de la ética en una axiología (y de ésta en la ontología que se profese), nos es revelada por la experiencia: basamos la ética en la tabla de

15 Beuchot, *Antropología filosófica*, 57 y ss.

16 Mauricio Beuchot, "La relación analógica hombre-naturaleza", en B. Solares (ed.), *Imaginarios de la naturaleza. Hermenéutica simbólica y crisis ecológica* (Cuernavaca, Morelos, México: CRIM-UNAM, 2021), 411 y ss.

17 Josep Rafael Moncho i Pascual, *Teoría de los valores superiores* (Valencia: Campgràfic Editors, 2003), 17 y ss.

valores que establecemos. De acuerdo con ella planteamos ciertos imperativos, y luego añadimos las virtudes que los ponen en práctica.[18] Sobre todo, la virtud de la prudencia, que es la que nos da el actuar según proporción; pero también la templanza, que nos hace dejar algo para los demás; la fortaleza, que nos ayuda a perseverar en esa intención; y, de manera especial, la justicia, que busca la equidad para todos, y es la que consigue la paz y la prosperidad. Pues bien, la ética de virtudes ha vuelto a la filosofía en estos tiempos recientes.[19] Es la que yo he adoptado.

Además, se trata de llegar a un personalismo comunitario. Nicolai Berdiaev dice que a él le atribuyeron esa expresión sus amigos del grupo *Esprit*.[20] Otros la adjudican a Maritain.[21] Yo la he tomado de Carlos Díaz. Sería el aspecto político del personalismo. Pero estará bien basado en la ética. Igualmente, el derecho está fundado en ella. Y la política buscará que todos los ciudadanos se dirijan al bien común, y cultiven las virtudes cívicas conducentes a él. Será, sobre todo, un régimen asentado en la democracia, que es el único que de verdad permite poseer derechos humanos. Es el que propiamente está enfilado hacia la consecución de la justicia, que produce la paz y la prosperidad.[22]

Como lo expresa Aranguren, la sociedad necesita tanto una moralización pública como una privada, pues ciertamente el Estado debe velar por la ética, pero ésta es primordialmente personal; si no la asumen las personas, de nada sirve lo demás.[23] Se requiere una política que asuma la moral, y tiene que ser democrática, pero con un control de la libertad en aras del bien común y la justicia social. Para superar el individualismo egoísta de la actualidad, hay que ir a un personalismo de la gratuidad, pero siempre dentro del marco de la justicia.

4. Dimensión hermenéutica del ser humano

Accedamos ahora a la parte hermenéutica de esta exposición. A partir de los datos que nos brinda la fenomenología, la hermenéutica interpreta el significado que tienen para nosotros. Y una de las formas de la significación es la univocidad, otra

---

18 Mauricio Beuchot, *Ética* (México: Torres, 2004), 112 ss. y 123 ss.

19 Justino López Santamaría, "La ética de las virtudes", *Estudios Filosóficos*, LVII/164 (2008): 145 y ss.

20 Jules Chaix-Ruy, *Berdiaeff* (Buenos Aires: Columba, 1965), 102, nota 5.

21 Juan Manuel Burgos, *Para comprender a Jacques Maritain. Un ensayo histórico-crítico* (Madrid: Fundación Emmanuel Mounier, 2006), 80, nota 99.

22 Mauricio Beuchot, *Filosofía política* (México: Torres, 2006), 138 y ss.

23 José Luis López Aranguren, *Ética y política* (Barcelona: Orbis, 1987), 249 y ss.

la equivocidad, y otra la analogía. Lo unívoco es claro y distinto, pero difícil de hallar; lo equívoco es oscuro y confuso, difícil de salvar; en cambio, lo analógico es intermedio, y suficiente para dar comprensión. Veamos qué pasa con esos significados del hombre.

4.1. Intencionalidad y significado: hermenéutica

Pasamos, pues, de la parte fenomenológica a la hermenéutica. Tal como hemos visto, la intencionalidad también es significación, posee un significado, una orientación. Por eso la intencionalidad requiere de interpretación, necesita de la hermenéutica.[24] Esta disciplina puede darnos una interpretación del hombre, un modelo o ícono del mismo. Es el problema de su esencia o naturaleza. Algunos han negado que el hombre tenga esencia o naturaleza, prefieren hablar de condición humana o de 'lo humano'. En todo caso, tenemos que evitar tanto una postura esencialista como una historicista. El hombre no es ni pura esencia ni pura historia; es esencia histórica, o historia esencializada. Es lo que Heidegger quiso hacer a partir de Husserl y Dilthey, juntar ontología e historia, ser y tiempo.

Una antropología analógica no es ni historicista ni esencialista, acepta una esencia dinámica, como imagen. La esencia humana como ícono del hombre. Porque podemos definir al hombre, esto es, delimitarlo, aunque nos cueste. Él posee límites, aunque sea difícil encontrarlos y, sobre todo, aceptarlos. Los límites del hombre son la muerte, la enfermedad, el fracaso, la pobreza, etc. Es decir, lo que Jaspers denominaba situaciones límite.[25] Eso nos hará recoger alguna definición del hombre.

4.2. Concepción hermenéutico-analógica del hombre

Situados en la hermenéutica, apliquemos, en concreto, una interpretación analógica al ser humano.[26] De ello nos resulta una noción del hombre como intencional, esto es, como núcleo de intencionalidades, tanto cognoscitivas como volitivas.[27]

24 Beuchot, *Antropología filosófica*, 47-56.

25 Karl Jaspers, *La filosofía* (México: FCE, 1974), 19-20.

26 Mauricio Beuchot, *Tratado de hermenéutica analógica. Hacia un nuevo modelo de la interpretación*, 6a. ed. (México: UNAM, 2019), 71 y ss.

27 Beuchot, *Antropología filosófica*, 79-85.

Así, es comprensor e intérprete, según lo que estipulaba Heidegger como existenciarios del ser-ahí.[28] Por ello tiene una parte biológica y otra simbológica, es decir, una parte natural y otra cultural, pero predomina la simbólica. El hombre es más simbólico que biológico, en el sentido de que sus relaciones se mueven más culturalmente, a pesar de su dependencia de las necesidades naturales. Por eso es capaz de adoptar a un hijo, que no es biológico, y quererlo como si lo fuera. Ha sobrepasado la naturaleza con la simbolicidad.

También el ser humano es alguien que, como nos dice Gadamer, pertenece a una tradición (cultural), con su sentido común, mediante el cual se entiende con los demás de su momento.[29] Ciertamente está determinado, por lo natural y lo cultural, pero alcanza a ser libre, sobre todo en la medida en que logre ser más consciente (y, correlativamente, más responsable). La libertad viene a ser lo más propio y elevado de la persona en su actuación y su ser.

Es, asimismo, dialógico, dialogal, dialogante. Tiene la conversación ordinaria, pero también otros instrumentos como la lógica, la dialéctica y la retórica. Lo retórico va más a lo razonable, aunque el hombre es animal racional, pues muchas veces hay que contentarse no con lo más lógico, sino con lo más aceptable para los argumentadores. Más que en la verdad, la retórica se planta en lo verosímil, y con eso le basta. Aunque nos resuena lo que decía Platón a los sofistas, retóricos por antonomasia: que quien no conoce de alguna manera la verdad no puede conocer lo que se le parece, esto es, lo verosímil.

Igualmente, el hombre es alguien que tiene substancia y relaciones, es un ente en proceso, una estructura dinámica, como lo señaló Heidegger en *Ser y tiempo*, donde se ve que trata de juntar la ontología con la historia, o la fenomenología (Husserl) con el historicismo (Dilthey).[30] Pero el hombre es un ente con ser, pues más allá del ente está el ser, que en esto consiste la diferencia ontológica, más allá de lo óntico.

También el hombre, en una concepción hermenéutica, es alguien que busca la fusión de horizontes, en lo cual consiste la verdad. Es como interpreta Jean Grondin esta idea de su maestro Gadamer, como verdad de adecuación o aristotélica.[31] Además, el ser humano es alguien con *phrónesis* o prudencia, ya que el

28 Martin Heidegger, *El ser y el tiempo*, 4a. ed. (México: FCE, 1971), 160 y ss., §§ 31-33.

29 Hans-Georg Gadamer, *Verdad y método. Fundamentos de una hermenéutica filosófica* (Salamanca: Sígueme, 1977), 48 y ss.

30 Jacinto Choza, *Antropología filosófica. Las representaciones del sí mismo* (Madrid: Biblioteca Nueva, 2002), 237 y ss.

31 Jean Grondin, "La fusion des horizons. La version gadamérienne de l'*adaequatio rei et intellectus*?", *Archives de philosophie*, 62 (2005): 401 y ss.

propio Gadamer asegura que la hermenéutica tiene la estructura de la *phrónesis*, del acto prudencial (con su deliberación y su consejo, es decir, su decisión o juicio prudencial).[32]

Y, hablando de horizontes, hemos visto que, en una concepción analógico-icónica, el hombre es un microcosmos, un análogo o ícono del universo, el límite o confín entre el mundo material y el mundo espiritual, y hasta podríamos decir que el horizonte o límite también entre el mundo natural y el mundo cultural. Al ser análogo, no es ni únicamente natura, lo cual sería unívoco, ni únicamente cultura, lo que llevaría a la equivocidad, sino algo intermedio, que participa de ambos mundos, aunque predomina lo cultural. Y, al ser icónico, es el ícono o imagen de todo lo existente.[33]

4.3. El lado metafórico del hombre

La hermenéutica analógica nos hace ver al hombre al trasluz del concepto de la analogía. Y la analogía tiene dos caras: la metáfora y la metonimia. Por eso el hombre, al ser un análogo, tiene esos dos aspectos de la metonimia y la metáfora. Su lado metonímico lo ata a la tierra, a lo real; y su lado metafórico lo distiende hacia lo simbólico, por la imaginación. La fantasía es la que conecta lo intelectivo con lo emotivo, por lo que es el término medio de la estructura humana.

Pues bien, estas categorías me han servido para articular de cierta manera un personalismo analógico-icónico. Ellas me hacen ver que el ser humano es analógico e icónico, es decir, en parte natural y en parte cultural. En efecto, para Ch. S. Peirce la analogía es iconicidad, y el signo icónico tiene tres clases: imagen, diagrama y metáfora. Así, encontramos de nuevo la metonimia en la imagen, la metáfora en ella misma, y además el diagrama, que sería lo más analógico. El hombre es un diagrama del ser, un microcosmos.

Por otra parte, según hemos visto, el hombre es un núcleo de intencionalidades; tiene una intencionalidad cognoscitiva y otra volitiva, a la que acompaña otra emocional o afectiva, que puede ser incluso inconsciente.[34] Pues bien, la conjunción de la intencionalidad cognoscitiva y la volitiva produce la libertad, que es el

32 Gadamer, *Verdad y método*, 396.

33 Beuchot, *Antropología filosófica*, 107-108.

34 Beuchot, *Antropología filosófica*, 19 y ss. Sobre la necesidad de tomar en cuenta el inconsciente, véase Juan José López Ibor, "El descubrimiento de la intimidad", en *El descubrimiento de la intimidad y otros ensayos* (Madrid: Aguilar, 1952), 27-30.

acuerdo de inteligencia y voluntad.[35] La competencia analógica del hombre (que es una especie de *a priori*) lo hace ver al otro como su semejante, y convivir con él, en el trabajo y la amistad, el amor. En esa convivencia le ayudarán las virtudes, tales como la prudencia, la templanza, la fortaleza y la justicia, que son altamente analógicas. Además, ese carácter analógico del ser humano hace comprender el que haya tantas diferencias (y coincidencias) entre varón y mujer.[36] Por lo demás, la analogía nos hace captar que el ser humano es cuerpo y espíritu en armonía, y no sólo uno u otro. Y, finalmente, lo hace abierto a la captación de la Trascendencia, pues la conoce por analogía con el ser de las creaturas.[37]

Todo esto se sintetiza en una imagen muy analógica e icónica del hombre, que es la de microcosmos.[38] El hombre es diagrama del ser. El ser humano es el compendio del mundo, esto es, del macrocosmos, pues participa del mundo mineral, del vegetal, del animal y del espiritual. Por eso puede conocer todo en sí mismo. Eso muestra su alta dignidad, pero ella es para que sea responsable de las demás especies del mundo. Además, es la imagen o el ícono del Espíritu, analogía de lo completamente Otro.

4.4. El lado metonímico del hombre

Si la cara metafórica de ese análogo que es el hombre lo distiende hacia el gozo, porque es su lado imaginativo, afectivo y hasta utópico, su cara metonímica lo concentra y lo limita, le señala sus límites. Lo ata a la dura realidad. Por eso en esta parte intento señalar que los límites humanos (las situaciones límite, como las llamaba Jaspers),[39] a saber, la muerte, la enfermedad, la vejez, la soledad, el fracaso, etc., nos sirven de factor metonímico, y completan nuestro lado metafórico, el de la alegría, del goce.

Por una parte, la metonimia funciona por contigüidad, así significa; y esas situaciones límite le dan al ser humano conciencia de la referencia del signo, además del sentido. Es decir, le hacen tocar los referentes, que son los que se cubren de sentido, y son los que menos se quiere aceptar, a causa del gusto por el solo sentido y su búsqueda, y por el rechazo de la referencia, tan adusta. Pero esto es

35 Beuchot, *Antropología filosófica*, 29 y ss.

36 Beuchot, *Antropología filosófica*, 95 y ss.

37 Beuchot, *Antropología filosófica*, 87 y ss.

38 Beuchot, *Antropología filosófica*, 57 y ss.

39 Jaspers, *La filosofía*, 17.

algo sumamente hermenéutico, que resulta de las investigaciones de Gadamer y Ricœur.[40] Por otra parte, esos aspectos metonímicos le dan al hombre una sensibilidad que le falta, a saber, aquélla que necesita para ver que, dentro de esos límites, puede gozar, puede buscar y ejercer el sentido. Éste se nos presenta como la intencionalidad hacia los demás, el disfrute de nuestras relaciones con ellos, en la amistad y el trabajo, nuestra oblatividad hacia ellos, una especie de personalismo del otro hombre, como lo llamaría Levinas.[41] De esta manera confluyen y se juntan en la vida humana el lado metafórico y el lado metonímico, y se armonizan entre sí. Pues hemos visto que metáfora y metonimia son las dos caras de la analogía, y aquí han realizado una síntesis.

Así, pues, el aspecto metonímico del hombre es el que lo inclina a la realidad, a la literalidad, a la prosa (como dice Jakobson), sobre todo a la prosa de la vida, a lo prosaico.[42] El aspecto metafórico del hombre es algo que lo inclina a la fantasía, al sentimiento, a lo ideal. Si la metonimia opera por contigüidad, ella da al hombre el sentido de la asociación, de lo que tiene coherencia lógica, racional. En cambio, la metáfora, ya que opera por semejanza, da al hombre el sentido de la comparación, de la proporción, de la analogía (no en balde una clase muy importante de las metáforas es la de las que operan por analogía, desde Aristóteles). El lado metonímico del hombre lo inclina a una hermenéutica unívoca, y el lado metafórico, a una hermenéutica equívoca; pero, de la tensión que entre una y otra crean, resulta una hermenéutica analógica. Es un resultado dialéctico.

La fuerza de la analogía es que logra abrazar lo metonímico y lo metafórico, y los modula según el contexto. A veces se necesitará más lo uno, a veces más lo otro. Como un gradiente, la hermenéutica analógica oscilará más hacia el polo metonímico o hacia el polo metafórico, según convenga al texto por su contexto. Y aquí el texto es el hombre, la persona. A veces el contexto del texto hace que se tenga que leer la vida más en sentido metonímico y a veces más en sentido metafórico. La contigüidad de la metonimia hace que se vaya más a lo literal, a la prosa, a lo científico; y la similitud de la metáfora hace que se vaya más a lo alegórico o simbólico, a la poesía. Pero esa es la ductilidad que da la hermenéutica analógica a nuestras lecturas. Y así nos permite leer a la persona, en sus relaciones o sus actos (de conocimiento y de afecto), como manifestaciones de sí misma, de su esencia.

---

40 Hans-Georg Gadamer, *La actualidad de lo bello. El arte como juego, símbolo y fiesta* (Barcelona: Paidós, 1991), 83 y ss.; Paul Ricœur, *La metáfora viva* (Madrid: Eds. Europa, 1980), 332 y ss.

41 Emmanuel Levinas, *Humanismo del otro hombre*, 2a. ed. (Madrid: Caparrós, 1998), 40 y ss.

42 Roman Jakobson, "Lingüística y poética", en *Ensayos de lingüística general* (México: Artemisa, 1986), 389.

4.5. La intencionalidad existencial

Además de la intencionalidad cognoscitiva, la volitiva y la emocional (o pulsional), veo en el hombre una intencionalidad existencial. Es la intencionalidad hacia el ser, la pugna por existir. Es un *conatus* (como lo llamaba Spinoza), o una *vis* (como la llamaba Leibniz), algo que lo impulsa a permanecer en el ser, en la vida, a pesar de que sabe que va a morir. Es, en el inconsciente, el juego de la pulsión de vida y la pulsión de muerte. Como decía Freud, esta última trabaja en silencio. Pero se le opone la otra, la de la vida, que nos proyecta al futuro, e incluso a una esperanza de inmortalidad.

Por eso el hombre no es sólo un ser para la muerte, como quería Heidegger, ni una pasión inútil, como sentenció Sartre. Es, como dice Paul Landsberg, un ser para la realización.[43] La misma conciencia de la muerte lo hace confiar en que puede llegar a la realización de su persona antes de morir, y tiende hacia ella; es una esperanza que no suelta.

Más aún, la idea de la muerte ayuda a la persona a individualizarse, la hace avanzar. Es la meditación del propio fin, pero también le sirve la muerte del prójimo, que lo conmueve. Sin embargo, a pesar de todo lo que podamos imaginar de ella, permanece en el misterio. Explica Landsberg: «Vemos también que la muerte interviene como *lo desconocido*, rebasa todas las experiencias analógicas de que hemos hablado y excede a toda experiencia de enfermedad, de sufrimiento y de vejez».[44] Observamos aquí cómo la analogía nos sirve para conocer lo que les pasa a los otros, incluso en su muerte. Es cierto que, como es la condición del conocimiento analógico, sólo será de manera aproximada, pero también lo es que será suficiente.

En cualquiera de sus formas, la muerte produce un sacudimiento ontológico, que nos conmueve profundamente. La misma angustia que desata nos hace ver que no aceptamos esa fatalidad. Agrega Landsberg: «*En el fondo del ser hay un acto: la afirmación de sí mismo*. En la persona humana, que se sabe única, encontramos una afirmación de esta unicidad a realizar implicada por la tendencia a traspasar el tiempo. La fe en una supervivencia personal no es sólo una promesa consoladora, sino, además, una expresión y, sobre todo, una *actualización* de este impulso ontológico».[45] A ese impulso ontológico, llámese instinto de conserva-

43 Paul Ludwig Landsberg, "Experiencia de la muerte", en *Piedras blancas, seguido de Experiencia de la muerte y La libertad y la gracia en San Agustín* (México: Séneca, 1940), 53 y ss.

44 Landsberg, "Experiencia de la muerte", 72.

45 Landsberg, "Experiencia de la muerte", 88.

ción, o como se quiera, yo prefiero llamarlo intencionalidad existencial, esto es, a vivir, a existir, a ser.

Esto ya nos conecta con el nivel ontológico del ser humano, al que pasaremos a continuación. En efecto, su lado existencial, que es más manifiesto, nos remite a su lado esencial, que es más oculto; pero es más fundamental, pues es su naturaleza, su esencia. En todo caso, transpongamos las puertas de su dimensión ontológica.

5. Dimensión ontológica del ser humano

Hemos partido desde el nivel fenomenológico, pasamos por el hermenéutico y llegamos al ontológico. Además, hemos hablado de una intencionalidad entitativa u ontológica del ser humano. Ella nos hace pasar a la dimensión ontológica. Tratemos ahora de ver lo que subyace a las manifestaciones fenoménicas del hombre y a las interpretaciones que hace de sí mismo, para llegar, finalmente, al fundamento de su existencia como persona.

5.1. La persona como ente

Después de lo que hemos dicho, al llegar al aspecto ontológico, un personalismo analógico no tiene dificultad en aceptar la definición clásica de *persona*. Sólo que hay que completarla. Ésta se formulaba como «la substancia individual de naturaleza racional».[46] Es su aspecto substancial; pero falta añadir el lado relacional, y es fácil hacerlo, porque en la misma naturaleza racional que caracteriza al ser humano está indicado que tiene un cúmulo de relaciones, de manera consciente y responsable.

Podemos concebir al ser humano como una substancia relacional, no como una relación substancial. Es decir, como una substancia en relación, como alguien que tiene una esencia que en el ámbito de la existencia se despliega en múltiples relaciones. Algunos han querido ver a la persona sólo como relación; pero esto es de alguna manera substancializarla, cosificarla, reificarla o hipostasiarla.

Y es que, en efecto, por obra del pensamiento posmoderno, se ha tenido miedo de hablar de substancias; pero, al aplicarlo a la persona, eso no es otra cosa que decir que tiene un ser, una esencia a la que compete algún tipo de existencia o acto

---

46 A. M. T. S. Boecio, *Liber de persona et duabus naturis*, c. III; PL 64, 1343c.

de ser. Teniendo el aspecto substancial, o substantivo (como prefiere Zubiri), tenemos la posibilidad de que sea relacional. Un célebre filósofo personalista, Maurice Nédoncelle, primero rechazó las categorías ontológicas, pero después las aceptó para hacer una ontología de la persona.[47] Y hay otros autores más.

Aquí se tienen que evitar dos antinomias, que llevan a contradicción y se destruyen. Una es la de los que, para evadir la substancia en la persona, dicen que es pura relación, un cúmulo de relaciones. Pero esta postura relacional es peor que la substancialista, pues las relaciones se dan entre correlatos, es decir, entre cosas, entre substancias, y si no se aceptan substancias, se están substancializando las relaciones mismas, se cosifica la relación, lo cual es pésimo, ya que se hace de la relación una substancia, como una entidad platónica. Otros, para resaltar el aspecto relacional de la persona, han dicho que ésta se puede definir como relación substancial,[48] pero esto solamente se podría aplicar a las personas divinas, no a las humanas, y si se les aplicara, caeríamos en un panteísmo insostenible.

Una postura analógica, es decir, moderada, nos lleva a sostener, yo diría, que la persona es una substancia relacional, una substancia en relación, esto es, que tiene un núcleo ontológico, substancial, el cual se manifiesta y expresa en las múltiples relaciones en las que se despliega. Hay que evitar que la persona sea pura relación, y que sea pura substancia; y, en lugar de que se la ponga como relación subsistente (porque eso únicamente compete a Dios), hay que ponerla como substancia relacional, es decir, como substancia que tiene relaciones, como sujeto que se distiende intencionalmente hacia las demás cosas.

Esto nos prepara para fundamentar una antropología filosófica en la metafísica, pues nos entrega una ontología de la persona, y, como Heidegger llamó a la ontología «hermenéutica de la facticidad», la filosofía del hombre bien puede ser una hermenéutica de la facticidad humana. Fue ociosa la pelea de Heidegger con Cassirer para suplantar la antropología filosófica con su ontología fundamental. Necesitamos una filosofía del hombre, con el nombre que se le quiera dar.

De hecho, la antropología filosófica desemboca en una aplicación de lo más granado de la ontología, que es una visión metafísica de la persona. En ella se resume lo más elevado de los entes, es el modo de ser más alto, el ser personal.[49]

---

47 Juan Fernando Sellés, "La distinción entre persona y naturaleza humana según Nédoncelle", *Metafísica y persona. Filosofía, conocimiento y vida*, año 5, núm. 9 (ene.-jun. 2013): 26-27.

48 Como 'relación subsistente' llegó a definir la persona José Rubén Sanabria, *Filosofía del hombre. Antropología filosófica* (México: Porrúa, 1987), 252-253.

49 Tomás Melendo, *Metafísica de lo concreto. Sobre las relaciones entre filosofía y vida* (Barcelona: Ediciones Internacionales Universitarias, 1997), 22.

5.2. Síntesis: la persona, microcosmos

Al hablar de la esencia de la persona, dije que todo se resumía en la idea del hombre como microcosmos. Es algo que está dentro de la dimensión ontológica, en la que nos hallamos; porque se refiere a su ser. En efecto, la persona humana es un mundo. Para explanar esto me serviré del humanista renacentista español Fernán Pérez de Oliva, quien, en su *Diálogo de la dignidad del hombre*, dice del ser humano: «Tiene ánima á Dios semejante, y cuerpo semejante al mundo; vive como planta, siente como bruto y entiende como ángel. Por lo cual bien dijeron los antiguos que es el hombre menor mundo, cumplido de la perficion de todas las cosas, como Dios en sí tiene perficion universal; por donde otra vez somos tornados á mostrar cómo es su verdadera imágen».[50] La persona humana es el compendio de todo el ser, porque tiene algo de todas las cosas, inclusive de Dios, por participación.

Esto nos señala que el hombre es creatura privilegiada, porque tiene partes de todas las otras. Tal es su prerrogativa: conocer todo en su propia intimidad, si sabe atender a ello con profundidad. Todo está en él, de modo que la persona humana es el reflejo, el mapa y el tesoro escondido de toda la naturaleza. De ahí su alta dignidad, pero, también, su conciencia de pertenecer a la naturaleza y su obligación de cuidarla. Si es el compendio de todos los seres, tiene que hacerse cargo de ellos. Esta es la nueva manera de sentirse microcosmos: no como dueño y señor de la naturaleza, sino como su guardián y servidor.

6. Conclusión

Hemos señalado varias dimensiones en la persona. Su concepto es muy rico. Procedimos desde el aspecto fenomenológico hasta el ontológico, pasando por el hermenéutico, que sirve de mediación. La dimensión hermenéutica es la de la analogía, porque el hombre es un análogo intencional. Como microcosmos que es, el hombre, la persona humana, es un análogo del universo; lo es intencionalmente, pues está volcado hacia él desde el aspecto cognoscitivo hasta el volitivo y el emotivo. Y accedimos a su nivel ontológico, en el cual se nos presenta, según la definición clásica, como una substancia individual de naturaleza racional. Es el substrato que necesita como base. Eso lo presenta como una estructura dinámica,

50 En *Obras escogidas de filósofos*, t. 65 (Madrid: Biblioteca de Autores Españoles, 1953), 390b.

como substancia en relación, porque tiende sus brazos relacionales hacia las cosas y, principalmente, hacia los otros seres humanos.

En esa dimensión se da el trato con los demás, por la ética y la política, a fuer de registros en los que se mueve. Es el ámbito en el que se distiende, y encuentra a sus análogos, a sus semejantes, a sus prójimos, conviviendo con él. Así, a la luz de lo que hemos visto en estas líneas, percibimos la importancia de la persona dentro de la sociedad, es decir, de lo individual dentro de lo colectivo. Se trata de un personalismo comunitario. Ya que la sociedad está compuesta por personas, si no se atiende a éstas, es vano todo lo demás. Hay que promover, pues, la personalización, sobre todo a través de la educación, para tener una sociedad que funcione bien. Pues no se quedará en funcionar, sino que poseerá las bases de su buen funcionamiento, precisamente en la ética. Como decía Amartya Sen, premio Nobel de Economía, todo funciona mejor en la sociedad si ésta es justa.

Y todo se resume y sintetiza en la persona humana como microcosmos, como mundo en compendio, como horizonte entre los distintos reinos del universo. Porque es un análogo del ser, un ícono suyo, un símbolo, una metáfora y una metonimia que lo encierra. Y con ello es un símbolo, esto es, una metáfora o una analogía del todo. Porque todo está en el hombre y el hombre está en el todo. Es algo que vieron los antiguos, como Séneca, que decía que todo estaba en todo.[51] Y esto coincide con lo que sentenció Fernando Pessoa, quien poéticamente exclamó: «¡Ah, todo es símbolo y analogía!».[52]

51 «Omnia est in omnibus», L. A. Séneca, *Naturales quaestiones*, III, x; en *Opera Philosophica*, ed. M. N. Bouillet, París: N. E. Lemaire, 1830, reprod. anastática, Brescia: Paideia, 1978, vol. V, p. 302, lín. 2.

52 Fernando Pessoa, "El primer Fausto", en *El primer Fausto – Todavía más allá del otro océano* (México: FCE, 2011), VI.

VII
Visión triádica del hombre

Juan Fernando Sellés

Planteamiento

Este trabajo debe dar cuenta, en síntesis, de nuestra visión acerca del hombre,[1] la cual, como reza el título, es tripartita. Pero, para encuadrarla, conviene indicar previamente dos cosas:

1 Esto equivale a tratar de resumir en estas breves páginas muchas décadas de investigación, así como decenas de libros publicados y centenares de artículos. Entre ellos, cabe mencionar: *Antropología para inconformes*, 3a. ed. (Madrid: Rialp, 2012); *Antropología de la intimidad* (Madrid: Rialp, 2013), *Estudios sobre la antropología trascendental de Leonardo Polo* (Madrid: Sindéresis, 2019).
La tarea no parece fácil, máxime si se tiene en cuenta que se continúa el pensamiento antropológico de L. Polo, por lo que, en primer lugar, habría que exponer las claves de sus 12 libros de antropología publicados hasta la fecha: *Quién es el hombre*, *Presente y futuro del hombre*, *La persona humana y su crecimiento*, *La originalidad de la concepción cristiana de la existencia*, *La esencia del hombre*, *Antropología de la acción directiva*, *El hombre en la historia*, *Persona y libertad*, *Antropología trascendental*, *Epistemología, creación y divinidad*, *Itinerario hacia la antropología trascendental I y II*. Además, hay muchas alusiones antropológicas en otras obras de Polo.
Por otra parte, habría que tener en cuenta los múltiples trabajos de otros autores que estudian la antropología poliana. Entre ellos se pueden destacar los siguientes: Salvador Piá-Tarazona, *El hombre como ser dual* (Pamplona: EUNSA 2001); M. V. Cadavid, *En busca del sentido personal desde la antropología trascendental de Leonardo Polo* (Madrid: Sindéresis, 2021); J. A. García, *Y además. Escritos sobre la antropología trascendental de Leonardo Polo* (San Sebastián: Delta, 2008); A. I. Moscoso, *La persona como libertad creciente en la antropología trascendental de Leonardo Polo* (Madrid: Sindéresis, 2020); A. Rodríguez, *Libertad y actividad. Estudio sobre la antropología trascendental de Leonardo Polo* (Pamplona: EUNSA 2018); A. Vargas, *Genealogía del miedo. Un estudio antropológico desde Leonardo Polo* (Pamplona: Universidad de Navarra, Cuadernos de Anuario Filosófico, Serie Pensamiento Español, nº 69, 2017). También habría que tener en cuenta la bibliografía al respecto, que se puede encontrar en estas páginas web: IEFLP, *Studia Poliana*, *Revista de Estudios Filosóficos Polianos*, *Polian Studies*.
Como hacerse cargo de todo este panorama es inabordable en pocas páginas, se piden disculpas al lector por adelantado, tanto por el carácter sintético de la exposición como por ciertas ausencias metódicas y temáticas que puedan darse.

a) Una, que los enfoques que ha recibido la antropología filosófica a lo largo de la historia del pensamiento occidental han sido mayoritariamente 'duales' (dualidad alma-cuerpo), aunque no han faltado 'dualismos' (alma *versus* cuerpo), ni tampoco 'monismos' (o sólo alma, o sólo cuerpo). 'Dual' es el planteamiento de quien distingue jerárquicamente en el hombre entre alma y cuerpo y admite la unión armónica entre ambas dimensiones humanas. A este modelo responden las antropologías de la mayor parte de pensadores a lo largo de la historia de la filosofía.[2] 'Dualista', en cambio, es el enfoque de quien sostiene una marcada oposición entre ambas.[3] 'Monista', por su parte, el de quien considera que el yo es exclusivamente una de esas dos: o sólo alma: espiritualismo;[4] o sólo cuerpo: materialismo.[5] A los modelos indicados cabe añadir otras variantes más inusuales.[6]

b) Otra, que no reitero, sino que añado al planteamiento de Leonardo Polo,[7] agregando a sus dualidades, que acepto, que éstas se dan entre las tres dimensiones humanas que conforman cada uno de los niveles de lo inmaterial humano.

Por tanto, nuestro planteamiento antropológico no es ni monista ni dualista, sino que, aceptando el modelo 'dual', pues es claro que el hombre está compuesto de alma[8] y cuerpo,[9] sin embargo, es inconforme al respecto, pues considera que la 'persona' humana que cada quien es, es decir, el 'acto de ser' personal novedoso e irrepetible, es superior e irreductible a ambas dimensiones humanas: a su alma y a su cuerpo, es decir, a lo común de los hombres.[10] A la par, tanto la persona como

2 Tanto antigua –Sócrates, Aristóteles, etc.–, como medieval –Alberto Magno, Buenaventura, Tomás de Aquino, etc.–, como moderna –Leibniz, Kant, etc.– y contemporánea –Kierkegaard, Husserl, Buber, Levinas, Maritain, Marcel, Gilson, Fabro, etc.–.

3 De ese estilo son, por ejemplo, las de Platón o Descartes.

4 Por ejemplo, algunos pasajes de Agustín de Hipona, Pascal, Bondel.

5 Es el caso de Marx, Nietzsche, Freud.

6 Así, la trayectoria de algún autor ha ido del dualismo al monismo: Laín Entralgo. Por su parte, la visión filosófica de algún otro, como Hegel, es monista, pero peculiar, porque no está referida sólo al hombre, ya que la única realidad que admite, la cual engulle a las demás, es el Absoluto, al que entiende como compuesto de materia y espíritu.

7 Leonardo Polo dejó escrito: «siempre he recomendado a mis discípulos que no se reduzcan a repetirme». *Antropología trascendental*, en *Obras Completas*, Serie A, vol. XV (Pamplona: EUNSA, 2015), 23; «A mis discípulos les digo que no me repitan, y que si me repiten les niego el carácter de discípulos», Polo, *Artículos y conferencias*, en *Obras Completas*, Serie B, vol. XXX (Pamplona: EUNSA 2022), 196.

8 El alma está conformada, a su vez, por la raíz activa e inmaterial de todas las potencias humanas y por las dos facultades inmateriales –inteligencia y voluntad–.

9 El cuerpo está compuesto de variadas funciones, movimientos, facultades orgánicas, tendencias apetitivas o sentimientos sensibles o emociones.

10 «La persona se distingue realmente del alma y del cuerpo, en tanto que ninguno de ellos es la esencia del hombre». Polo, *Antropología trascendental*, 236, nota 10.

la esencia del hombre están internamente conformadas por tres dimensiones, y asimismo son tres los hábitos innatos que median entre ambas.

Las antropologías al uso se centran en la exposición de lo común humano, pero no inciden en lo radical o trascendental, la persona, que es superior e irreductible a lo común. Sin embargo, «la persona es el axioma puro: *axioma* significa lo de más valor. Es lo superior sin más».[11] El 'ser' no se reduce al 'tener'. El tener humano es de doble orden: inmaterial y corpóreo. El ser, en cambio, es sólo de orden espiritual. Aquello que la persona tiene o según aquello de que dispone es su alma y su cuerpo, pero la persona es irreductible a lo que tiene. El fin de la persona no es ni el crecimiento en humanidad de su alma ni la mejora orgánica de su cuerpo, puesto que eso no le otorga la felicidad personal. El tema de la persona humana es el Dios personal, pues cada persona es una relación distinta respecto de él, su origen y su destinatario; lo primero, porque sólo un ser personal que es el ser, es decir, que no lo tiene otorgado, puede dar el ser personal; lo segundo, porque sólo en Dios cada persona humana puede alcanzar enteramente su sentido personal.

Se admiten, por tanto, tres dimensiones distintas en el hombre: la inferior o corpórea, que es la 'naturaleza humana'; una intermedia que es inmaterial, en parte natural y en parte adquirida, a la que llamaremos según ambos casos, 'naturaleza' o 'esencia del hombre', conformada nativamente por dos potencias pasivas —inteligencia y voluntad— y una dimensión activa respecto de ellas y del cuerpo —el hábito innato de la sindéresis—,[12] y desarrollada por hábitos, virtudes y maduración de la personalidad; y la superior, que es nativamente activa, a la que designamos como 'acto de ser' personal. De cara a admitir esta concepción triádica es menester justificar con suficiencia que las dos dimensiones inmateriales aludidas son realmente distintas. Por lo demás, las tres son susceptibles de crecimiento o de disminución, sólo que el crecimiento del cuerpo es limitado, el de la esencia es potencialmente irrestricto, y el del acto de ser es libre y activamente irrestricto, a menos que la persona rechace libremente ser la persona que es y está llamada a ser.

Lo que precede es coherente con distinguir entre lo que, en lenguaje bíblico, se llama cuerpo (*basar* o *sarx*), 'alma' (*néfesh*) y 'espíritu' (*ruah*); en terminología medieval, entre 'naturaleza', 'esencia' y 'acto de ser'; y en la moderna, entre 'cuerpo', 'yo' o 'personalidad' y 'persona'. Nadie duda de que 'tiene' cuerpo; tampoco de que 'tiene' (no 'es') razón y voluntad; sabe también con solvencia cómo es su yo, por-

11 Leonardo Polo, *Epistemología, creación y divinidad*, en *Obras Completas*, Serie A, vol. XXVII (Pamplona: EUNSA, 2015), 262.

12 Cf. nuestro trabajo: "La sindéresis o razón natural como la apertura cognoscitiva de la persona humana a su propia naturaleza. Una propuesta desde Tomás de Aquino", *Revista Española de Filosofía Medieval*, 10 (2003): 321-333.

que es cada quien el que lo va conformando (madurando, personalizando), pero conoce escasamente quién es como persona, o sea, su sentido personal, porque la persona que es no es un invento propio, sino divino y, además, es libremente creciente.[13] Pues bien, la felicidad 'personal' está vinculada a este último saber, no a los precedentes. Por tanto, hay que intentar desvelar ciertas claves íntimas que, sin descuidar el conocimiento de las otras dimensiones humanas, nos permitan alcanzarla, pues el logro de la mayor felicidad personal es correlativo de alcanzar más sentido personal.

Las dimensiones del cuerpo humano (funciones vegetativas, movimientos, sentidos, apetitos, emociones) son *de* la persona, no *la* persona. Las dimensiones del alma humana (inteligencia, voluntad, personalidad o yo) son *de* la persona, no *la* persona. Con las manifestaciones de las dimensiones humanas corpóreas y psíquicas el hombre conforma la familia, la educación, la sociedad, el lenguaje, el trabajo, el descanso, la cultura, la técnica, la empresa, la economía, la historia, etc. Todas estas facetas son humanas y una antropología integral debería dar cuenta de ellas. Pero todas éstas son *de* la persona, no *la* persona. Son *para cada* persona, no a la inversa. Como se puede advertir fácilmente, todas estas manifestaciones subyacen bajo la *ética*, pues es la que estudia coordinadamente todo el obrar humano, pero ésta es segunda respecto de la *antropología*,[14] porque, recuérdese el adagio filosófico medieval, 'el obrar sigue al ser'. La ética estudia la *naturaleza* humana y su incremento perfectivo: la *esencia*;[15] la antropología, en cambio, debe centrarse en el *acto de ser* personal.

Lo que precede indica, en definitiva, que 'hombre' no equivale a 'persona' (todos los hombres son personas, pero no todas las personas son hombres).[16] En consecuencia, lo común humano es insuficiente para describir a una sola persona. Al estudio de lo común humano –orgánico e inmaterial– dando por supuesto que bajo las manifestaciones humanas existe un quién irrepetible, cabe llamarlo, como siempre se ha hecho, 'antropología filosófica'. Pero como cada persona es superior e irreductible a lo común humano (por eso la entera sociedad está en fun-

13 «Persona humana y yo no son equivalentes: el yo es la versión de la persona hacia su propia esencia. De esta manera me aparto del personalismo al uso». Leonardo Polo, *Conversaciones con Leonardo Polo*, en *Obras Completas*, Serie B, vol. XXXIII (Pamplona: EUNSA, 2022), 585.

14 Cf. nuestro estudio: "La distinción entre la antropología y la ética", *Studia Poliana*, 13 (2011): 119-153.

15 «La ética no es exclusivamente personal, sino que se sitúa en la esencia del hombre»; Polo, *Antropología trascendental*, 253. «Si se prescinde de la esencia del hombre, no cabe hablar de moral»; *ibid.*, 258. «La moral exige admitir la esencia del hombre, que se distingue realmente de los trascendentales personales»; *ibid.*, 258, nota 20.

16 Los ángeles y las personas divinas son personas, pero –salvo Cristo– no son hombres.

ción de una única persona, no al revés), y como no existen dos personas iguales, de centrar el estudio en la persona sin darla por supuesta, hay que llamar de un nuevo modo a esta disciplina.

Como se pueden descubrir naturalmente en la intimidad humana de todas las personas –creadas e increadas– unas perfecciones constitutivas puras (sin mezcla de imperfección) y activas,[17] que, siendo distintas en cada una de ellas, no pueden faltar a ninguna, pues de faltarles no serían personas, de ceñirnos a su estudio cabe conformar una disciplina a la que quepa designar como 'antropología trascendental'.[18] La denominación se debe al reciente filósofo español que la ha descubierto y perfilado: Leonardo Polo (1926-2013).[19] La justifica porque el ser del hombre es 'además' de su esencia y de su naturaleza, y porque su ser es peculiar, pues no se reduce a ser, sino que *es-con*,[20] lo cual implica que «una sola persona es absolutamente imposible».[21] Por tanto, la persona es –como también sostiene Ratzinger– *relación.*[22] En consecuencia, las dimensiones que conformen la intimidad humana, a las que Polo llama 'trascendentales personales', deben ser

17 A tales perfecciones su descubridor, Leonardo Polo, las denomina 'trascendentales personales'. Cf. Polo, *Antropología trascendental*, 229-278.

18 A esta antropología Polo la llama 'trascendental', porque cada persona humana trasciende lo común de los hombres, es decir, las dimensiones que, como 'teneres', pertenecen al plano humano 'categorial', y porque las dimensiones intrapersonales trascienden hacia Dios. También cabría llamarla 'radical', porque versa sobre la raíz o lo más activo del ser humano. Asimismo 'personal', porque está centrada en lo más relevante del hombre: la persona. Tal vez, 'espiritual', si se toman 'espíritu' y 'persona' como sinónimos; 'de la intimidad', porque estudia lo íntimo de cada quien; 'del acto de ser humano', si se admite la distinción real tomista '*actus essendi-essentia*' y se logra perfilar en antropología, etc. Entre todas estas denominaciones la que más se está imponiendo es la de 'antropología trascendental'.

19 «La antropología trascendental es el estudio de la persona». Leonardo Polo, *Quién es el hombre*, en *Obras Completas*, Serie A, vol. X (Pamplona, EUNSA, 2015), 150. Polo la formuló por primera vez en una de sus obras iniciales, *El acceso al ser*, cuya primera edición es de 1964. Cf. Leonardo Polo, *El acceso al ser*, en *Obras Completas*, Serie A, vol. II (Pamplona, EUNSA, 2015), 274 y 293.

20 «La antropología trascendental es la doctrina acerca del ser del hombre en cuanto que coexistencia. El hombre no se limita a ser, sino que el ser humano es coexistencia (co-ser o ser-con)». Leonardo Polo, *Presente y futuro del hombre*, en *Obras Completas*, Serie A, vol. X (Pamplona, EUNSA, 2015), 345. Téngase en cuenta que «coexistir es más perfecto que existir»; *ibid.*, 348.

21 Polo, *Antropología trascendental*, 106. «Para el ser personal ser único sería la tragedia pura»; *ibid.*, 79.

22 «La persona es la pura relación de lo que es referido, nada más. La relación no es algo que se añade a la persona [...] sino que la persona consiste en la referibilidad»; Joseph Ratzinger, *Introducción al cristianismo* (Salamanca: Sígueme, 1970), 152.

constitutivamente abiertas a una persona distinta que sea susceptible de dotarles de sentido, y de eso sólo es capaz el Dios personal[23] y, por ende, pluripersonal.[24]

La aludida denominación de 'trascendental' para este saber, y las que se han anotado, son inusuales, pero no conviene olvidar que esta antropología tiene un enfoque peculiar, a nuestro modo de ver tan certero como olvidado a lo largo de los siglos del pensamiento occidental, a saber, que parte de lo obvio: que cada persona no se reduce a lo que tiene, lo cual es común al género humano, y estudia y trata de explicar lo común humano en orden a desvelar progresivamente el ser novedoso e irrepetible que cada 'persona' humana es y está llamada a ser por el ser divino, porque es constitutivamente abierta a él.[25]

Por tanto, seguidamente se intentará exponer, de inferior a superior y ordenada y sintéticamente, la antropología de L. Polo,[26] la cual sigo y trato de continuar dotándole de ciertos añadidos. Pero lo primero que chocará al avezado lector es que Polo sostiene reiteradamente que el hombre es un ser 'dual',[27] porque está con-

---

23 «Es completamente imposible que dicha réplica falte en absoluto, y es, asimismo, imposible que dicha réplica no transcienda por entero a la persona humana». Polo, *Antropología trascendental*, 245.

24 «La antropología trascendental permite vislumbrar la distinción personal en la Identidad Originaria. [...] Por tanto, la antropología trascendental es el preámbulo de la fe en el misterio de la Trinidad divina»; *ibid.*, 190.

25 Considero que este tipo de antropología es la que mejor casa con lo que manifiesta del ser humano la revelación sobrenatural, por estos dos motivos: a) Uno, porque si se descubre que la persona humana está constitutivamente abierta a Dios, desde él se conocerá en mayor medida que desde sí, desde los demás o desde lo inferior, esclarecimiento al que contribuye la revelación, *ergo*... b) Otro, porque si se descubre que la persona humana está abierta a Dios, desde ella se podrá conocer mejor al Dios pluripersonal, a lo que también contribuye, obviamente, la revelación. Por esto la propongo no sólo para avanzar en antropología, sino también en teología. Pero como la libertad personal es una nota ineludible en las dos disciplinas (libertad que es irreductible a la moral y a la pragmática –al 'libre albedrío' clásico–), esta propuesta es de libre y personal aceptación. Cf. al respecto nuestro trabajo: Juan Fernando Sellés, *Teología para inconformes. Claves teológicas de Leonardo Polo* (Madrid: Rialp, 2019).

26 No obstante, hay que indicar que Polo jamás empleó la expresión visión 'triádica' de lo humano con referencia a la naturaleza corpórea, a la esencia del hombre y al acto de ser personal. Sólo usa esa expresión con referencia a la estructura del amar personal. Cf. Polo *Epistemología*, 321-322. Como se recordará, quien distinguió en tres las potencias superiores del hombre –razón, voluntad y memoria, o también entre noticia, entendimiento y amor– fue san Agustín. Por su parte, Hegel dotó a su dialéctica de un ritmo triádico –tesis, antítesis y síntesis–, movimiento que ya se encuentra en Proclo. Por otro lado, Hildebrand sostuvo que lo superior del hombre está conformado por tres potencias: razón, voluntad y corazón, sede esta última de los afectos. Pero nuestra visión acerca del hombre dista de esos modelos, porque no admite que las potencias superiores del ser humano sean tres, sino dos –razón y voluntad–, y porque no admite que la dialéctica sea real.

27 «El ser humano es dual. Para adentrarse en antropología es imprescindible estudiar la dualidad»; Polo, *Antropología trascendental*, 163. «El hombre, ya que es un ser trascendentalmente dual»; Polo *Epistemología*, 316.

formado por abundantes dualidades[28] (también las ciencias que el hombre conforma son duales).[29] Sin embargo, la *naturaleza* corpórea humana no está compuesta por dualidades, sino que tiene un carácter unitivo entre sus partes[30] y, por tanto, es distinta de la *esencia* del hombre y, asimismo, del *acto de ser* personal, que están conformados por dualidades.[31] No obstante, el cuerpo es dual con el alma,[32] y ésta, como esencia que es, es dual con el acto de ser personal; también éste es dual con el ser personal divino.[33] Pero como para explicar al hombre hay que tener también en cuenta la naturaleza humana que es corpórea, cabe decir que el hombre es triádico en dimensiones.[34] A la par, como a pesar de que las dimensiones de la esencia y del acto de ser se vinculen conformando dualidades, cabe advertir que las diversas dimensiones existentes en ellas son triádicas. Pues bien, esto último es lo que, de momento, puedo añadir a la antropología poliana.

---

28 «El hombre no es una realidad simple sino [...] sumamente compleja. [...] Dicha complejidad se entiende de acuerdo con el criterio de dualidad. Los aspectos duales del hombre son muy abundantes. Por ejemplo, acto de ser y esencia; cuerpo y alma; voluntad e inteligencia; interioridad y exterioridad; operación y objeto; hábito y operación; hábitos innatos y adquiridos; sociedad e individuo; hombre y mujer. [...] La complejidad del hombre no se resuelve en elementos simples, sino en dualidades. Por eso conviene decir que en el hombre el dos es algo más que un número. Al aparecer en tantos aspectos de lo humano, cabe sostener que tiene un valor cuasi-trascendental»; Polo, *Antropología trascendental*, 189.

29 Cf. *Ibid.*

30 «El cuerpo es parte-unitivo o re-unitivo. El cuerpo no ofrece dualidades internas, pues para él, las dualidades serían divisiones. Al ser el cuerpo una partición unitaria, sin separación, no puede ser dual. [...] Las dualidades son propias del espíritu humano. El cuerpo es infra-dual»; *ibid.*, 588.

31 «La distinción entre las dualidades trascendentales y las dualidades que corresponden a la esencia del hombre es muy neta. [...] Las dualidades trascendentales se convierten; en cambio, las dualidades de orden esencial no se convierten»; *ibid.*, 195.

32 «El alma es dual con el cuerpo»; *ibid.*, 202.

33 «Estas dualidades, la de persona-esencia y la de persona-réplica, son las más altas. Si no existiese más que una persona, y todo lo demás no lo fuera, en rigor la persona quedaría inédita y las dualidades desaparecerían»; *ibid.*, 190. La réplica que busca la persona humana es el ser personal divino: «la persona humana es viviente buscando la réplica y encomendando la aceptación a Dios»; *ibid.*, 356. «Sin ella (réplica), el carácter de *además* se consumaría o terminaría: la persona se aislaría de Dios»; *ibid.*, 242. «El ser personal creado se transforma *eo ipso* en réplica de Dios: la *imagen* es réplica. Ser creado a imagen de Dios es clamar por la voz de Dios, es clamar porque Dios sea persona. Eso lo hace el hombre desde que comienza a existir»; Polo *Epistemología*, 260. «'Imagen' significa '*réplica*'»; Polo, *Conversaciones*, 316.

34 «En cada hombre la persona se dobla con la esencia, y ésta con la naturaleza»; Polo, *Antropología trascendental*, 190.

1. Las dimensiones de la naturaleza corpórea humana

El cuerpo humano es parte de la *naturaleza* común de los hombres.[35] La otra parte es el alma, la cual es inmortal y, por tanto, separable del cuerpo.[36] Esto indica que la naturaleza humana es en parte corpórea y en parte inmaterial; esto último se ve claro porque también es común a todos los hombres tener razón y voluntad, potencias inmateriales que están a cero en estado natural. Polo sostiene que «no basta ser naturaleza para ser esencia, porque esencia significa perfección, y naturaleza significa principio de operaciones en orden a la perfección».[37] En efecto, la parte corpórea del hombre es susceptible de un crecimiento perfectivo limitado; en cambio, el desarrollo perfectivo de la inmaterial es potencialmente irrestricto. Tal perfección se lleva a cabo en las aludidas potencias mediante los hábitos y virtudes.[38] Por su parte, «la esencia distinta realmente del acto de ser personal incluye la naturaleza humana en tanto que perfeccionada por los hábitos adquiridos».[39] Teniendo esto en cuenta, en el cuerpo humano se suelen distinguir estas dimensiones: tres funciones vegetativas, pluralidad de movimientos, nueve sentidos, dos tipos de apetitos y sus respectivas pasiones o emociones. No obstante, todas ellas están vinculadas hasta tal punto que no caben unas sin las otras. Se esbozarán a continuación, pero sin detenernos en ellas.

a) Las funciones vegetativas y los movimientos. Las funciones vegetativas son tres, de inferior a superior: nutrición, reproducción y desarrollo celulares.[40] Se puede decir que los movimientos, de inferior a superior, son de tres tipos: los inconscientes (entre ellos están los de las funciones vegetativas), los conscientes no deseados y los conscientes deseados.[41]

---

35 «La naturaleza del hombre es, por así decirlo, común. Todos los hombres 'tenemos' la misma naturaleza»; Polo, *Antropología trascendental*, 105.

36 «El alma es la parte inmortal de la naturaleza del hombre y, por tanto, separable del cuerpo»; *ibid.*, 147.

37 *Ibid.*, 160.

38 «Su esencia es el perfeccionamiento de su naturaleza según los hábitos»; *ibid.*, 161.

39 *Ibid.*, 120. «La naturaleza humana, en virtud de los hábitos, llega a ser la esencia del hombre»; *ibid.*, 139. Por tanto, «la esencia del hombre es la perfección de su naturaleza; pero esta perfección es creciente –habitual–. [...] La esencia del hombre es el perfeccionamiento intrínseco de una naturaleza»; *ibid.*, 139.

40 Cf. Leonardo Polo, *Lecciones de psicología clásica*, cap. V, en *Obras Completas*, Serie A, vol., XXII (Pamplona: EUNSA, 2015), 65-71; Polo, *Curso de teoría del conocimiento*, IV, lec. II, en *Obras Completas*, Serie A, vol. VII (Pamplona: EUNSA, 2019), 217-247.

41 Cf. Polo, *Lecciones de psicología clásica*, cap. XVII, 207-208; Polo, *Curso de teoría del conocimiento*, IV, lec. II, 248-264.

b) Los sentidos de inferior a superior son de tres órdenes (aunque a esta clasificación se puede dotar de añadidos): los cinco externos (tacto, gusto, olfato, oído y vista), que captan los accidentes de la realidad física; el interno inferior, el sensorio común o percepción sensible, que conoce los actos de los sentidos externos; y los tres sentidos internos superiores, imaginación, memoria sensible y cogitativa, que acrisolan y cambian los objetos propios y comunes de los sentidos externos sin estar estos ya presentes en la realidad física.[42]

c) Los apetitos y las emociones o pasiones. Clásicamente se suelen distinguir dos tipos de apetitos: el concupiscible y el irascible. De los primeros se dice que siguen a los sentidos externos; de los segundos, que siguen a los internos.[43] Pero entre estos últimos es claro que los que siguen al sensorio común o percepción sensible son distintos de los que siguen a la fantasía (imaginación, memoria sensible y cogitativa).[44] Por su parte, es clásico sostener que las emociones o pasiones tienen por sujeto a esos dos apetitos y, desde Aristóteles, se enumeran las siguientes: deseo, ira, temor, audacia, envidia, contento, odio, apesadumbramiento, celos, compasión, y todo aquello que va acompañado de placer o dolor.[45]

Con todo, más que ajustes al planteamiento clásico anterior, que los hace, lo que Polo lleva a cabo, y que es más relevante en antropología, es explicar el cuerpo humano en vinculación con las dimensiones humanas superiores,[46] tanto las de la *esencia* del hombre –razón, voluntad y alma–[47] como las del *acto de ser* personal –los trascendentales personales–, pues el cuerpo humano manifiesta la coexistencia libre personal, el conocer personal y el amar aceptante y donante personales.[48] El mal a este nivel se puede llamar *desnaturalización*, y comporta la falta de salud,

42 Cf. Polo, *Lecciones de psicología clásica*, caps. IX-XVII, 105-208. Polo, *Curso de teoría del conocimiento*, I, en *Obras Completas*, Serie A, vol. IV, lecs. IX-XII (Pamplona: EUNSA, 2015), 251-333.

43 «Si hay dos apetitos sensibles, existen dos niveles de conocimiento. ¿Con qué se corresponde el apetito concupiscible? Sobre todo, con los niveles inferiores de la sensibilidad: el olfato, el gusto, el tacto, la sensibilidad erótica. El apetito irascible parece corresponderse con la sensibilidad superior y con el desarrollo de la cogitativa»; Polo, *Antropología trascendental*, 382.

44 Cf. Polo, *Lecciones de psicología clásica*, cap. XVII, 203-207; Polo, *Antropología trascendental*, 382-386.

45 Cf. Aristóteles, *Ética a Nicómaco*, II, cap. 5 (BK. 1105 b 21 ss).

46 Cf. Genara Castillo, *Personalizar el cuerpo. Un aporte desde Karol Wojtyla y Leonardo Polo* (Piura: Universidad de Piura, Colección *in altum*, 2017).

47 Cf. Polo, *Quién es el hombre*, lec. III, 59-68; Polo, *Curso de teoría del conocimiento*, III, en *Obras Completas*, Serie A, vol. VI (Pamplona: EUNSA, 2015), lec. X, 350 ss; Polo, Ética: hacia una versión moderna de los temas clásicos, en *Obras Completas*, Serie A, vol. XI (Pamplona: EUNSA, 2018), lec. I, 149 ss. y 215 ss; *Antropología trascendental*, 563-589.

48 Cf. Polo, *Epistemología*, 212; Polo, *Conversaciones*, 597, 644.

es decir, la enfermedad, la falta de armonía entre las diversas funciones y potencias orgánicas, y el peor de todos, la muerte.

2. Las dimensiones de la esencia del hombre

«Esencia significa perfección; sólo lo perfecto se distingue del acto de ser. Lo más imperfecto que ella –la sustancia, la naturaleza– no llega a distinguirse realmente del acto de ser».[49] *A nativitate* «la esencia del hombre depende de su ser personal»,[50] y también en su desarrollo perfectivo (o envilecimiento) a lo largo de la existencia. Como cada persona humana perfecciona de un modo u otro, más o menos, su esencia, hay que sostener que tanto el acto de ser personal como la esencia, no la naturaleza corpórea, son realmente distintas en cada hombre.[51] Polo describe la esencia del hombre como 'disponer',[52] porque con ella la persona dispone, protege, de todo lo inferior a ella,[53] e indica que la persona humana debe disponer 'según' su esencia (y también 'según' su naturaleza) no 'de' ella.[54] Las dimensiones de la esencia del hombre son, de inferior a superior, las tres siguientes, aunque el engarce entre ellas conforme una sola esencia del hombre:

a) La razón con actos-hábitos.[55] En esta potencia, *tabula rasa* nativamente, se pueden distinguir tres vías operativas irreductibles: la *razón teórica*, la *razón for-*

---

49 Polo, *Antropología trascendental*, 161. Repárese en que las que de ordinario consideramos 'diferencias' más drásticas, por ejemplo, entre Dios y la nada, son exclusivamente lógicas o pensadas, no reales, porque la nada no es. De modo que las mayores 'distinciones' reales se dan entre las realidades existentes superiores, es decir, las que son con mayor densidad ontológica.

50 *Ibid.*, 119. Por tanto, «la esencia del hombre depende o deriva de los trascendentales personales»; *ibid.*, 218.

51 «La esencia del hombre es tan plural como las personas, su naturaleza es común»; *ibid.*, 234.

52 «En tanto que la esencia del hombre depende de la co-existencia, y es asistida por ella, cabe describirla como *disponer*»; *ibid.*, 137. «La esencia del hombre se describe como *disponer* en atención a su depender de la libertad trascendental»; *ibid.*, 186.

53 «En este sentido, el ápice de la esencia del hombre se llama global o sistémico»; *ibid.*, 217.

54 «La moral enseña a respetar la esencia del hombre, que es el disponer indisponible, o reservado a Dios»; *ibid.*, 259.

55 Cf. respecto de los actos: David González Ginocchio, *El acto de conocer. Antecedentes aristotélicos de Leonardo Polo* (Pamplona: Universidad de Navarra, Cuadernos de Anuario Filosófico, Serie Universitaria, núm. 183, 2005); Cf. respecto de los hábitos: Santiago Collado, *Noción de hábito en la teoría del conocimiento de Polo* (Pamplona: EUNSA, 2000). Cf. asimismo: Juan Fernando Sellés, *Estudios sobre la teoría del conocimiento de Leonardo Polo* (Madrid: Sindéresis, 2019); Sellés, *Hallazgos y dificultades en la teoría del conocimiento de Polo* (Pamplona: Universidad de Navarra, Cuadernos de Pensamiento Español, núm. 63, 2016).

mal y la *razón práctica*. Cada una de ellas es susceptible de hábitos adquiridos distintos.[56] Paralelamente, es clásico distinguir en la razón teórica y en la práctica tres actos y sus respectivos hábitos: los actos de la primera son el concepto, el juicio y la demostración, ésta sólo equivalente en parte a lo que Polo llama fundamentación; sus hábitos son el conceptual, el judicativo o de ciencia y el de los axiomas lógicos. Los actos de la razón práctica son la deliberación, el juicio práctico y el precepto, mandato o imperio, y sus respectivos hábitos, la *eubulia* o saber deliberar, la *sýnesis-gnome*, o saber juzgar en lo práctico, incluso en casos excepcionales, y la prudencia. Los actos de la vía operativa formal, a la que Polo llama generalizante, son la negación, la determinación y la integración; a sus hábitos Polo los llama en común generalizantes.

Como se ha indicado, la razón en estado de naturaleza, '*ratio ut natura*', pasa a ser esencia con la adquisición de hábitos.[57] El tema de la razón práctica son los bienes mediales, tanto existentes como factibles. El de la formal, las nociones lógicas y modales; el de la teórica, los principios de la realidad física, las causas.[58] Como síntesis del estudio de Polo respecto de esta potencia, de sus vías operativas y de sus respectivos actos y hábitos, cabe decir que sigue la estela aristotélico-tomista, pero sus añadidos son tales que ha conformado la teoría del conocimiento más amplia y rigurosa —axiomática— entre las existentes hasta la fecha.[59] Pero por encima de esto, lo que Polo añade es la vinculación de esas vías operativas y sus respectivos actos con el ápice de la esencia del hombre, en concreto con *ver-yo* y *querer-yo*, y con el acto de ser personal.

b) La voluntad con actos-virtudes.[60] Es clásico distinguir en esta potencia, entre '*voluntas ut natura*' y '*voluntas ut ratio*'. Tomás de Aquino atribuye tres actos a la

56 Cf. al respecto nuestras publicaciones: Juan Fernando Sellés, *Conocer y amar. Estudio de los objetos y operaciones del entendimiento y de la voluntad según Tomás de Aquino* (Pamplona: EUNSA, 1995), cap. III, 243-375; *Los hábitos intelectuales según Tomás de Aquino* (Pamplona: EUNSA, 2008); Sellés, *Teoría del conocimiento* (Pamplona: EUNSA, 2019).

57 «Si los hábitos no se tienen en cuenta se debilita decisivamente el estudio de la esencia del hombre». Polo, *Antropología trascendental*, 200.

58 Cf. Jorge Mario Posada, *La física de causas en Leonardo Polo* (Pamplona: EUNSA, 1996).

59 Polo expone su teoría del conocimiento en los siguientes libros: *El acceso al ser*, *Curso de teoría del conocimiento*, I-IV, *Nominalismo idealismo y realismo* (éste, antes no aludido, en *Obras Completas*, Serie A, vol. XIV, Pamplona, EUNSA, 2005), *Lecciones de psicología clásica*, *El conocimiento del universo físico* (éste, antes no citado, en *Obras Completas*, Serie A, vol. XX, Pamplona, EUNSA, 2015), y *Epistemología*.

60 Cf. mi estudio: Juan Fernando Sellés, *Teoría de la voluntad. Cómo disipar su oscuridad según Leonardo Polo* (Pamplona: EUNSA, col. Astrolabio, 2021).

primera: querer, tender y gozar; y tres a la segunda: consentir, elegir y usar.[61] Polo procede a unas cuantas rectificaciones en la descripción de estos actos.[62] A esto añade que las virtudes no sólo están más unidas a sus actos que los hábitos de la razón a los suyos,[63] sino que están más unidas entre sí.[64] De modo que la voluntad está más aunada que la inteligencia, pero también en ella se pueden distinguir tres facetas: la de sus actos-virtudes en la medida en que ordena al apetito concupiscible (relativas a la templanza), la de sus actos-virtudes en la medida en que ordena al irascible (relativas a la fortaleza), y la de sus actos-virtudes propias (relativas a la justicia). Las virtudes superiores a la justicia son una redundancia de la persona en *querer-yo* y en la voluntad a través del hábito de sabiduría (así son la humildad y la amistad; por eso, «la *humildad* es la virtud sin la cual las demás no lo son»,[65] «la amistad [...] es más que una virtud»,[66] y ambas están vinculadas al amar personal).[67] El tratamiento de la vinculación de la voluntad con lo superior humano a ella es distintivo de L. Polo y, para resumirlo, cabe decir que la vincula directamente con el hábito innato de la sindéresis, ápice de la esencia del hombre en su superior dimensión –*querer-yo*– y, asimismo, con el acto de ser personal humano, en especial, con su dimensión más alta, el amar personal.

c) El yo o la sindéresis. La sindéresis es el 'ápice del alma';[68] más aún, es el ápice de la esencia del hombre,[69] porque cabe distinguir entre alma como 'forma del

61 Cf. respecto de tales actos según el Aquinate nuestro aludido trabajo: *Sellés, Conocer y amar*, cap. IV. 421-451. Cf. Polo, *Antropología trascendental*, 412-455.

62 Cf. Polo, *Antropología trascendental*, 391-455.

63 «Las virtudes se destacan de los actos voluntarios menos que los hábitos intelectuales adquiridos de las operaciones de la inteligencia»; *ibid*., 458.

64 «La conexión entre las virtudes morales es más estrecha que la que existe entre los hábitos intelectuales adquiridos»; *ibid*., 458, hasta el punto que Polo llega a decir que «la virtud es átoma y, por eso, la pérdida de una afecta a todas»; *ibid*., 455. Me he centrado en el estudio poliano de las mismas en el trabajo: Juan Fernando Sellés, *33 virtudes humanas según Leonardo Polo* (Pamplona: EUNSA, col. Astrolabio, 2020).

65 Polo, *Epistemología*, 301.

66 Polo, *Antropología trascendental*, 455.

67 «En el plano trascendental la humildad es inseparable del amor»; Leonardo Polo, *Nietzsche como pensador de dualidades*, en *Obras Completas*, Serie A, vol. XVII (Pamplona: EUNSA, 2018), 90; «sobre las otras se gobierna, pero en la amistad uno se da»; *ibid*., 176, y dar es propio del amar personal.

68 «El ápice del alma es la sindéresis»; Polo, *Antropología trascendental*, 403.

69 «El ápice de la esencia del hombre se cifra en la sindéresis, que es un hábito innato realmente distinto del carácter de *además*»; *ibid*., 185. «El *yo* es la consideración primordial –o en su ápice– de la esencia del hombre»; *ibid*., 211. «El ápice de la esencia del hombre es un hábito innato»; *ibid*., 217. «La sindéresis no equivale a la co-existencia, sino que es el ápice de la esencia del hombre»;

cuerpo',[70] y alma como 'esencia'[71] respecto de la razón y de la voluntad, no respecto del cuerpo,[72] porque es claro que el alma no se agota informando, vivificando al cuerpo, ya que activa y perfecciona a la razón con hábitos y a la voluntad con virtudes. Como hábito innato que es, la sindéresis es nativamente activa, y eso no es óbice para que tenga carácter potencial respecto del acto de ser personal.[73] Polo designa este ápice con la palabra *yo* y aclara que «el yo no es idéntico con la persona humana, sino el ápice de la esencia del hombre en tanto que depende de la persona».[74] En este hábito se pueden distinguir, siguiendo a Polo, tres dimensiones, que de inferior a superior son: *vivir-yo*, que activa al cuerpo;[75] *ver-yo*, que activa a la razón,[76] y *querer-yo*, que activa a la voluntad.[77]

El mal a nivel de esencia del hombre es la progresiva *deshumanización* del hombre, o sea, la ignorancia y el error admitidos en la razón, los vicios adquiridos en la voluntad, y la gradual pérdida o alteración de la personalidad a nivel de yo.

---

ibid., 224. La inteligencia y la voluntad en estado nativo pertenecen a la *naturaleza* humana, pues al no estar perfeccionadas no cabe decir de ellas que pertenecen a la *esencia* del hombre. Sólo lo son perfeccionadas. La sindéresis, en cambio, por ser hábito innato, es activa, perfección por tanto. En consecuencia, de la sindéresis hay que decir que es el ápice del alma en la medida en que es forma del cuerpo, y que es el ápice de la esencia del hombre en la medida en que activa y perfecciona a la razón y voluntad.

70 «El alma es forma del cuerpo»; Polo, *Artículos y conferencias*, 540, nota 2.

71 «El alma humana es esencia, no s*ó*lo forma del cuerpo», Polo, *Curso de teoría del conocimiento*, vol. III, 365. «El alma humana no es solamente la forma del cuerpo»; *ibid.*, 367. «El alma humana es tanto esencia como forma del cuerpo»; *ibid.*, 369. «El alma humana no es solamente la forma del cuerpo»; Polo, *Antropología trascendental*, 581. «no puede decirse que el alma sea sólo forma del cuerpo»; Leonardo Polo *Persona y libertad*, en *Obras Completas*, Serie A, vol. XIX (Pamplona: EUNSA, 2017), 96.

72 Si el alma fuese esencia del cuerpo, éste no moriría, porque esencia denota perfección permanente.

73 «La sindéresis tiene carácter potencial (en otro caso, la distinción real no se puede sentar)»; Polo, *Antropología trascendental*, 186.

74 *Ibid.*, 184. «El ápice de esa dependencia se llama *yo*»; *ibid.*, 211.

75 Aunque la denominación 'vivir-yo' no es de Polo, es claro que admite que la sindéresis activa el cuerpo: «La sindéresis activa la inteligencia y la voluntad, y tiene que ver con el cuidado del cuerpo humano»; Polo, *Conversaciones*, 396.

76 Cf. Polo, *Antropología trascendental*, 299-365.

77 Cf. *Ibid.*, 367-530.

3. Los tres hábitos innatos

Polo admite la existencia de tres hábitos innatos, que lo son al intelecto agente[78] (no a la razón o entendimiento posible); por tanto, no son subsistentes.[79] Al inferior, la sindéresis, ya se ha aludido en el apartado anterior. Los otros dos son, de inferior a superior, el hábito de los primeros principios y el de sabiduría,[80] los cuales tienen una temática triádica.

a) La sindéresis.[81] Como ya se ha glosado su estructura triádica, aludamos ahora a sus redundancias. Si *querer-yo* redunda sobre *ver-yo*, la iluminación de éste sobre la razón da lugar a la razón práctica, la cual permite conocer la realidad medial como bienes. Si *querer-yo* y *ver-yo* redundan sobre *vivir-yo*, como éste vivifica el cuerpo, entonces cabe hablar, como hacía Kant, de 'yo empírico', o como Merleau-Ponty, de 'yo sensible'; también cabría hablar de 'yo desiderativo'; pero en lenguaje ordinario es mejor decir que el cuerpo es 'poco yo'.[82] La razón de esta poquedad no es natural a la naturaleza orgánica humana, sino sobrevenida.[83] Por lo demás, la activación de *ver-yo* a la razón da lugar a la razón formal, y la redundancia del hábito de los primeros principios en la razón da lugar a la razón teórica.

b) El hábito de los primeros principios.[84] Su tema son los primeros principios de la realidad externa, es decir, los actos de ser reales extramentales. Polo indica que tales principios son tres: el acto de ser del universo, el acto de ser divino y la

78 «Los hábitos innatos dependen del intelecto agente»; Polo, *Antropología trascendental*, 177. «Los hábitos innatos proceden de la persona al modo de actos libremente activos que juegan a favor»; *ibid.*, 495.

79 «Los hábitos innatos no son actos subsistentes»; *ibid.*, 495. «Los hábitos innatos no subsisten»; *ibid.*, 496. «Los hábitos innatos son actos de conocer, pero no actos de ser»; *ibid.*, 511. Esto implica que «la distinción entre los hábitos innatos es propia de esta vida»; *ibid.*, 497, nota 243.

80 «Cabe hablar de tres hábitos innatos: el hábito de sabiduría, el hábito de los primeros principios y la sindéresis. Estos hábitos se ordenan de la siguiente manera. La sindéresis, el *yo* dual, se dualiza según su miembro superior con el hábito de los primeros principios; el cual, a su vez, se dualiza con el hábito de sabiduría»; *ibid.*, 211.

81 Cf. Francisco Molina, "El yo y la sindéresis", *Studia Poliana*, 3 (2001): 35-60.

82 Como *querer-yo* refuerza la voluntad con virtudes, y *ver-yo* refuerza la razón con hábitos, para ordenar los apetitos se requieren, además del hábito de prudencia de la razón, las virtudes de la templanza y fortaleza de la voluntad: «la fortaleza y la templanza son virtudes que establecen el dominio de la voluntad sobre las facultades apetitivas inferiores»; *ibid.*, 463.

83 La separación entre la esencia del hombre y la naturaleza corpórea es debida al pecado original.

84 Cf. Salvador Piá-Tarazona, *Los primeros principios en Leonardo Polo* (Pamplona: Universidad de Navarra, Cuadernos de Anuario Filosófico, Serie Filosofía Española, 1997).

dependencia de aquél respecto de éste.[85] Al primero llama 'persistencia', porque si tal ser fuese seguido, lo sería por el no ser;[86] por lo que también lo designa como 'principio de no contradicción', porque como la contradicción respecto del ser es la nada, si el ser es, la nada no puede ser. Al segundo lo llama 'Origen', y es el acto de ser divino, lo cual no significa que sea origen del ser creado, sino que carece de comienzo, que es eterno; también lo designa como 'principio de identidad', porque el acto de ser divino no admite distinción real respecto de su esencia. Y al tercero lo llama 'causalidad trascendental', lo cual designa que Dios crea, da el acto de ser al universo. Se trata de la constante vinculación de dependencia del ser creado respecto del Creador.[87]

c) El hábito de sabiduría.[88] El hábito de sabiduría es el gozne entre lo humano superior a él y lo inferior, es decir, no sólo alcanza a conocer los trascendentales personales, sino que redunda su luz en los hábitos innatos inferiores, en el de los primeros principios, conociendo su verdad, y en la sindéresis. En cuanto a lo superior, «su tema es el propio existir humano: saber que existo como persona creada».[89] «El hábito de sabiduría es interior a su tema»,[90] la persona, pero inferior a ella; es luz transparente en la luz transparente que es el acto de ser personal creado. No es ni antes ni después de él, porque es una luz co-creada con la persona humana,[91] pero no es la persona.[92] En cuanto a lo inferior, al redundar sobre el há-

85 Cf. Leonardo Polo, *Nominalismo, idealismo y realismo*, en *Obras Completas*, Serie A, vol. XIV (Pamplona: EUNSA, 2015), 157-233.

86 Cf. Juan A. García, *Principio sin continuación. Escritos sobre la metafísica de Leonardo Polo* (Málaga: Universidad de Málaga, 1998).

87 La primera formulación de estos principios está en la obra de Polo *El ser*, publicada por primera vez en 1965. Cf. la edición actual en *Obras Completas*, Serie A, vol. III (Pamplona: EUNSA, 2015). Cf. al respecto: César R. Montijo, *La doble vertiente de la creación: criatura cósmica y criatura personal, desde la filosofía de Leonardo Polo* (Madrid: Sindéresis, 2021).

88 Cf. Juan Fernando Sellés, "El hábito de sabiduría según Leonardo Polo", *Studia Poliana*, 3 (2001): 73-102; Luca Fantini, *La conoscenza di sé in L. Polo. Uno studio dell'abito di sapienza* (Roma: EDUSC 2007); Rafael Corazón, "El hábito de sabiduría y el carácter de además", *Studia Poliana*, 20 (2018): 33-63.

89 Polo, *Antropología trascendental*, 177. «El hábito de sabiduría es el acto según el cual se alcanza la intimidad de la apertura (o la apertura hacia dentro), es decir, el co-acto personal»; *ibid.*, 206. Por tanto, alcanza los trascendentales personales: la coexistencia libre, el conocer y el amar personales. Cf. respecto de la libertad personal: *Ibid.*, 266-7; respecto del conocer personal: *Ibid.*, 148, 201, nota 15, 203, 207 texto y nota 22, 221, 242 nota 3, 365, 516 nota 294; respecto del amar personal: *Ibid.*, 224, 271.

90 *Ibid.*, 209 texto y nota 25.

91 «En la persona creada la luz que penetra la luz no es generada, sino creada»; *ibid.*, 225, nota 10.

92 «Si el hábito de sabiduría fuera persona, entonces habría dos personas»; Polo, *Conversaciones*, 408.

bito de los primeros principios, «el hábito de sabiduría vislumbra la intimidad del Origen»;[93] y al redundar sobre la sindéresis, «el hábito de sabiduría manifiesta que la esencia del hombre no es la réplica de la persona humana».[94] También redunda sobre la razón y la voluntad, mediando los otros dos hábitos innatos, y entonces da lugar a tres tipos peculiares de perfecciones puras inmateriales en esas potencias.[95] Cabe decir asimismo que al redundar sobre *vivir-yo* (el alma como 'forma' del cuerpo) nota que el cuerpo no es esencia.[96]

El mal a este nivel es plural. Si afecta a la sindéresis, se produce la *deshumanización*, la falta de coordinar armónicamente la pluralidad de las potencias humanas. Si afecta al hábito de los primeros principios, que es la generosidad del hombre que atiende a actos de ser que no son el propio, da lugar a la *avaricia*. Si afecta al hábito de sabiduría, éste pierde progresivamente su luz para conocer la intimidad personal, o sea, los trascendentales personales, y consecuentemente se obceca en los otros dos hábitos para dar cuenta del ser personal humano; si lo pretende a través del hábito de los primeros principios, la persona se cree una pieza más del universo; si lo intenta a través de la sindéresis, aparece lo que Polo llama '*pretensión de sí*',[97] el *egoísmo* o la *soberbia*, es decir, el intento de conocerse como quien es en su 'yo'. En ambos casos lo que se logra es la progresiva pérdida del sentido personal y la soledad.

4. Las dimensiones del acto de ser personal humano

En la *Antropología trascendental* de L. Polo, libro clave entre los suyos sobre esta disciplina, es patente que admite cuatro trascendentales personales, a saber, la

---

93 Polo, *Antropología trascendental*, 222 nota 6.

94 *Ibid*., 149.

95 «Dichas redundancias, que pasan muchas veces inadvertidas, son, a mi entender de tres órdenes: los *símbolos intelectuales*, las *nociones claras* de la experiencia intelectual y las *noticias* de la experiencia moral»; *ibid*., 297, nota 48.

96 «Que el cuerpo no entre también en la esencia del hombre, es decir, que tenga que ver con el carácter no esencial del alma, sino con el carácter formal del alma, eso es consecuencia del pecado original»; Polo, *Conversaciones*, 299. Por tanto, superada definitivamente la situación del hombre caído, «el cuerpo resucitado es el que no está hecho de carne, sino que ha sido ascendido hasta el nivel del alma. Por tanto, está integrado ya en la esencia humana, cosa que el cuerpo de carne no está del todo»; *ibid*., 349.

97 «Llamo pretensión de sí mismo al intento de disponer de la esencia propia. [...] Este intento es característico del egoísmo [...]; en la pretensión de sí mismo subyace la penosa identificación del coser con la esencia»; *ibid*., 288.

coexistencia, la libertad, el conocer y el amar personales. Tal obra vio la luz por primera vez en 1999. Sin embargo, Polo terminó de redactar su último libro, *Epistemología creación y divinidad*, a fines de 2012. Como le ayudé durante el tiempo de composición del mismo, a raíz de su confección Polo me indicó que se había equivocado al admitir antes cuatro trascendentales, pues la coexistencia no puede ser realmente distinta de la libertad, ya que una coexistencia que no fuese libre no sería personal. Además, en este último libro se lee la expresión «libertad coexistencial»[98] aunadamente; no se habla, pues, de 'coexistencia' por un lado y de 'libertad' por otro.[99] Aclarado esto, ahora conviene decir que, a pesar de estar ante los descubrimientos antropológicos superiores de Polo, los debemos describir sucintamente. Los trascendentales personales son, de inferior a superior, los tres siguientes, aunque el engarce co-activo entre ellos conforme un solo acto de ser personal, una única persona:

a) La coexistencia libre.[100] Lo primero por decir es que la libertad personal humana es irreductible a sus manifestaciones, o sea, al libre albedrío y a la libertad pragmática; es tan ingente que no se puede emplear en nada inferior o semejante a ella y, además, es creciente,[101] a menos que se retrotraiga libremente de crecer. Esto también es propio del conocer y del amar personales, lo cual denota que «el espíritu humano es infinito *in fieri*, el espíritu humano necesita crecer»,[102] o como indica la teología, «el corazón humano tiene un coeficiente de dilatación enorme»,[103] sin límites.[104] Como tal crecimiento tiene a Dios como referente,[105] ser personalmente

98 Polo, *Epistemología*, 84.

99 También se indica que «si se omite la investigación acerca de la trascendentalidad de la intelección, del amar y de la libertad, el tema de la conversión de los trascendentales, así como el de su identidad real, no pueden enfocarse correctamente»; *ibid.*, 195, pasaje en el que claramente enumera tres trascendentales personales.

100 Cf. Juan A. García, "La libertad trascendental y la persona humana", *Studia Poliana*, 13 (2011): 51-67.

101 «Para ser fiel a su condición de persona, el hombre debe estar siempre abierto al otro. Ello exige una *libertad creciente*»; *ibid.*, 321. Cf. U. Ferrer, "La libertad en crecimiento", *Studia Poliana*, 15 (2013): 165-178.

102 *Ibid.*, 111.

103 San Josemaría Escrivá, *Via Crucis*, núm. 8.

104 Por eso se dice que el hombre es *capax Dei*, respecto de quien se puede crecer siempre, ahora y *post mortem*. Cf. Miguel Martí, "*Homo capax Dei*. La posibilidad del conocimiento teórico de Dios según Leonardo Polo", *Studia Poliana*, 19 (2017): 27-40.

105 «Si la libertad real tuviera una temática distinta del amor y el conocer más altos, no se podría sostener que es la actividad radical del espíritu»; Polo, *Epistemología*, 208, nota 8. Como enseguida se verá, el tema del conocer y del amar personales es Dios.

libre es depender libremente de quien posibilita tal crecimiento, Dios.[106] A este nivel cabe hablar de 'elevación', porque Dios no es inmune a nuestro crecimiento personal, sino que al aceptarlo lo eleva. De la elevación de la libertad personal responde el don divino de la *esperanza* sobrenatural.[107] En la libertad personal humana Polo distingue dos dimensiones: la *libertad nativa* y la *libertad de destinatario.* La primera equivale a aceptar nuestro nacer como persona, es decir, a ser hijo,[108] mientras que la segunda es la proyección de ésta hacia el 'futuro no desfuturizable' en el que encontraremos a la persona respecto de la cual podemos emplear nuestra entera libertad.[109] Lo que precede indica que «la libertad no puede estar sola en su arranque. Tampoco en su destino»,[110] sencillamente porque la persona es apertura, relación, ser-con. La libertad nativa está referida a nuestro Origen personal, mientras que la de destinación lo está a nuestro Destinatario personal. Con esto se ve que la libertad personal es filial respecto de Dios,[111] por lo que si no se destina a él pierde la filiación.[112] Con esta pérdida no deja de ser criatura, pero como ya no mira al Dios personal sino a la nada,[113] deja de ser persona (el método noético siempre se corresponde con su temática propia).

---

106 Cf. Salvador Piá-Tarazona, "La libertad personal como dependencia", *Studia Poliana*, 1 (1999): 101-115.

107 «En el hombre la libertad no es un trascendental fijo, sino que sólo se mantiene en tanto que crece apuntando a su fin. La aceptación divina de ese crecimiento justifica la *esperanza*»; *ibid.*, 321.

108 «Tampoco podemos decidir nacer. Ahora bien, podemos aceptarlo. Llamaré a esta aceptación *libertad nativa.* [...] La libertad nativa es el nacer a la filiación en tanto que se nace como hijo»; Polo, *Quién es el hombre*, 179.

109 «La libertad puede ser un fardo: tenemos más libertad que ocasiones de ejercerla, si no descubrimos aquello respecto de lo cual se puede ejercer entera. A eso llamo destinación. [...] La libertad está abierta a un ejercerse exhaustivo y no hay nada en este mundo que lo merezca. [...] La libertad es imposible sin la réplica; depende de aquello de lo que depende la intensidad de libertad que yo sea. Al ser muy libre tengo que serlo respecto de Dios»; *ibid.*, 187-188.

110 *Ibid.*, 207. «La libertad es filial y es destinal»; Polo, *Persona y libertad*, 249; Polo, *La esencia del hombre*, 314. La libertad nativa es filial: «ontológicamente yo ya soy hijo; es lo que llamo *libertad nativa»; ibid.*, 290. La libertad de destinación equivale a ser hijo en el Hijo.

111 «A la aceptación del don divino la llamo *libertad personal nativa.* Al dar que busca aceptación lo llamo *libertad personal de destinación*»; Polo, *Antropología trascendental*, 249.

112 «Libertad creada, propia del que se sabe hijo de Dios. Tal libertad se pierde si se niega el carácter filial, es decir, cuando se pretende ser autor de sí mismo, autorrealizarse, transformándola así en una libertad indeterminada, que no se destina. Al aceptarse uno como es –como persona– se da cuenta de que depende de Dios –todo lo ha recibido de Él–»; Polo, *Epistemología*, 201.

113 «La criatura se mantiene fuera de la nada en la misma medida en que se destina amorosamente a Dios; si esa destinación a Dios desaparece, y la criatura no es aniquilada, ante la criatura aparece la nada»; Leonardo Polo, *Estudios de filosofía moderna y contemporánea*, en *Obras Completas*, Serie A, vol., XXIV (Pamplona: EUNSA, 2015), 320.

b) El conocer personal.[114] El conocer personal no es el de la razón.[115] Polo lo llama '*intellectus ut actus*' o '*ut co-actus*' y lo hace equivalente al intelecto agente aristotélico, sólo que personalizado. Es transparente, no un foco que ilumina realidades, ideas o abstractos, y es creciente;[116] más aún, elevable.[117] Precisamente por su carácter creciente su tema es lo inabarcable,[118] y aunque «la inabarcabilidad alude a Dios»,[119] como no conoce palmariamente al ser divino, así se evita el ontologismo;[120] en efecto, se trata de una búsqueda de Dios, no de una patentización; ahora bien, es búsqueda de un Dios personal.[121] A la elevación por parte de éste corresponde en la presente situación el don divino de la *fe* sobrenatural, y después el '*lumen gloriae*'.[122] Cabe distinguir, desde Polo, dos dimensiones en el conocer personal: la *búsqueda de mi Origen* y la *búsqueda de mi Destinatario.* Por una parte, «en antropología se descubre que el Origen es persona».[123] Por otra, que «el

---

114 Cf. nuestro trabajo: Fernando Sellés, *El conocer personal. Estudio del entendimiento agente según Polo* (Pamplona: Universidad de Navarra, Cuadernos de Anuario Filosófico, Serie Universitaria, núm. 163, 2003).

115 Cf. José I. Murillo, "Conocimiento personal y conocimiento racional en la antropología trascendental de Leonardo Polo", *Studia Poliana*, 13 (2011): 69-84.

116 «La única manera de que una actividad pueda ir más allá de sí es ser una luz transparente que renace constitutivamente. El autotranscendimiento en transparencia es una profundización prolongada de nuestro saber, es decir, un dejar que aparezca el futuro del entender, que le hace posible como actividad creciente»; Polo, *Epistemología*, 71.

117 «La elevación es el levantarse el lucero en el centro de nuestros corazones. La elevación de la luz como *además*, la luz de luz. La luz nace de dentro»; Polo, *Conversaciones*, 472.

118 «El tema del '*intellectus ut actus*' lo llamo inabarcable, y por elevación es el 'conoceréis como sois conocidos' de San Pablo»; *ibid.*, 602.

119 Polo, *Antropología trascendental*, 208. Cf. nuestro trabajo: Fernando Sellés, "El acceso a Dios del conocer personal humano", *Studia Poliana*, 14 (2012): 83-117.

120 «Lo inabarcable es otra forma de nombrar lo que en otros lugares llamo 'el ámbito de la máxima amplitud'. Eso es Dios, pero no naturalizado, porque si fuera así, caeríamos en ontologismo»; Polo, *Conversaciones*, 613.

121 «Se busca una persona que ha de ser la Réplica y que, por tanto, transciende la persona humana, o es inabarcable por el intelecto personal»; Polo, *Antropología trascendental*, 245. «El intelecto es pura diafanidad, transparencia intacta, que se corresponde temáticamente con lo *inabarcable.* Lo inabarcable coincide con la insondabilidad originaria en tanto que significa su carácter de *persona.* La pura transparencia del intelecto personal humano está abierta al *inteligir divino*»; Polo, *Epistemología*, 194.

122 «*Lumen gloriae*, caza a la persona, la convoca arriba. El hombre ya está ante lo eterno»; Polo, *Conversaciones*, 402. «El tema del '*intellectus ut actus*' es el 'conoceréis como sois conocidos', pero eso lo conocemos por fe. Sin eso, lo que hay que decir del tema del '*intellectus ut actus*' es que es lo inabarcable»; *ibid.*, 540.

123 Polo, *Antropología trascendental*, 166.

ser del hombre tiene como destino a Dios»[124] como persona, pues en caso contrario, la persona humana carecería de sentido. Tanto Dios en cuanto Origen como Destinatario son insondables.[125] Por lo que se refiere a la búsqueda cognoscitiva personal de Dios como 'mi Origen', cabe decir que el conocer personal barrunta al ser divino como Padre, puesto que yo soy persona, me sé hijo, porque «hijo es nombre personal»,[126] y «Padre significa origen o no significa nada».[127] En cuanto a la búsqueda cognoscitiva personal de Dios como 'mi Destinatario', Polo indica que «la cuestión del destinar exige *destinatario*».[128] Del Origen dependo; del Destinatario dependeré (libremente en ambos casos). Y como «en antropología no se puede decir que el hombre *sea*, sino que *será*, o bien, que sin el *será* se elimina la dependencia»,[129] la búsqueda del Destinatario es superior a la búsqueda del Origen.

c) El amar personal. De esta dimensión personal hay que establecer, al menos, las siguientes tesis: 1ª) Así como el intelecto agente –el conocer personal– es superior al posible, «el amor es superior a cualquier acto de querer»[130] de la voluntad, pues «el amor es también un trascendental personal, no es un simple acto de la voluntad»;[131] más, aún, «el querer depende del amor».[132] 2ª) El amar personal es superior al conocer y a la libertad personales.[133] 3ª) El amor personal, como la libertad y el conocer personales, es creciente.[134] 4ª) Su tema es el Dios personal,[135] el cual es

124 Polo, *Epistemología*, 92.

125 «El Origen, lo primordial por excelencia, es lo más profundo y, por tanto, insondable»; Polo, *Antropología trascendental*, 81.

126 Polo, *Quién es el hombre*, 179.

127 Polo, *Nietzsche*, 122.

128 Polo, *Epistemología*, 61.

129 Polo, *Antropología trascendental*, 158.

130 Polo, *Epistemología*, 148.

131 *Ibid.*, 227. Cf. Rafael Corazón, "Amar y querer. La correspondencia filial de la persona humana", *Studia Poliana*, 13 (2011): 85-103; Jorge M. Posada, *Lo distintivo del amar. Glosa libre al planteamiento antropológico de Leonardo Polo* (Pamplona: Universidad de Navarra, Cuadernos de Anuario Filosófico, Serie Universitaria, núm.191, 2007); Juan José Sanguineti, *Conocimiento y mundo físico en Leonardo Polo* (Madrid: Sindéresis, 2020).

132 *Ibid.*, 447.

133 «Amar a Dios en esta vida conduce más directamente a Él que conocerlo»; Polo, *Antropología trascendental*, 424. Es así porque «en cualquier dualidad, uno de sus miembros es superior al otro»; *ibid.*, 517 (cf. también: *Ibid.*, 224 nota 8). Si los trascendentales personales son duales, *ergo...*

134 «Ha de haber una libertad mayor en la tarea esperanzada inserta en el otorgamiento amoroso, es decir, en la dilatación de la intimidad. El amor no es posible sin la libertad personal»; Polo, *Epistemología*, 118.

135 «Según la estructura donal, amar a Dios es trascendental»; Polo, *Antropología trascendental*, 257.

asimismo inabarcable.[136] 5ª) Sus dimensiones son tres, dos de orden trascendental, *aceptar* y *dar*, y otra de orden inferior, el *don*.[137] 6ª) De las dos dimensiones trascendentales, el aceptar es superior a dar.[138] 7ª) El amar personal es elevado por el don divino de la *caridad* sobrenatural.[139] 8ª) El amar donal redunda, como se ha adelantado, en la voluntad a través del hábito de sabiduría y de querer-yo. 9ª) El amar es, en la persona humana, la mejor imagen divina.[140]

Como los trascendentales personales remiten a Dios, el mal a nivel trascendental supone la pérdida progresiva por parte del hombre de su vinculación personal con el ser personal divino, es decir, la *despersonalización*, porque la persona creada no es tal sin el Dios personal, por lo que también cabe hablar de *desdivinización* de la persona humana. Se produce, en concreto: la ausencia de libertad personal respecto del 'futuro no desfuturizable', o sea, respecto del 'ámbito de la máxima amplitud', que es Dios, la carencia de búsqueda de sentido personal en el Dios personal, el único que nos puede dotar de sentido personal completo; la falta de aceptación y donación personales al Dios personal, hasta el punto de que él no nos pueda aceptar definitivamente.

Conclusiones

De las diversas dimensiones humanas estudiadas, continuando la antropología de L. Polo, se pueden educir las siguientes conclusiones que se enuncian de inferior a superior:

1. El *hombre* está conformado por tres dimensiones jerárquicamente distintas: *naturaleza*, *esencia* y *acto de ser*, o sea, cuerpo, alma y persona o espíritu.

2. La *naturaleza* corpórea humana es unitaria, no dual ni triádica, porque en su actual estado mantiene una distancia no debida respecto de lo superior a ella: la esencia del hombre y el acto de ser personal.

---

136 «Dios es el tema inabarcable, y el amor es el donar que se destina a ser aceptado»; Polo, *Conversaciones*, 541.

137 «El amar tiene una característica muy curiosa, a saber, que es triple; es dar, es aceptar y es don»; Polo, *Conversaciones*, 598.

138 «Es evidente que el amor donal humano es ante todo aceptante, porque la primacía del dar corresponde a Dios»; *ibid.*, 377. «El amor personal es dar y aceptar, antes aceptar y después dar, porque primero hay que aceptar el don divino, y por eso el hombre se asimila al Hijo»; *ibid.*, 598.

139 Por eso, «la caridad es la virtud infusa superior»; Polo, *Antropología trascendental*, 413, nota 71.

140 «La estructura triádica del amor personal, que se manifiesta en el regalo, es una sugerencia muy clara de la Trinidad divina»; Polo, *Epistemología*, 322.

3. La *esencia* del hombre es triádica, conformada por el ápice o raíz activa del alma, el hábito innato de la sindéresis, y por dos potencias inmateriales activadas: la razón y la voluntad.

4. La *razón* tiene tres vías operativas irreductibles: razón teórica, formal y práctica (cada una de ellas con tres actos y hábitos distintos). La *voluntad* tiene tres facetas: la que versa sobre el apetito concupiscible, la que versa sobre el irascible, y la que versa sobre sus propios actos (éstos son tres respecto de medios y tres respecto del fin).

5. Los *hábitos innatos* son tres: la sindéresis, el de los primeros principios y el de sabiduría.

6. La *sindéresis* es triádica: el miembro inferior es *vivir-yo*, que activa al cuerpo; el intermedio es *ver-yo*, que activa a la razón; el superior es *querer-yo*, que activa a la voluntad.

7. El *hábito de los primeros principios* tiene tres temas: el acto de ser del universo, el acto de ser divino y la dependencia de uno respecto del otro.

8. El *hábito de sabiduría* alcanza al acto de ser personal –los tres trascendentales personales: la coexistencia libre, el conocer y el amar personales–, y redunda sobre los otros dos hábitos innatos, los cuales, a su vez, redundan sobre la voluntad y la razón.

9. Los tres *trascendentales personales* son duales: libertad nativa y de destinación, conocer el origen y el destinatario, aceptar y dar (el don es inferior); y cada uno de los tres puede ser elevado por sus respectivas virtudes teologales: esperanza, fe y caridad.

VIII
Persona humana y esponsalidad
Propuesta de una segunda ampliación de la noción de persona

Blanca Castilla de Cortázar

Se me ha pedido que exponga mi concepción sobre la persona. Dudo que tenga una propuesta original. Lo que sí es cierto es que desde hace más de tres décadas he buscado profundizar en la noción de persona y puedo narrar el *iter* de dicha investigación, lo que me han ido aportando los autores que he estudiado y las conclusiones a las que he llegado. Una de ellas es su radicalidad, como la describe Leonardo Polo,[1] otra su alcance, pues permitirá fundamentar la dignidad[2] y los derechos humanos, cuestión aún pendiente,[3] y en tercer lugar destacaré su estructura esponsal, principal propuesta de Karol Wojtyła,[4] que permite describir a cada persona en su irrepetibilidad, intimidad y condición concreta como varón o mujer, llamados al amor.

A finales de la década de los ochenta, tras haber leído una y otra vez, la carta apostólica *Mulieris dignitatem* del ya papa Juan Pablo II, empecé a leer la *Teología del cuerpo* de Karol Wojtyła. Por entonces, respecto a la persona sólo conocía la definición de Boecio (*substancia individual de naturaleza racional*)[5] que cada vez me gustaba menos. Me resultaba pobre e inhábil para explicar la libertad o el amor, es decir, los principales temas antropológicos y, no digamos, la diferencia entre

1 Cf. Leonardo Polo, *La persona humana y su crecimiento* (Pamplona: EUNSA, 1996), 141-159.

2 Cf. Blanca Castilla de Cortázar, *Dignidad personal y condición sexuada. Un proseguir en antropología* (Valencia: Tirant Humanidades, 2017), 22-48.

3 Cf. Antonio María Rouco, *Los fundamentos de los derechos humanos: una cuestión urgente* (Madrid: Real Academia de Ciencias Morales y Políticas, 2011).

4 Juan Pablo II, *Carta Apost. Mulieris dignitatem*, n. 29 (entre otros lugares).

5 Boecio, *Liber de persona et duabus naturis contra Eutychen et Nestorium*, en J. Migne, *Patrologiae. Cursus completus*, París, Vrayet de Surcy, 1847, PL 64, 1343 C.

varón y mujer, que cada vez me interesaba más. Y advertía al leer a Karol Wojtyła que la palabra 'persona' en sus escritos encerraba unas resonancias mucho más profundas que la que era capaz de captar, sobre todo el carácter esponsal sobre el que anteriormente ni había oído nombrar.

Por aquel entonces tuve la oportunidad de hacer un doctorado en Filosofía y escogí profundizar en la persona. La elección del autor fue más difícil: Karol Wojtyła estaba vivo y eso suponía que no había cerrado aún su pensamiento, y Leonardo Polo, del que había sido alumna y conocía alguna de sus principales propuestas, aún no había escrito su *Antropología trascendental*. La búsqueda me llevó a Xavier Zubiri, recientemente fallecido, cuyo pensamiento se explicaba en la Facultad en la que me matriculé. Zubiri, en su condición de catedrático de historia de la Filosofía, tenía una visión profunda de las cuestiones que le interesaban, y la persona había sido una de ellas.

Aquí voy a tratar principalmente de las aportaciones de cuatro filósofos: Tomás de Aquino, Xavier Zubiri, Leonardo Polo y Karol Wojtyła. Los cuatro tienen algo en común, saben teología y comparten que el principal reto para la inteligencia humana es penetrar racionalmente en el dato revelado, y, sin mezclarlas, su filosofía se encamina a entender mejor la teología. En ellos razón y fe son como las dos alas que les permiten buscar la verdad.

1. La noción de persona en santo Tomás

Antes de entrar en Zubiri, es preciso decir que accedí a él con cierta ventaja. Cuando realicé mis estudios anteriores –tenía un doctorado en teología y una licenciatura en filosofía– ya había sido redescubierta la diferencia tomista entre esencia y acto de ser. Desde esa perspectiva enseñaba metafísica desde hacía años y conocía algunos de los avances de Leonardo Polo partiendo del redescubierto santo Tomás, así como algunas de sus críticas al Aquinate. Entre ellas, señalaré dos. Una, que santo Tomás afirma que el alma separada no es persona. Y don Leonardo decía: eso es imposible, porque no podría amar. La segunda, que interpretar el intelecto agente como una potencia del alma era muy forzado y erróneo.

De aquí que una de las primeras cosas fue buscar algún experto que hubiera estudiado a fondo a santo Tomás. Y di con un excelente conocedor del tema: Eudaldo Forment, catedrático de Metafísica en la Universidad de Barcelona. Tiene dos libros: uno titulado *Ser y Persona* y otro *Persona y modo substancial*. En el primero expone cómo santo Tomás en la Suma Teológica parte pacíficamente de Boecio, pero la doctrina del ser como acto le hizo profundizar en la cuestión y llega a la conclusión de que la persona se funda en el ser. Tomás de Aquino descubrirá con nuevas luces, y expresará con mayor precisión que los que le precedieron, la radicalidad de la persona en el ser.[6] Por eso vuelve a sustituir la expresión 'substancia' por el concepto de 'subsistencia' y el de 'racional' por 'espiritual', describiendo a la persona como 'subsistente espiritual'.[7] De este modo, la misma noción de persona puede aplicarse tanto a las personas humanas como a las angélicas y divinas, recuperando así la analogía que se perdió con Boecio. Como es sabido, Boecio conocía la noción de persona como 'relación subsistente', la que se forjó en los primeros siglos por los Padres griegos, y era consciente de que su definición de persona humana no servía para Dios.

Por otra parte, santo Tomás no recupera el carácter relacional interno de la persona, que estaba en los Capadocios: lo admite sólo para las personas divinas. Y niega que la persona humana y la angélica sean relacionales.[8] Hará falta llegar al siglo XX para que esta cuestión se replantee y se explique más profundamente, describiendo la persona humana como relacional.

No obstante, para santo Tomás, en palabras de Schütz y Sarach: la «persona designa ese modo y manera inmediatos en que el ser real posee su esencia plenamente y dispone libremente de ella».[9] O como repite él mismo varias veces: «La persona significa lo más perfecto que hay en toda la naturaleza»;[10] o «es lo más digno de toda la naturaleza».[11]

En el segundo libro, Forment describe los avatares de las disputas de los escolásticos medievales que no captaban la doctrina del ser como acto, y consideraban que la persona era un elemento añadido a la esencia humana, al que denominaban 'constitutivo formal'. En otras palabras, la persona era acto formal, no *actus essendi*.

En todo caso, del siglo XII hasta el siglo XX se perdió el principal descubrimiento metafísico del Aquinate, la piedra clave que sustentaba el arco de su nueva sín-

6 Cf. Tomás de Aquino, *In Sent.*, I, d.6, q.2, a.1; d.7, q.1, a.1; d. 23, a.2; *S. Th.*, I, q. 29, a.1.

7 Tomás de Aquino, *De Pot.*, 9, a.4, c: «Persona es un subsistente distinto de naturaleza espiritual».

8 Cf. Tomás de Aquino, *S. Th.*, I, q. 29, a. 4, donde se pregunta si *el nombre de persona significa o no relación*. En la cuarta objeción afirma: «En los hombres y los ángeles, persona no indica relación sino algo absoluto». Y en la respuesta a dicha objeción mantiene dicha premisa al afirmar con contundencia: «Por eso, aun cuando la relación esté contenida en la significación de persona divina y no en la significación de persona angélica o humana, no se puede concluir que persona se aplica equívocamente» ni tampoco unívocamente.

9 Cf. Christian Schütz y Rupert Sarach, "El hombre como persona", en *Mysterium Salutis* (Einsiedeln: Benziger Verlag, 1965). Trad. esp. *Mysterium Salutis. Manual de Teología como Historia de la salvación*, t. II (Madrid: Cristiandad, 1970), 720.

10 Tomás de Aquino, *S. Th.*, I, q. 29, a. 3 in c.

11 Tomás de Aquino, *De Pot.*, q. 9, a.3, in c.

tesis filosófica y teológica, y todo el mundo repitió la definición boeciana. Por otra parte, santo Tomás no llegó a aplicar esa distinción a la antropología, por lo que incluso hoy los tratados sobre el hombre basados en santo Tomás se centran en la díada cuerpo y alma,[12] según la composición hilemórfica de Aristóteles. De aquí que los personalistas del siglo XX, no incluyen a Tomás de Aquino entre los pensadores personalistas, porque en su *corpus* antropológico la persona no es una noción central.[13] Como anécdota, podría contar que hace unos cinco años la Sociedad Internacional Tomás de Aquino celebró un congreso sobre *La persona* en Bolonia y todos los ponentes centrales repetían a Boecio. Sólo en algunas comunicaciones se habló de la trascendentalidad de la persona.

No sé si estaré en lo cierto al pensar que el humanismo cristiano que nos precede, que se describe como aristotélico-tomista, desde el punto de vista filosófico es en el fondo sólo aristotélico.[14] En filosofía seguimos con los esquemas de cinco siglos antes de Cristo.

2. La persona en Zubiri

En el estudio de sus obras publicadas hasta 1994 aprendí mucho y por primera vez vislumbré la profundidad de la cuestión. Es sabido que en 1959, tras haberle solicitado unas conferencias sobre la persona,[15] la cuestión le interesó tanto, que el libro

12 Cf. Aberlardo Lobato, Armando Segura, Eudaldo Forment (eds.), *El pensamiento de Tomás de Aquino para el hombre de hoy*, t. I: El *hombre en cuerpo y alma* (Valencia: EDICEP, 1995).

13 Cf. Juan Manuel Burgos (ed.), *El giro personalista: del qué al quién* (Madrid: Fund. E. Mounier, 2011).

14 La composición cuerpo y alma, de corte hilemórfico, se sigue defendiendo como la más profunda que pueda concebirse, sin citar a la persona: Cf. Juan L. Ruiz de la Peña, *Las nuevas antropologías. Un reto a la teología* (Santander: Sal Terrae, 1983), 203-232. Ruiz de la Peña critica las deficiencias del existencialismo, de la antropología estructural, del marxismo humanista, del reduccionismo biologicista, del antropobiologismo, del monismo fisicalista, del monismo emergentista y de la dualidad interaccionista, desde la perspectiva de la unidad humana concebida como unidad hilemórfica.

15 Después de impartir las conferencias, comenzó a redactarlo como libro. De ese propósito nació el artículo "El hombre como realidad personal", publicado en 1963: Cf. Xavier Zubiri, *Revista de Occidente*, 2ª época, n. 1, (1963): 5-29. También en *Siete ensayos de Antropología Filosófica* (Bogotá: Univ. de Santo Tomás, 1982), 55-77. Posteriormente, buena parte del curso se recogió en dos capítulos del libro *Sobre el hombre*. En concreto el cap. IV: *La persona como forma de realidad: personeidad*, y la primera parte del cap. V: *La personalidad humana y su constitución*, en Xavier Zubiri, *Sobre el hombre* (Madrid: Alianza, 1986), 103-152.

Sobre la esencia, en el que él expone lo más profundo de su propuesta, lo describió como una nota a pie de página de un tratado sobre Antropología.[16]

Respecto a él voy a destacar cinco cuestiones: 1) la recuperación del orden trascendental, 2) su reconstrucción histórica, 3) la persona como autopropiedad, 4) personeidad y personalidad, y 5) la recuperación de la relacionalidad interna en la persona.

2.1. Recuperación del orden trascendental

Al inicio de mi investigación acudí a Navarra para pedir asesoramiento. Entre otros profesores hablé, además de con Polo, con Alejandro Llano y le pedí libros sobre el orden trascendental, pues ya intuía que en él estaban las respuestas. Y don Alejandro me dijo: «si existen esos libros, yo no los conozco». Cuento esta anécdota, porque cuando estudié *Sobre la esencia* de Zubiri (1962) aún no se había redescubierto a santo Tomás y, sin embargo, tiene más de 150 páginas hablando del orden trascendental. Él, por su cuenta y a su modo, había rehecho el camino, para volver a enlazar con el nivel ontológico medieval.

Ciertamente, el orden trascendental en Zubiri es complicado, empezando por el lenguaje que usa, pues al primer trascendental le llama realidad, en vez de ser, y, sobre todo, porque al hablar del orden trascendental se refiere a él como 'formalidad de realidad', lo que puede resultar confuso.[17] Sin embargo, es importante señalar su recuperación para entender el juicio que hace sobre algunas formulaciones sobre la persona.

---

16 Cf. Ignacio Ellacuría, Introducción a *Sobre el hombre* (Madrid: Alianza, 1986), xx.

17 *El orden trascendental en la filosofía de Zubiri tiene las siguientes innovaciones:*
1) primero, establece como primer y fundamental trascendental la *realidad*, lo que le lleva a negar la trascendentalidad radical del ser;
2) en segundo lugar, incluye el trascendental *mundo*, de hondo sabor kantiano y heideggeriano, como apertura de unas cosas a otras desde sí mismas, lo que supone ante todo no tanto comunidad, sino comunicación.
3) Por otra parte, distingue entre trascendentales *simples y complejos*.
4) Además, introduce la terminología escotista de *trascendentales disyuntos*.
5) Y, quizá, lo más original del desarrollo zubiriano de la trascendentalidad es el establecimiento de lo que él llama *la función trascendental*, que articula el ámbito talitativo y trascendental, haciendo depender el segundo del primero. Por función trascendental entiende que las talidades de las cosas (contenido) determinan, en cierto modo, la realidad en cuanto realidad de las cosas mismas. Cf. Blanca Castilla de Cortázar, *Noción de persona en Xavier Zubiri. Una aproximación al género* (Madrid: Rialp, 1996), 252-358.

2.2. Reconstrucción histórica sobre la noción de persona

Zubiri investigó a fondo los avatares de dicha noción,[18] constatando, en primer lugar, que la filosofía griega carece incluso del concepto de persona:

> Entre otras limitaciones, la metafísica griega tiene una fundamental y gravísima: la ausencia completa del concepto y del vocablo mismo de *persona*. Ha hecho falta el esfuerzo titánico de los Capadocios para despojar al término de hipóstasis de su carácter de puro *hypokeímenon*, de su carácter de *subjectum* y de sustancia, para acercarlo a lo que el sentido jurídico de los romanos[19] había dado al término persona, a diferencia de la pura *res*, de la cosa.[20]

Como se advierte, la noción de persona se distingue del de cosa, bien descrita con el término substancia, mientras que la persona no es hypokeímenon, sino hiperkéimenon, porque muchas de sus características las adquiere por propia decisión. De aquí que señala una diferencia importante entre la cosmología y la antropología. Continúa Zubiri:

> Los griegos pensaron, por ejemplo, que el carácter de substancia expresaba lo real en cuanto tal. Pero la subsistencia personal es otro tipo de realidad en cuanto tal en la que los griegos no pensaron. Por esto, al considerar la novedad de la realidad personal en cuanto realidad subsistente, *la filosofía se vio forzada a rehacer la idea de realidad en cuanto realidad desde el punto de vista no substancial sino subsistencial*. Cierto que, en la metafísica clásica, desgraciadamente, se ha considerado la subsistencia como modo substancial, lo cual, a mi entender, ha desbaratado la subsistencia.[21]

Estas apretadas líneas resumen casi dos milenios de filosofía acerca de la persona, constatando avances y retrocesos. Respecto a la dificultad y al enorme avance que supone pensar la persona en cuanto distinta de la cosa, afirma:

---

18 Castilla de Cortázar, *Noción de persona en Xavier Zubiri*, 29-73. También puede verse con el título *Iter histórico de la noción de persona en la obra de Xavier Zubiri*, en Academia.edu (2022).

19 En el mundo romano, es en Cicerón donde aparece la oposición clásica entre *persona* y *res*. Se trata de una distinción netamente jurídica, aunque en él también se encuentra el esbozo de una descripción filosófica de la persona, que recuerda a la fórmula que más adelante utilizará Boecio. Sobre la *persona* en la obra de Cicerón cf. Clemente Riva, "Origine del concetto di persona", *Iustitia*, jul-sept (1964): 210.

20 Xavier Zubiri, *El hombre y Dios* (Madrid: Alianza, 1984), 323.

21 Xavier Zubiri, *Inteligencia sentiente* (Madrid: Alianza, 1980), 131.

> Hizo falta una intelección mucho más difícil que la de la física cuántica para inteligir que lo real puede ser real y sin embargo no ser cosa. Ser, por ejemplo, persona. Entonces no sólo se amplió el campo de las cosas reales, sino que se ha ampliado eso que pudiéramos llamar modos de realidad. Ser cosa es tan sólo uno de esos modos; ser persona es otro. Así ha cambiado no sólo el elenco de las cosas reales [...], porque una persona es algo distinto de una piedra o de un árbol no solamente por sus propiedades, sino por su modo de realidad, el modo de realidad de la persona es distinto del modo de realidad de la piedra o del árbol: el metro de la realidad no es ser cosa.[22]

Estos textos corresponden a las últimas obras de Zubiri, de los años ochenta. En ellas vuelve una y otra vez a la persona -«esa gran realidad»,[23] como la denomina-, y descubre también, aunque no los llame así, los trascendentales antropológicos; sobre todo la inteligencia, a la que dedica una trilogía,[24] y también describe como trascendental la libertad.[25]

Anteriormente, con una terminología que, acuñada muy desde el principio, no dejará de utilizar afirma que la persona es un absoluto-relativo:

> La persona es un relativo absoluto. Relativo porque se trata de una persona finita; pero absoluto, porque en virtud de su subsistencia se contrapone subsistencialmente, no existencial y esencialmente, al todo de la realidad, de las realidades finitas e incluso de la propia realidad divina.[26]
>
> Ya los teólogos escolásticos decían que no es lo mismo 'naturaleza' y 'persona', aun entendiendo por naturaleza la naturaleza singular. Boecio definía el supuesto: *naturae completae individua substantia*; la persona sería el *supuesto racional*. Y añadían los escolásticos que ambos momentos se hallan entre sí en la relación de 'aquello por lo que se es' (*natura ut quod*) y 'aquél que se es' (*suppossitum ut quod*) [...].[27] La personalidad es el

22 Xavier Zubiri, *Inteligencia y razón* (Madrid: Alianza, 1983), 56-57.

23 Xavier Zubiri, "Respectividad de lo real", *Realitas* III-IV (1979): 28.

24 Xavier Zubiri, *Inteligencia sentiente*, vol. 1: *Inteligencia y realidad*, (Madrid: Alianza, 1980); *Inteligencia y logos* (Madrid: Alianza, 1982); *Inteligencia y razón* (Madrid: Alianza, 1983).

25 Zubiri distingue tres aspectos de la libertad que describe con preposiciones: la libertad 'de', la libertad 'para' y la libertad 'en'. El tercer aspecto tiene sentido trascendental y se corresponde con la noción de persona. Zubiri, *El hombre y Dios*, 330: «Hay una cosa previa que es ser libre, anteriormente a todo ejercicio de libertad. Es justamente 'libertad en'. El hombre es libre 'en' la realidad en cuanto tal. Por ser justamente de aquella condición en virtud de la cual yo soy mío, me pertenezco a mí mismo y no a otra realidad». Cf. Castilla de Cortázar, *Noción de persona en Xavier Zubiri*, 344-352.

26 Zubiri, "La persona como forma de realidad: personeidad", en *Sobre el hombre*, 123.

27 Aquí cita a san Agustín: «Verum haec quando in una sunt persona, sicut est homo, potest nobis

> ser mismo del hombre: *actiones sunt suppositorum*, porque el supuesto es el que propiamente 'es'.[28]

Examina otras descripciones medievales de la persona que la calificaban como incomunicable, en cuanto que nadie puede querer o pensar por ella. Se detiene en la novedosa descripción que inventa Ricardo de San Víctor, que hacía hincapié en la relación de origen: *incommunicabilis ex-sistentia*. Dicha relación la expresa con la preposición *ex* y a ella une el sufijo *sistencia*, de donde surge el vocablo *exsistencia*, que hasta entonces nadie había utilizado. Sin embargo, a dicha formulación le ve el inconveniente de que no está anclada en el plano trascendental. Y la misma crítica hace a la célebre definición boeciana. A ambos les reprocha considerar la inteligencia simplemente como una diferencia específica.[29]

Interesa poner de relieve que apenas estudia Zubiri el concepto de persona en los autores modernos. En realidad, apenas se usó dicha noción en la modernidad sustituyéndose por la de individuo. En efecto, al haberse perdido en la tradición inmediatamente anterior (la Escolástica) la dimensión trascendental de la persona, la filosofía moderna no consiguió un concepto perfilado de lo que es la realidad personal.

> La filosofía, desde Descartes hasta Kant, rehízo, penosa y erróneamente, el camino perdido. El hombre aparece, en Descartes, como una sustancia: *res* (sin entrar, por lo demás, en la cuestión clásica de la unidad, *puramente analógica*, de la categoría de sustancia); en la 'Crítica de la Razón pura' se distingue esta *res*, como sujeto, del *ego* puro, del yo; en la 'Crítica de la Razón práctica' se descubre, allende el yo, la persona; a la división cartesiana entre cosas pensantes y cosas extensas sustituyó Kant la disyunción entre personas y cosas. La historia de la filosofía moderna ha recorrido así, sucesivamente, estos tres estadios: sujeto, yo, persona.[30] Mas qué sea persona es cosa que Kant dejó bastante oscura. Desde luego no es sólo conciencia de la identidad, como para Locke. Es algo más. Por lo pronto, ser *sui juris*, y este 'ser *sui juris*' es, para Kant, ser imperativo categórico.[31]

quispiam dicere: tria ista, memoria, intellectus et amor, mea sunt, non sua; nec sibi, sed mihi agunt quod agunt, immo ego per illa. Ego enim memini per memoriam, intelligo per intelligentiam, amo per amorem [...]. Ego per omnia tria memini, ego intelligo, ego diligo, qui nec memoria sum, nec intelligentia, nec dilectio, sed haec habeo»: san Agustín, *De Trinitate*, l. XV, c. 22.

28 "En torno al problema de Dios", en *Naturaleza, historia y Dios* (Madrid: Alianza, 1987), 425.

29 Zubiri, "La persona como forma de realidad: personeidad", 120-121.

30 Aquí Zubiri aclara que «en realidad no se ha pasado de distinguir estos tres términos como si fueran tres estratos humanos; haría falta plantearse el problema de su radical unidad».

31 Zubiri, "En torno al problema de Dios", 425-426.

De aquí que, tras el *iter* histórico, su propuesta inicial sea:

> Hay que retroceder nuevamente a la dimensión, estrictamente ontológica, en que por última vez se movió la Escolástica, en virtud de fecundas necesidades teológicas, desdichadamente esterilizadas en pura polémica»,[32] pues «en la articulación entre *intimidad*, *originación* y *comunicación* estriba la estructura metafísica última del ser» personal.[33]

En esas últimas palabras se advierte la certera captación de Zubiri de los aspectos centrales de la persona que, de una manera u otra, han tratado la mayor parte de los pensadores personalistas y dialógicos del siglo XX: la intimidad, la relación de origen y la apertura o comunicación, que lleva implícito, como veremos, el carácter relacional de la persona humana.

2.3. La persona como autopropiedad

Una primera descripción de la persona que hace Zubiri es considerarla como 'esencia abierta',[34] peculiaridad que descubre a través de la inteligencia, que le hace capaz de dicha apertura. La inteligencia es una nota constitutiva de la persona, de tal modo que no hay esencia abierta que no sea inteligente. Para Zubiri, «la inteligencia no tiene un papel de especificación del subsistente, sino de *constitución personal del mismo*».[35] Es ilustrativo que cuando critica las descripciones tradicionales de persona, en concreto la de Boecio y la de Ricardo de San Víctor, en los dos casos, les reprocha que para ellos la inteligencia es simplemente una diferencia específica. Refiriéndose al primero afirma:

32 Zubiri, "En torno al problema de Dios", 426.

33 Xavier Zubiri, "El ser sobrenatural: Dios y la deificación en la teología paulina", en *Naturaleza, historia y Dios* (Madrid: Alianza, 1987), 475.

34 Pintor-Ramos señala: «Zubiri es un filósofo profundamente preocupado por la persona, desde los inicios de su pensamiento, hasta el punto de que no es disparatado pensar que la peculiaridad metafísica de la persona como esencia abierta es el gran argumento contra el sustancialismo metafísico tradicional»: Antonio Pintor-Ramos, *Las bases de la filosofía de Zubiri: realidad y verdad* (Salamanca: Universidad Pontificia de Salamanca, 1994), 288, nota 52.

35 Zubiri, "La persona como forma de realidad: personeidad", 120-121. Es ilustrativo que cuando critica las descripciones tradicionales de persona, en concreto la de Boecio y la de Ricardo de San Víctor, en los dos casos, les reprocha que para ellos la inteligencia es simplemente una diferencia específica.

> La definición de Boecio es una falsa definición por dos razones: En primer lugar, porque es una definición en términos de sustancia y no de sustantividad. En segundo lugar, porque la inteligencia no tiene una función constitutiva de la *subsistencia*, sino que es una diferencia específica.[36]

Pero no se queda ahí su propuesta. Tiene otro modo más radical y profundo de describirla como «realidad en propiedad». En su propuesta, la diferencia radical que separa a la realidad humana de cualquiera otra forma de realidad es justamente el *carácter de propiedad* de su propia realidad. No procede de sí misma, tiene una realidad recibida, pero para que sea suya. Por eso califica a la persona como 'suidad'.[37]

> Todas las demás realidades tienen *de suyo* las propiedades que tienen, pero su realidad no es formal y explícitamente *suya*. En cambio, el hombre es *formalmente* suyo, es *suidad*. La suidad no es un acto ni una nota o sistema de notas, sino que es la forma de la realidad humana en cuanto realidad.[38]

Aclara que dicha autopropiedad de su realidad es *algo más profundo que la subsistencia*. ¿Por qué? Porque el cosmos también es subsistente. Por eso afirma con acierto que *la persona es subsistente en un sentido especial*. De aquí que para Zubiri lo más característico de la persona es ser una realidad «formalmente suya»[39] o *reduplicativamente en propiedad*.[40]

> Cada persona encierra en sí el carácter de un *mí*. Ser persona es ser efectivamente mío. *Ser una realidad sustantiva que es propiedad de sí misma*. El ser realidad en propiedad, he aquí el primer modo de respuesta a la cuestión de en qué consiste ser persona. La diferencia radical que separa a la realidad humana de cualquiera otra forma de realidad es justamente *el carácter de propiedad*. Un carácter de propiedad que no es simplemente un carácter moral. Es decir, no se trata únicamente de que yo tenga dominio, que sea dueño de mis actos en el sentido de tener derecho, libertad y plenitud moral para hacer

---

36 Zubiri, "La persona como forma de realidad: personeidad", 120.

37 Zubiri, "La persona como forma de realidad: personeidad", 117.

38 Zubiri, *El hombre y Dios*, 48.

39 Como se advierte, el lenguaje zubiriano puede desdibujar lo que quiere expresar. Al decir que la persona es 'formalmente suya' podría parecer que sigue manteniendo lo que él mismo ha criticado cuando se perdió el término subsistencia y, por tanto el carácter trascendental de la persona, en cuanto distinta a su dimensión formal.

40 Zubiri, "La persona como forma de realidad: personeidad", 110.

de mí o de mis actos lo que quiera dentro de las posibilidades que poseo. *Se trata de una propiedad en sentido constitutivo.* Yo soy mi propia realidad, sea o no dueño de ella. Y precisamente por serlo, y en la medida en que lo soy, tengo capacidad de decidir. La recíproca, sin embargo, es falsa. El hecho de que una realidad pueda decidir libremente entre sus actos no le confiere el carácter de persona, si esa voluntad no le perteneciera en propiedad. El 'mío' en el sentido de la propiedad, es un mío en el orden de la realidad (trascendental), no en el orden moral o en el orden jurídico.[41]

2.4. Personeidad y personalidad

Para distinguir el carácter primigenio y constitutivo de la persona, a diferencia del desarrollo que va adquiriendo en su vida, Zubiri crea un neologismo distinguiendo entre *personeidad* y personalidad. La personeidad está constituida por lo más profundamente ontológico. La personalidad se deriva del actuar humano. Veamos lo que afirma:

> Ser persona, evidentemente, no es simplemente ser una realidad inteligente y libre. Tampoco consiste en ser sujeto de sus actos. La persona puede ser sujeto, pero es porque es persona, y no al revés. También suele decirse que la razón formal de la persona es la subsistencia. Pero yo no lo creo: la persona es subsistente ciertamente, pero lo es porque es suya. La suidad es la raíz y el carácter formal de la personeidad. La personeidad es inexorablemente el carácter de una realidad subsistente en la medida en que esta realidad es *suya*. Y si su estructura como realidad es subjetual, entonces la persona será sujeto y podrá tener caracteres de voluntad y libertad. Es el caso del hombre.[42]

Como se advierte, el término *personeidad* señala la fuente más profunda del ser del hombre, la raíz de donde nace todo su actuar. Pues bien, en este sentido la personalidad tiene un carácter en cierto modo derivado:

> Si llamamos personeidad a este carácter que tiene la realidad humana en tanto que suya, entonces las modulaciones concretas que esta personeidad va adquiriendo es lo que llamamos personalidad. La personeidad es la forma de realidad; la personalidad es la figura

41 Zubiri, "La persona como forma de realidad: personeidad", 111.

42 Zubiri, *El hombre y Dios*, 49.

según la cual la forma de realidad *se va modelando en sus actos* y en cuanto se va modelando en ellos.[43]

El actuar es derivado de la personeidad. Eso no quiere decir que los actos humanos tengan poca importancia en el ser humano. Con ellos decide sobre su vida. Con ellos modula su propia personeidad. En ese sentido, Zubiri afirma que «la personalidad no es cuestión de psicología ni de antropología empírica, sino de metafísica».[44] No, la personalidad es importante, pero tiene su raíz y fuente en la personeidad. La personalidad depende de la personeidad. Esto tiene implicaciones claras en la bioética. Veamos sus palabras:

El oligofrénico es persona; el concebido, antes de nacer es persona. Son tan personas como cualquiera de nosotros. En este sentido la palabra persona significa [...] un carácter de sus estructuras, y como tal es un punto de partida. Porque sería imposible que tuviera personalidad quien no fuera ya estructuralmente persona. Y sin embargo no deja de ser persona porque ésta haya dejado de tener tales o cuales vicisitudes y haya tenido otras distintas. A este carácter estructural de la persona lo denomino *personeidad* a diferencia de la *personalidad*.[45]

La persona trasciende sus actos y tiene frente a ellos una triple función: es agente, autor y actor:

a) Tiene unas *dotes* gracias a las cuales es el *agente* natural de sus actos: anda, come, ve, piensa, siente, quiere.
b) Hay otra dimensión por la cual el hombre es *autor* de sus actos; no de todos, por lo menos en el sentido de libres, pero es autor en sentido eminente cuando opta por unos actos o por otros, por una o por otra manera de ser.
c) el hombre, además, se encuentra inexorablemente inscrito en una trama de la realidad de la que no es dueño, por lo que no es ni agente ni autor, es *actor* de una vida. Se encuentra ante unas determinadas circunstancias históricas, sociales, incluso internas, en virtud de las cuales decimos que le ha tocado un cierto papel en la vida.[46]

43 Zubiri, *El hombre y Dios*, 49-50.

44 Zubiri, *El hombre y Dios*, 50.

45 Zubiri, "La persona como forma de realidad: personeidad", 113.

46 Cf. Zubiri, "La persona como forma de realidad: personeidad", 125-126.

2.5. Incorporación de la relacionalidad interna de la persona

Siguiendo la filosofía contemporánea, Zubiri afirma que la persona es «ser-con», que inicia Heidegger, «ser-para» en Levinas, o «realidad-con», y analiza el significado de estas expresiones. La vida de la persona se realiza con las cosas y las personas. El «con» es una estructura de la vida personal.

> El hombre ejecuta los actos de su vida con las cosas, con los demás hombres y consigo mismo. *Este 'con'* (*con* las cosas, *con* los demás hombres, *con*-migo mismo) *no es un añadido*, una relación extrínseca que se añade al hombre en el ejercicio de su vida. Esto sería absolutamente quimérico. Es algo mucho más radical. El 'con' *es un momento* formal de la misma vida, y por tanto *de la sustantividad humana en su dinamismo vital*».[47]

Como se observa, su análisis de *ser-con* comienza por el dinamismo vital, señalando que es algo interno y radical, porque el hombre no sólo hace su vida 'con' las cosas, con los demás y con-sigo mismo. Después añade un segundo nivel de profundidad: que la persona ejecuta sus actos *desde sí mismo*. El 'desde' es un momento estructural de la sustantividad del hombre, no sólo en tanto que ejecutor de su vida, sino que es algo más hondo: es un momento estructural del 'mí mismo'. Con palabras de Zubiri:

> El hombre no sólo ejecuta sus acciones con las demás cosas, con los demás hombres y consigo mismo, sino que ejecuta sus acciones *desde sí mismo*. [...] El 'desde' no es una relación extrínseca a mí mismo; tampoco es un momento estructural de mi sustantividad como vida. Es algo mucho más hondo, es un momento estructural del 'mí mismo' en cuanto tal.[48]
>
> Cada hombre tiene en sí mismo, en su propio 'sí mismo', y por *razón de sí mismo, algo que concierne a los demás hombres*. Y este 'algo' es un momento estructural de mí mismo. Aquí los demás no funcionan como algo con que hago mi vida, sino como algo que en alguna medida soy yo mismo.[49]

No deja de ser profunda su observación de que en la estructura más profunda de su ser cada persona tiene algo que concierne a los demás. Por otra parte, en la antropología zubiriana distingue entre *comunidad y comunión*. La persona

47 Xavier Zubiri, *Estructura dinámica de la realidad* (Madrid: Alianza, 1989), 225-226.

48 Zubiri, *Estructura dinámica de la realidad*, 225-226.

49 Zubiri, *Estructura dinámica de la realidad*, 251.

está afectada por los demás en tanto que otros, y de ellos recibe ayuda, educación, convivencia social y compañía. A esto le llama *comunidad*, distinguiendo entre pluralidad, colectividad e institución. De este modo convive con los demás y se organiza socialmente. Pero, además, la convivencia con los demás puede dirigirse *al carácter que las personas tienen en tanto que persona*. Esto da lugar a la *comunión de personas*, afirmando que las personas no se organizan, se compenetran. Y mediante la compenetración obtienen un tipo de unidad superior,[50] que se da en la amistad y fundamentalmente en el amor sexual.[51]

3. Aportaciones de la *Antropología trascendental* de Leonardo Polo

Tengo que confesar que hablar de Polo ante personas que lo han estudiado a fondo, me da cierto pudor. Polo ha escrito mucho sobre la persona y lo hace desde muchas perspectivas, que pienso que habría que estudiar más a fondo. Por mi parte, voy a señalar sólo algunos aspectos, los más destacados de lo que he aprendido de él.

3.1. La distinción entre los niveles ontológicos

Como es sabido, Polo parte su andadura filosófica desde el redescubrimiento tomista de la distinción entre la esencia y el acto de ser. Pero no se conforma con repetirla, sino que la desarrolla. Y descubre un método para distinguir entre el acto del ser del cosmos y su esencia, del acto del ser del hombre y su esencia. No voy a entrar en su método: lo que quiero destacar aquí es que, desde mi punto de vista, una de sus principales aportaciones es haber distinguido entre los niveles ontológicos. Es decir, no es lo mismo el acto de ser cosmos, que el acto del ser del hombre, que el acto de ser de Dios. A él le oí por primera vez que Dios no crea sólo las esencias, siendo el acto de ser una participación en el acto de ser de Dios, sino que Dios también crea 'el acto de ser del cosmos, como el de cada hombre'.

La segunda novedad que me aportó mucha luz es que todo 'el cosmos tiene un solo acto de ser', mientras que cada persona tiene el suyo propio. Esto que aprendí de él, según me han dicho después algunos tomistas, también lo afirmó santo To-

50 Zubiri, *Inteligencia sentiente*, 214: «Pero además al mantenerse como personas, esto es, como realidades relativamente absolutas, entonces los hombres tienen un tipo de unidad superior a la mera sociedad: es la 'comunión personal' con las otras personas en tanto que personas».

51 Cf. Xavier Zubiri, "El hombre, realidad social", en *Sobre el hombre*, 270.

más varias veces, pero no se había transmitido. También lo dice Zubiri en muchos sitios,[52] pero lo leí en Zubiri cuando ya lo sabía por Polo.

Pues bien, esta perspectiva es enormemente clarificadora para profundizar en quién es el hombre. Todo el cosmos es una unidad en sí mismo, con un solo acto de ser, que hace subsistir todas las substancias que contiene. El acto de ser es luz, quizá por eso dice el libro del Génesis que el primer día de la Creación «dijo Dios: "Haya luz". Y hubo luz» (Gn 1,3). Sin embargo, cada persona tiene su propio acto de ser. Polo llama al hombre la segunda creatura. Si volvemos al libro del Génesis, el cap. 2 afirma de un modo simbólico que «el Señor Dios formó al hombre del polvo de la tierra, insufló en sus narices aliento de vida, y el hombre se convirtió en un ser vivo» (Gn 2,7). En esta narración, el acto de ser de cada hombre es 'aliento de Dios', es decir, espíritu: un tipo de luz diferente.

Desde aquí se entiende algo que sorprende a filósofos que se acercan a Polo con una formación clásica, que distinga entre metafísica y antropología,[53] lo que es coherente, porque sus niveles ontológicos son distintos. Por esta razón los términos cosmológicos se quedan cortos para entender al ser humano, cosa que han detectado otros pensadores del siglo XX, entre ellos Karol Wojtyła, del que hablaremos.

3.2. La persona es el acto de ser del hombre

Para Polo la persona es el acto de ser del hombre, al que también se puede llamar espíritu. Dicho de otra manera, cuerpo y alma constituyen la naturaleza que trasmiten los padres, pero el acto de ser que hace a cada uno un 'quién' irrepetible, sólo lo puede dar Dios. Tenemos aquí, pues, una especie de antropología triádica, respecto a la antropología clásica de corte hilemórfico, que responde a lo que dice Pablo de Tarso: «Vuestro ser entero es espíritu, alma y cuerpo» (I Tes 5,23). Sin embargo, para Polo el hombre es ontológicamente dual, de ahí que alma y cuerpo constituyen un solo co-principio respecto al acto de ser humano.

52 Esta afirmación hecha ya en *Sobre la esencia*, p. 171, se repite muchas veces en sus obras, y no sólo refiriéndose a las cosas materiales, sino incluyendo también a los seres vivos, excepto el hombre, sobre todo cf. Zubiri, *Estructura dinámica de la realidad*, 50; 90-91; 98; 100; 201.

53 Cf., entre otros lugares, Leonardo Polo, "La distinción entre la Antropología y la Metafísica", en *Obras Completas*, XXVI (Pamplona: EUNSA, 2011), 283-296. Que la antropología es también una ciencia primera no derivada de la metafísica lo defienden, desde otra perspectiva, más autores: Juan Manuel Burgos, *Personalismo y Metafísica. ¿Es el Personalismo una ciencia primera?* (Madrid: Univ. de San Dámaso, 2021).

El cosmos y la persona se distinguen tanto en su esencia como en su acto de ser, porque el acto de ser del hombre es libre y su naturaleza es capaz de hábitos.[54] Es interesante cómo Polo rescata, poniéndola en su sitio, lo que de verdad tiene Sartre, que la esencia está al final, porque para Polo lo que el hombre recibe al nacer es su persona y su naturaleza, que mediante los hábitos se va convirtiendo en esencia, por eso cada uno tiene la suya, y será lo que sea al final de su vida. A diferencia del cosmos, el ser humano es capaz de creatividad, crecimiento y progreso. En definitiva, 'el acto de ser del cosmos (que es uno) es distinto del acto de ser de cada hombre', y su esencia está enclavada en leyes, mientras que la humana, como decía Zubiri, es una esencia abierta, que siempre puede ir creciendo.

Polo describe a la persona humana con un adverbio: 'además'. Adverbio difícil de explicar, según reconoce él mismo, pero sus palabras no dejan de ser muy sugerentes:

> Ser persona creada se distingue del Ser Originario, que es exclusivamente Dios, y del ser como persistencia, que no es persona. Para ser persona humana es menester ser *además*. Ser además cumple todas las condiciones del ser creado, pero no como persistencia, sino *añadiéndose*. Persistir significa no dejar que aparezca la nada; ser *además* es abrirse íntimamente a ser sobrando, alcanzándose: más que persistir, *significa acompañar, intimidad, co-ser, co-existir*.[55]

Las expresiones acompañar, intimidad, co-ser, co-existir, nos trasladan a la siguiente aportación característica de la persona en Polo: la persona no puede ser sola.

3.3. La persona no es sola, única: co-ser, co-existir

La antropología lleva tiempo repensando la noción de persona, cuestión difícil.[56] Una tarea pendiente es recuperar los dos rasgos que sobre ella descubrieron los

54 Cf. Leonardo Polo, "La distinción real en el universo material y en el hombre", en *La esencia del hombre* (Pamplona: EUNSA, 2011), 62-65.

55 Leonardo Polo, "Antropología trascendental I", en *Obras Completas*, XV (Pamplona: EUNSA, 2016), 162.

56 Cf. Blanca Castilla de Cortázar, "Noción de persona y antropología trascendental. Si el alma separada es o no persona, si la persona es el todo o el esse del hombre: de Boecio a Polo", *Colloquia. Revista de Pensamiento y Cultura* 5 (2018): 53-78. https://colloquia.uhemisferios.edu.ec/index.php/colloquia/article/view/63/56. Versión inglesa en *Journal of Polian Studies* 4 (2017) 81-117.

Padres Capadocios al describirla como 'relación subsistente', descripción que en nuestra tradición sólo se ha aplicado a las personas divinas. Polo afirma en diversos lugares: «Cuando se trata de la persona hay que decir que propiamente hablando no es ser, sino que es *ser-con: coexistencia*».[57]

Con esta fórmula Polo recupera, en cierto modo, los dos elementos capadocios, puesto que con ella describe el acto de ser del hombre -otro nombre de la subsistencia-, añadiendo en el 'co' inicial la relacionalidad. Y la primera implicación del 'ser-con' es que la persona no puede ser persona única, cuestión que Polo describe con rotundidad. Digámoslo con sus palabras:

> La persona fue inicialmente un tema teológico. Respecto del hombre yo creo que no se han aprovechado todas las virtualidades que tiene. Ante todo, ésta: una persona sola es imposible, absolutamente imposible.[58]
>
> La noción de persona humana única es un contrasentido. No es simplemente un hecho de experiencia: que somos muchos; no es eso. Es que una sola persona humana es un *absurdo*; no una *contradicción*: es *imposible*. [...] Esto es lo que yo suelo llamar *coexistencia*.[59]
>
> Coexistencia no significa que uno primero sea uno mismo y después se relacione con otros; coexistencia significa que la persona es de índole dialógica, no monológica. La persona está abierta radicalmente a otras y, en definitiva, está abierta a Dios personal.[60] El hombre, sin los demás, ¿qué es? Nada. El hombre es un ser personal radicalmente familiar. [...] Si no lo fuera, sería inevitable la idea de degradación ontológica: la persona se encontraría tan sólo con lo inferior a ella. Si no encuentra al "igual" a ella, no es persona».[61] «No tiene sentido una persona única. Las personas son irreductibles; pero la irreductibilidad de la persona [...] no es aislante.[62]

Un *absurdo*, una *contradicción*, un *imposible, no ser persona, ser nada*: no se pueden utilizar palabras más claras y radicales para expresar la importancia de no ser sólo, pues la persona no tendría con quién comunicarse, ni a quién darse,[63] a quién destinarse, como a él le gustaba decir. De aquí que la intersubjetividad sea

57 Leonardo Polo, "Planteamiento de la Antropología trascendental", en *Obras Completas*, XXVI: *Escritos menores (2001-2014)* (Pamplona: EUNSA, 2017), 60.

58 Polo, "Planteamiento de la Antropología trascendental", 61.

59 Polo, "Planteamiento de la Antropología trascendental", 60.

60 Polo, "Planteamiento de la Antropología trascendental", 60-61.

61 Leonardo Polo, "Libertas transcendentalis", en *Persona y libertad* (Pamplona: EUNSA, 2007), 253.

62 Leonardo Polo, "Presente y futuro del hombre", en *Obras Completas*, X (Pamplona: EUNSA, 2016), 356.

63 Cf. Polo, "Libertas transcendentalis", 253.

originaria, primordial, indeducible. En definitiva, como ya hemos avanzado, así como los Capadocios describieron la persona divina como relación subsistente, de alguna manera la persona humana también es una subsistencia abierta y, por tanto, relacional, desde su propio acto de ser, lo que implica que: «Las relaciones no se establecen a partir de las personas; o lo que es igual, éstas no pre-existen a las relaciones. Se trata de relaciones personales (subsistentes), no de subsistencias que se relacionen».[64]

3.4. Filiación, intimidad y trascendentales de la persona

Desde la persona como coexistencia, Polo hace un desarrollo de gran interés filosófico sobre la filiación.[65] Al nacer recibimos un acto de ser personal con una estructura familiar,[66] que consiste, en primer lugar, en 'la filiación'. Ser persona es ser hijo de Dios, que nos dona el ser, y de nuestros padres, que nos transmiten la naturaleza. Ser hijo es una estructura intrínseca de la persona humana, que a su vez constituye también una dimensión importante de la imagen de Dios.

A propósito de la filiación, Polo desarrolla al menos una dimensión de la intimidad, en cuanto relación de origen,[67] en la que no me voy a detener. Sin embargo, la filiación no agota ni la imagen de Dios ni la estructura personal. En ese caso seríamos imagen sólo de una Persona divina: del Hijo Unigénito. Sin embargo, sólo el varón puede ser padre y en él se presenta también una imagen de la paternidad divina, la primera Persona. Lo cierto es que somos algo más que hijos. Hay otra característica con la que se nace: ser varón o ser mujer. Realidad poco pensada, pero clave para la antropología.

Tampoco me voy a detener en otra dimensión de la antropología poliana, muy característica de él, pero que es más conocida: los trascendentales antropológicos. La cuestión es diáfana: si el acto de ser del cosmos no es igual que el acto de ser del hombre, la co-existencia puede tener unas características propias que no tiene el primero. Cuestión que aparece al estudiar los trascendentales verdad y bien, que

64 Leonardo Polo, "El Ser, I: la existencia extramental", en *Obras Completas*, III, 3a. ed. (Pamplona: EUNSA, 2015), 232.

65 Cf. Leonardo Polo, "El hombre como hijo", en *Obras Completas*, XVI: *Escritos menores (1991-2000)* (Pamplona: EUNSA, 2017), 157-166.

66 Cf. Blanca Castilla de Cortázar, "La persona y su estructura familiar", en *Estudios sobre la Enc. Centesimus Annus*, F. Fernández (ed.) (Madrid: Unión Editorial, 1992), 199-226.

67 Cf. Leonardo Polo, "La persona humana como relación en el origen", en *Obras Completas*, XXVI: *Escritos menores (2001-2014)* (Pamplona: EUNSA, 2017), 183-199.

son relativos: el ser en relación con la inteligencia o con la voluntad. La inteligencia y la voluntad no pertenecen al cosmos, sino al hombre. Y aunque han sido interpretadas en la tradición como potencias de la naturaleza humana, inteligencia y libertad bien podrían ser y son características del acto de ser del hombre. Esta es la propuesta de Polo, que también se encuentra, de otra manera, en Zubiri.

Entre los trascendentales antropológicos que estudia Polo está también el amor: un trascendental peculiar, porque en él se ve de una manera nítida que la persona no puede ser sola. Para amar, al menos tiene que haber otra persona, la amada, que es la que realmente hace que el amante sea tal, al aceptar y corresponder a su amor. En realidad, el amor, como el don, es una realidad triádica: amante, amado, amor; dar, aceptar, don.

3.5. Búsqueda de la díada trascendental

Ahora bien, Polo tenía la convicción de que la persona humana no es trina, porque eso sólo lo es Dios. En este sentido dice: «La persona humana no es trinitaria. Cabe llamarla dual en tanto que coexiste».[68]

Esta era una de las cuestiones que más le interesaron al final de su vida. Intuía que de un modo parecido a como en Dios es trascendental el tres, en el hombre lo trascendental es la diferencia dual. De hecho, proponía la díada como riqueza, *versus* Platón y Plotino, que la consideraban pobreza o degradación ontológica:

> A diferencia de lo que pensaba Platón, la díada tiene valor trascendental, y como tal es una ganancia: es superior al *mónon*. El monismo es un lastre de la metafísica que en antropología es preciso controlar. Sólo entonces se puede empezar la antropología trascendental. Coexistencia implica dualidad. Si se admite el prestigio del ser único, desde el monismo, la dualidad es imperfección. Y hay que derivarla del *mónon*. Para Plotino la pluralidad es algo así como la descompresión, o disipación del uno.[69]

De ahí que Polo admitiera que uno de los trascendentales más afectados por la ampliación ontológica de la antropología que proponía era la Unidad, porque no puede ser concebida ni como *mónon*, como lo hace el platonismo, ni como un todo, al estilo hegeliano. Sin embargo, admitía que era difícil de pensar. En efecto,

68 Leonardo Polo, "Antropología trascendental II, La esencia de la persona humana", en *Obras Completas*, XV (Pamplona: EUNSA, 2016), 294, nota 40.

69 Polo, *Presente y futuro del hombre*, 348.

> Si la persona humana no es única, sino que hay una pluralidad de personas, lo difícil es pensar esa pluralidad en tanto que hondamente radical. [...] Para pensar a fondo al *ser humano*, no hay más remedio que decir que no puede ser único; y que por lo tanto *sólo es humano si tiene que ver con otros seres humanos*.[70]

En efecto, la verdadera dificultad es pensar la compañía como hondamente radical, pensar más a fondo el ser-con, y que el ser humano es relacional ontológicamente. Porque cada uno nace solo: no lleva dentro de él una réplica, como afirma don Leonardo. La réplica hay que buscarla, hay que encontrarla.[71] Lo cierto es que pensar la pluralidad como hondamente radical, supone afirmar que la persona es ontológicamente relacional. En otras palabras, la persona no sólo está en relación, su tener que ver con otro/os no es sólo fruto de las relaciones empíricas que cada uno establece en su existencia, sino que tiene que ver con un enclave ontológico, impreso por el Creador 'desde el principio'Eso requiere pensar en el hombre, y no sólo en Dios, la diferencia como primera. En este sentido plantea: «La dualidad trascendental es amar-aceptar. [...] el tercer miembro de la estructura donal –el don, el amor– no es un trascendental de la persona humana».[72]

La cuestión, al menos para mí, es evidente: en Dios hay tres personas distintas, mientras que el ser humano es originariamente sólo dos.

Pues bien, hasta aquí llega Polo. En una ocasión tuve la oportunidad de plantearle que, ya que estaba desarrollando una antropología trascendental y dual, ¿por qué no pensaba a fondo la diferencia varón-mujer, que era dual, originaria, creacional, indeducible? Y después de una broma, me dijo que nunca lo había pensado y que ya no le daba tiempo, porque entre otras cosas tenía aún sin escribir muchas cosas que sí había pensado. Sin embargo, algo ya debió pensar, porque escribe: «Se puede decir que hay dos tipos de seres humanos: el hombre-varón y la mujer, porque la diferencia sexual es mucho más acentuada en nuestra especie que en las otras, *pues tiene connotaciones espirituales*».[73]

---

70 Polo, "Planteamiento de la Antropología trascendental", 60.

71 «La co-existencia carece de réplica. Sin embargo, como esa carencia no es compatible con que la persona se aísle, *la réplica se busca*»: Polo, "Antropología trascendental II", 12. Aunque no está tan claro qué entiende Polo por réplica, porque en otro lugar afirma: «Por ser imposible buscar la réplica en otra persona humana, se ha hablado de tipos de co-existencia»: "Antropología trascendental I", 239. Lo que está claro es la dificultad que encuentra en pensar la co-existencia como hondamente radical. Es decir, explicar el ser-con, que es el acto de ser humano.

72 Polo, "Antropología trascendental II", 23.

73 Leonardo Polo, Ética. Hacia una versión moderna de los temas clásicos (Madrid: Unión Editorial, 1997), 75.

Pero no avanza en el desarrollo de dichas connotaciones espirituales hacia el ámbito estrictamente personal o trascendental, pues su noción de tipicidad se restringe al ámbito de la esencia, como una modalización de la especie desde el punto de vista sociológico.[74] En resumen, don Leonardo afirma que la unidad trascendental no puede ser monolítica, que la persona es el acto de ser del hombre –que le hace ser hijo de Dios–, que dicho acto de ser es un ser-con, ontológicamente abierto, que no puede ser persona única, por lo que cabe llamarla dual, y que la diferencia sexual acoge connotaciones espirituales. Se trata de importantes aportaciones que dejan abiertas vías de interés. Y, aunque se podría decir que se queda a las puertas de la ampliación antropológica que va a proponer Juan Pablo II, cabría decir que ha dejado elaborados los presupuestos que permitirán afortunadamente, a la postre, desarrollarla.

4. Convicciones de Karol Wojtyła

Son pocos los pensadores que han profundizado en la diferencia sexual en el marco de la persona, y las tesis más profundas pertenecen a Karol Wojtyła. Su pensamiento viene a desentrañar un texto del magisterio según el cual la sexualidad humana «determina la identidad propia de la persona» y «esa distinción se ordena no sólo a la generación, sino a la *comunión de personas*».[75] Advirtamos que tanto 'la identidad personal como la comunión de personas' son dos dimensiones trascendentales. Trascendental en el sentido filosófico, en el orden del ser en cuanto distinto de la esencia.

Karol Wojtyła no deja de repensar que la persona humana surge radicalmente del misterio de Dios como varón o mujer, lo que está unido a su auténtica dignidad de personas.[76] Llegó a afirmar que «la sexualidad humana es algo más grande de lo que imagináis»,[77] pues tenía la convicción de que la unidad en la comunión de personas –varón y mujer– es un icono de la vida interior de Dios.[78] En diversas ocasiones, expuso:

---

74 Cf. Polo, *La esencia del hombre*, 139-148

75 Congregación para la Doctrina de la Fe, *Declaración Inter insigniores, sobre la misión de la mujer en la Iglesia* (Madrid: BAC, 1978), 53, n. 5.

76 Cf. Juan Pablo II, *Carta a las Familias*, n. 8.

77 George Weigel, *Biografía de Juan Pablo II. Testigo de esperanza* (Barcelona: Plaza & Janés, 1999), 465.

78 Cf. Weigel, *Biografía de Juan Pablo II*, 465.

> Los fundamentos antropológicos y teológicos tienen necesidad de profundos estudios para resolver los problemas relativos al verdadero significado y a la dignidad de los dos sexos [...] para *precisar la identidad personal propia de la mujer en su relación de diferencia y de recíproca complementariedad con el varón*, no sólo por lo que se refiere a los papeles a asumir y las funciones a desempeñar, sino también, y más profundamente, por lo que se refiere a *su estructura y a su significado personal*».[79]

Afirmar que lo más importante es la estructura y el significado personal del varón y la mujer, es plantear la pregunta en el ámbito trascendental. Pero repasemos primero sus principales convicciones respecto a la persona.

4.1. La persona fin en sí misma, pero no para sí misma

En *Amor y responsabilidad* parte de lo mejor que dijo Kant en su ética: que el hombre es fin en sí mismo y no puede ser utilizado como medio, sino siempre como fin. Eso le sirve para oponerse al utilitarismo y promover la dignidad de cada persona, que es y debe ser amada por sí misma, sobre todo en las relaciones sexuales. Sin embargo, Karol Wojtyła no se queda en esa primera parte, sino que valiéndose de unas palabras del Concilio en la *Gaudium et spes*, que no se cansa de repetir y que posiblemente introdujo él, «el hombre, *única creatura del universo a la que Dios ha amado por sí misma*, no puede encontrar su propia plenitud, si no es *en la entrega sincera* de sí mismo a los demás».[80] En consecuencia, la persona, que es fin en sí misma, no lo es para sí misma: el fin de una persona siempre es otra persona. De aquí la importancia del don de sí, que es la clave de toda su antropología.

4.2. La persona como un alguien con interioridad

Otra de sus convicciones es que la persona es incomunicable, como afirmaban los medievales, que para él es sinónimo de inalienable:

> Inalienable, lo que está en relación estrecha con su interioridad, su autodeterminación, su libre arbitrio. No hay nadie que pueda querer en lugar mío. No hay nadie que pueda reemplazar mi acto voluntario por el suyo. Yo puedo no querer lo que el otro desea que

79 Juan Pablo II, *Exhort. Apost. Christifideles laici*, n. 50.

80 Concilio Vaticano II (1962-1965), *Constitución Gaudium et spes*, n. 24.

yo quiera. Yo soy y yo he de ser independiente en mis actos. *Sobre este principio descansa toda la coexistencia humana*; la educación y la cultura se reducen a este principio.[81]

En este texto tenemos varios elementos de valor: que cada persona es inalienable, lo que tiene que ver con su interioridad y su libertad, que es incomunicable. Y añade un término central de la antropología de Polo como es la coexistencia. De aquí que, tanto para medievales, como para Zubiri, Polo o Wojtyła lo que caracteriza a la persona es su intimidad.

Por otra parte, en obra *Persona y acción* tiene dos páginas emblemáticas, cuando supera la definición clásica de Boecio como *suppositum* o 'individuo', calificando a la persona como un 'alguien':

> En la noción de persona, afirma, se incluye algo más que en la de *individuum*, persona es algo más que naturaleza individualizada. [...] Es una plenitud que no consiste sólo en ser concreta [...]. El lenguaje corriente dispone de un pronombre lapidario y expresivo a la vez: la persona es un *alguien*. [...] La persona es un sujeto que existe y actúa, pero con esta nota, que su existencia (*esse*) es personal, y no tan sólo individual.[82]

Es ilustrativo que califique la existencia humana como *esse*: lo aclara entre paréntesis. En otros lugares dice que en el hombre se halla una singular plenitud del ser: «¿Quién es el hombre?, pregunta. Si el libro del *Génesis*, al inicio, dice que es imagen y semejanza de Dios, significa que en el hombre se halla la *singular plenitud del ser*».[83] De aquí que Angelo Scola, uno de sus principales estudiosos, ha concluido que su pensamiento está pidiendo una ontología peculiar para la antropología.[84]

Resumiendo, su concepción sobre la persona, se podría decir que es el núcleo interior del cual nacen sus acciones. 'La persona es dueña de sí', «un quién que se

81 Karol Wojtyła, *Amor y responsabilidad* (Madrid: Palabra, 2013), 16: «Los filósofos latinos la definían diciendo que la persona es *alteri incommunicabilis*, intransmisible, intransferible. No tratamos aquí de subrayar que la persona es siempre un ser único y sin equivalente, porque tal cosa también puede afirmarse de cualquier otro ser: animal, planta o piedra. El que la persona sea intransmisible o intransferible se halla estrechamente relacionado con su interioridad, su autodeterminación, su libre albedrío».

82 Karol Wojtyła, *Persona y acción* (Madrid: Palabra, 2011), 129-130.

83 Juan Pablo II, "El don desinteresado", n. 2, en *AAS*, 98, t. III (2006, 628-638, en polaco). Trad. esp.: *Como Jesús* (Madrid: Palabra, 2015), 263-277.

84 Cf. Angelo Scola, *La experiencia humana elemental. La veta profunda del magisterio de Juan Pablo II* (Madrid: Encuentro, 2005), 133-135.

posee a sí mismo»[85] -lo que los medievales expresaban con la proposición: «persona est sui iuris»-, tiene derecho a la autodeterminación y 'nadie puede poseerla a menos que se entregue'. Ahí radica su dignidad.

4.3. La intimidad y la 'hermenéutica del don'

Aunque sea brevemente, es preciso recordar que Karol Wojtyła profundiza en la intimidad humana a través de una peculiar hermenéutica fenomenológica, de singular penetración, de tres experiencias originarias que tuvieron el primer varón y la primera mujer, 'al principio', cuando fueron creados. Se trata de la experiencia de la soledad, la de la unidad y la de la desnudez.

En la primera, a solas con Dios y frente al Edén -en donde no se encontraba compañía adecuada en ninguno de los seres animales- la intimidad se describe como un acto de autoconocimiento y también de autodeterminación, puesto que Dios les dio al menos un precepto: no comer del árbol del conocimiento del bien y del mal.

En la segunda experiencia, la de la unidad, la de la compañía, que comienza cuando Dios mismo dice: «No es bueno que el hombre esté solo», y a través de la parábola Yahvista se describe la creación de la mujer durante el sueño de Adam: describe con mucha precisión que el hombre no puede vivir y ser, 'sino en relación con otro humano'. Y la tercera, es la experiencia de la desnudez, pues estaban desnudos y no sentían vergüenza, penetra en la inocencia, en definitiva, en la conciencia.

Para poder entender el fondo de dichas experiencias, en el origen, Juan Pablo II introduce una peculiar hermenéutica, la 'hermenéutica del don', que da sentido también a la creación misma del ser humano, porque crear, afirma, también es un don:

> Conviene dirigirse de nuevo [...] a la palabra "creó", al sujeto "Creador", introduciendo en las consideraciones hasta ahora hechas una nueva dimensión, un nuevo criterio de comprensión e interpretación, que llamaremos "hermenéutica del don". La dimensión del don decide sobre la verdad esencial y sobre la profundidad del significado de la originaria soledad-unidad-desnudez. Ella está también en el corazón mismo de la creación, que nos

85 Wojtyła, *Persona y acción*, 168.

permite construir la teología del cuerpo "desde el principio", pero exige, al mismo tiempo, que la construyamos de este modo.[86]

No es este el lugar de explayarse en dichas experiencias que, por otra parte, no son sólo originarias, sino que de algún modo cada hombre las lleva en lo profundo de la experiencia del propio ser.[87] Y quizá no sólo como nostalgia, sino como anhelo, constituyendo lo que en otros lugares denomina como experiencia humana elemental.[88] Es decir, no pertenecen sólo al pasado prehistórico, sino que son como un anhelo que toda persona lleva dentro; lo que la tradición expresaba como *inclinatio naturalis*. La base interior que da lugar al *ethos*, al que hace tantas veces referencia, y podríamos decir que en el fondo se está refiriendo a la intimidad de la conciencia.

Y tras referirme a esas descripciones, lo que deseaba recordar es el empeño del papa filósofo por traducirlas a un lenguaje estrictamente filosófico, siendo bien consciente de que la experiencia no es suficiente ni para obrar el bien ni para evangelizar,[89] incluso más teniendo en cuenta el confuso ambiente cultural que vivimos, moldeado por las ideologías. Por eso afirma:

> Un gran reto que tenemos al final de este milenio es el de saber realizar el paso, tan necesario como urgente, *del fenómeno al fundamento. No es posible detenerse en la sola experiencia*; incluso cuando ésta expresa y pone de manifiesto la interioridad del hombre y su espiritualidad, es necesario que la reflexión especulativa llegue hasta su naturaleza espiritual y el fundamento en que se apoya.[90]

86 Juan Pablo II, *Audiencia General*, 02-01-1980, n. 2.

87 Juan Pablo II, *Audiencia General*, 13-01-1982, n. 2.

88 Cf. Scola, *La experiencia humana elemental*.

89 Juan Pablo II, *Enc. Fides et ratio*, n. 103: «A la vez que no me canso de recordar la urgencia de una nueva evangelización, me dirijo a los filósofos para que *profundicen en las dimensiones de la verdad, del bien y de la belleza*, a las que conduce la palabra de Dios. Esto es más *urgente* aún, si se consideran los retos que el nuevo milenio trae consigo y que afectan de modo particular a las regiones y culturas de antigua tradición cristiana. Esta atención debe considerarse también como una *aportación fundamental* y *original* en el camino de la nueva evangelización».

90 Juan Pablo II, *Fides et ratio*, n. 83. Y añade: «Un pensamiento filosófico que rechazase cualquier apertura metafísica sería radicalmente inadecuado para desempeñar un papel de mediación en la comprensión de la Revelación».

4.4. El cuerpo: expresión de la persona con significado esponsal

Otra de sus convicciones, que paso simplemente a nombrar, expresada por primera vez en *Persona y acción* es que «el cuerpo es expresión de la persona».[91] Esto es congruente si se piensa, como ha dicho, que la persona es el *esse*. Si el cuerpo es actualizado por el *esse* personal, hace visible (expresa) a la persona.

Y, algo más original, a través de la masculinidad y de la feminidad que se descubren a través del cuerpo, descubre en dicha diferencia un 'significado esponsal' –tesis que vertebra su teología del cuerpo–, en el sentido de que permite reconocer que su poseedor es una persona («ésta sí es carne de mi carne», Gn 2,23) y es capaz de expresar el amor, de dos formas distintas:

> La conciencia del significado esponsal del cuerpo, vinculado a la masculinidad-feminidad del hombre [...] indica una capacidad particular de expresar el amor, en el que el hombre se convierte en don; por otro [lado], le corresponde la capacidad y la profunda disponibilidad para la "afirmación de la persona"; esto es, literalmente, la capacidad de vivir el hecho de que el otro —la mujer para el varón y el varón para la mujer— es, por medio del cuerpo, alguien a quien ha querido el Creador "por sí mismo", es decir, único e irrepetible: alguien elegido por el Amor eterno.[92]

4.5. El sexo es transversal y constitutivo de la persona

Entrando ya en su reflexión sobre el varón y la mujer, por una parte, describe la transversalidad de la sexualidad como una riqueza: «La sexualidad es una riqueza de toda la persona –cuerpo, sentimiento y espíritu–, que manifiesta su significado íntimo al llevar a la persona hacia el don de sí misma en el amor».[93]

La naturaleza ya originariamente la recibimos diferenciada sexualmente. En efecto, como descubre la ciencia, la diferencia sexual (sexuada) está presente en todas las dimensiones del cuerpo (desde cada célula XX-XY) y de la psicología: es decir, lo tiñe todo. Además, Juan Pablo II añade la dimensión espiritual, porque

91 Wojtyła, *Persona y acción*, 296.

92 Cf. Juan Pablo II, *Audiencia General*, 16-01-1980, n. 4; cf. *Varón y mujer. Teología del cuerpo I*, 8a. ed. (Madrid: Palabra, 2011), 110-111.

93 Juan Pablo II, *Exh. Apost. Familiaris consortio*, n. 37 y *Enc. Evangelium vitae*, n. 97.

su sentido está no tanto en la generación, sino en el don del amor.[94] Pensar qué significado tiene la transversalidad será importante para descubrir el enclave de dicha diferencia, que trasciende la naturaleza y la esencia. Su propia investigación le lleva a afirmar que la diferencia sexual configura la identidad personal, con una tesis que no he encontrado en ningún otro autor y que es radical y trascendental en el sentido filosófico del término:

> El sexo *en cierto sentido es 'constitutivo de la persona' (no sólo 'atributo de la persona')*, [lo que manifiesta] lo profundamente que el hombre, con toda su soledad espiritual, con la unicidad e irrepetibilidad propia de la persona, está constituido por el cuerpo como 'él' o 'ella'.[95]

Si ya desde la ética insistió en no separar sexo y persona, esta es una tesis importante que plantea la diferencia de la dualidad originaria en el orden trascendental, cuestión que el magisterio posterior afirma con nitidez: «Es necesario reiterar la raíz metafísica de la diferencia sexual: de hecho, varón y mujer son las dos formas en que se expresa y se realiza la realidad ontológica de la persona humana».[96]

4.6. Carácter relacional e imagen de Dios de la 'unidad de los dos'

Desde el sexo como constitutivo de la persona se entiende el resto de sus afirmaciones. Por una parte, dicha diferencia en la persona es de 'carácter relacional' e imagen de Dios:

> Penetrando con el pensamiento el conjunto de la descripción del Libro del Génesis 2, 18-25, e interpretándola a la luz de la verdad sobre la imagen y semejanza de Dios (cf. Gn 1,26-27), podemos comprender mejor *en qué consiste el carácter personal del ser humano*, gracias al cual ambos —varón y mujer— son semejantes a Dios. En efecto, cada hombre es imagen de Dios como criatura racional y libre, capaz de conocerlo y amarlo. Leemos además que el hombre no puede existir «solo» (cf. Gn 2,18*); puede existir solamente como "unidad de los dos"* y, por consiguiente, *en relación con otra persona humana*. Se trata de

94 Y no es el único: Vladimir Soloviev habla de tres dimensiones del amor, afirmando que la dimensión espiritual es la más importante y que sin embargo nunca ha sido estudiada. Cf. V. Soloviev, *El sentido del amor*, Evgeny Shishkin y Camila Batista (trad.) (Buenos Aires, 2020), 54-78, artículo 4.

95 Juan Pablo II, *Audiencia General*, 21-11-1979, n.1; cf. *Varón y mujer*, 78.

96 Congregación para la Educación Católica, *Varón y mujer los creó*, 02-02-2019, n. 34.

una relación recíproca, del varón con la mujer y de la mujer con el varón. *Ser persona a imagen y semejanza de Dios comporta también existir en relación al otro "yo"* [...] En la «unidad de los dos» el varón y la mujer son llamados desde su origen no sólo a existir "uno al lado del otro", o simplemente "juntos", sino que son llamados también a existir recíprocamente, "el uno para el otro".[97]

Existir como 'unidad de los dos', es una tesis nueva y original dentro de la antropología teológica en relación con la teología trinitaria,[98] que Juan Pablo II afirma con toda rotundidad:

Esta "unidad de los dos", que es signo de la comunión interpersonal, indica que en la creación del hombre se da también una cierta semejanza con la comunión divina (*communio*). Esta semejanza se da como cualidad del ser personal de ambos, del varón y de la mujer, y al mismo tiempo como una llamada y tarea.[99]

Más adelante, a la diferencia varón-mujer en el ámbito personal, partiendo del cuerpo, también la califica como esponsal. Wojtyła utiliza los términos esposo y esposa, como sinónimos de varón y mujer. Describe al varón —el esposo— como «el que ama para ser amado», y a la mujer –la esposa– «la que acepta el amor, para amar a su vez».[100] Tiene un texto clarísimo al referirse a la mujer:

La mujer representa un valor particular como persona humana y, al mismo tiempo, como aquella persona concreta, *por el hecho de su femineidad*. Esto se refiere a todas y cada una de las mujeres, independientemente del contexto cultural, [...] de sus características espirituales, psíquicas y corporales, [...] o la condición de casada o soltera.[101]

Es decir, para él esponsalidad no es sinónimo de conyugalidad (incluso afirma que el celibato por el reino de los cielos también es esponsal), sino de una forma concreta de amar y de dar, que se complementa con otra. Pues bien, ese significado esponsal que descubre en el cuerpo 'manifiesta a su vez una estructura esponsal

97 Juan Pablo II, *Mulieris dignitatem*, n. 7.

98 Cf. Angelo Scola, "L'imago Dei e la sessualità umana. A proposito di una tesi originale della 'Mulieris dignitatem'," *Anthropotes*, 1 (1992): 61-73.

99 Juan Pablo II, *Mulieris dignitatem*, n. 7.

100 Cf. Juan Pablo II, *Mulieris dignitatem*, n. 29.

101 Juan Pablo II, *Mulieris dignitatem*, n. 29. Poco antes ha dicho que la vocación a la virginidad o al celibato también es esponsal. Es decir, cuando se ama, se ama como el varón o la mujer que cada uno es.

de la persona'. Se trata de una diferencia relacional: ser esposo es distinto a ser esposa: dos modos de amar y de dar que posibilitan la unidad.

Desde el sexo como constitutivo de la persona, adquieren sentido sus afirmaciones sobre la complementariedad:

> La mujer es el complemento del varón, como el varón es el complemento de la mujer: mujer y varón son entre sí *complementarios*.[102]
>
> *La maternidad implica necesariamente la paternidad y, recíprocamente, la paternidad implica necesariamente la maternidad*: es el fruto de la dualidad, concedida por el Creador al ser humano desde el principio.[103]

Más aún, Juan Pablo II amplía la complementariedad de esa dualidad concedida por el Creador al plano personal y ontológico, afirmando en 1995: «[Varón y mujer] son complementarios no sólo biológica y psicológicamente sino, sobre todo, desde el punto de vista ontológico».[104]

Y, por si hubiera alguna duda de lo que está diciendo, especifica que por complementariedad en el ámbito ontológico entiende que son diferentes y complementarios no sólo en «ámbito del obrar, sino *sobre todo [en el] ámbito del ser*».[105] Finalmente, y como conclusión de sus tesis sobre la complementariedad, su afirmación más original y profunda es la de hablar de la 'unidad de los dos', que describe como una «unidualidad relacional».[106]

4.7. La 'unidad de los dos' *versus* el andrógino

La estructura relacional —y esponsal— de la personal sirve para profundizar en algo que es lo más original de su pensamiento: la 'unidad de los dos', que plantea como imagen de la 'unidad de los Tres' en Dios.

Cada uno es una persona completa, siendo la unidad de otro orden ontológico, el del amor, que requiere pluralidad de personas distintas, que se explica por una relacionalidad innata, a la que da el nombre de esponsalidad. La esponsalidad es

102 Juan Pablo II, *Carta a las Mujeres* (1995), n. 7.

103 Juan Pablo II, *Carta a las familias* (1994), n. 7.

104 Juan Pablo II, *Carta a las Mujeres*, n. 7.

105 Juan Pablo II, *Carta a las Mujeres*, n. 7.

106 Juan Pablo II, *Carta a las Mujeres*, n. 8.

una estructura amorosa, innata al ser humano, dual y disyunta, que requiere dos personas en las que cada una tenga un término de la relación.

Esto supone un giro copernicano respecto del andrógino, que tanto ha influido en la tradición en la interpretación del Adam solitario del libro de Génesis, 2. No se trata de uno dividido en dos, sino justo al revés de DOS que se hacen UNO, con una unidad de un orden superior —porque pueden hacer entre los dos lo que cada uno no puede hacer por separado—, que no sólo respeta, sino que exige que cada cual a su nivel sea un ser completo.

5. Síntesis conclusiva y propuestas

En definitiva, mi resumen en torno a la persona es el siguiente: las dos peculiaridades más decisivas de la persona se presentan como aparentemente incompatibles: 1) su irrepetibilidad, que los clásicos denominaban incomunicabilidad,[107] por lo que cada persona es un 'quién' y no simplemente un 'qué'. Y 2) su apertura y relación con los demás, es decir, su máxima comunicabilidad destinada al conocimiento y al amor. Estos poderes de libertad y relacionalidad suponen una dignidad ontológica de una categoría muy superior al resto de los seres del cosmos. Su estatuto ontológico está más allá de la división del ente en categorías, y más allá de la composición hilemórfica. Tiene que ver con lo que los clásicos denominaron el nivel de la subsistencia, nivel de la trascendentalidad; otros hacen referencia a él como el nivel ontológico, y viene a ser el acto de ser que cada persona tiene en propiedad.

La persona es el núcleo interior de cada cual, del que nacen sus acciones, pero no se confunde entera, completa y definitivamente con ellas. La persona es el acto de ser que nos constituye en un 'quién' único e irrepetible. Es un don recibido —nadie se lo puede dar a sí mismo: no hay autogeneración—, pero para que sea propiedad de quien lo recibe y nadie más tiene derecho de propiedad sobre él. Ese es otro modo de hablar de libertad en sentido radical, de libertad trascendental, que no sólo libre arbitrio —escoger entre el bien y el mal—, sino más profundamente un poder de autoposesión, autodeterminación e innata creatividad.

Finalmente, estoy completamente de acuerdo con Julián Marías en que no 'hay persona humana sin diferencia sexual'. Según explica, hablar 'de personas sin más

107 Este aspecto de la persona es de una importancia indudable y sigue siendo objeto de estudio. Cf. John F. Crosby, "The incommunicability of human persons", *The Thomist* 57 (1993): 403-442.

es una pura abstracción', puesto que la persona siempre se realiza en forma de varón o en forma de mujer.[108] En palabras suyas:

> No hay nada en lo humano que sea simplemente humano, indiferenciado, neutro. La neutralización es una forma de abandono, de degradación. Lo que en el hombre es neutro es degradación de una de las formas sexuales. O, con otra expresión todavía más clara: lo que en el hombre no es sexuado (no digo sexual), en esa misma medida no es tampoco propiamente humano.[109]

La razón es clara: que dicha distinción corresponde a una relación intrínseca, que no permite conocer a cada uno aisladamente. El símil de las manos es ilustrativo:

> Ni se la puede entender a ella sola, ni al hombre-varón solo. No digo que no puedan o que no deban estar solos, sino que no se les puede entender. Si el varón no está referido a la mujer, no es varón; y si la mujer no está referida al varón, no es mujer. Son como la mano derecha respecto de la izquierda; si no hubiera más que manos izquierdas, no serían izquierdas: la condición de izquierda le viene a la izquierda de la derecha.[110]
>
> El varón y la mujer son recíprocamente *espejos* en que se descubre su condición. Hay un elemento de asombro, condición de todo verdadero conocimiento. [...] El encuentro con otra forma de persona —no ya con otra persona— muestra el contorno de la realidad personal.[111]

Pues ser varón o mujer consiste «en una *referencia recíproca intrínseca*: ser varón es estar referido a la mujer, y ser mujer significa estar referida al varón».[112] Respecto a las propuestas, señalaré esquemáticamente algunas:

5.1. Propuesta de una nueva ampliación de la noción de persona

Tras lo dicho anteriormente en palabras de Julián Marías, parece necesario distinguir entre persona masculina y persona femenina. Si en el siglo XX se ha

108 Cf. Julián Marías, *La mujer en el siglo XX* (Madrid: Alianza, 1980), 95.

109 Marías, *La mujer en el siglo XX*, 158.

110 Julián Marías, *Mapa del mundo personal* (Madrid: Alianza, 1994), 34.

111 Cf. Marías, *La mujer en el siglo XX*, 160.

112 Julián Marías, *La mujer y su sombra* (Madrid: Alianza, 1987), 54.

recuperado la relacionalidad intrínseca, sería preciso introducir en dicha noción los dos nombres distintos que al menos tienen una relación. Esa relación ontológica, según la propuesta de Juan Pablo II, se puede llamar esponsalidad, siendo esposo, sinónimo de varón, y esposa sinónimo de mujer.[113] Para ello es imprescindible distinguir entre esponsalidad y conyugalidad.

5.2. Convergencia de Polo y Wojtyła en cuanto al amor y al don

Encuentro que hay paralelismos y coincidencias en sus planteamientos respecto al don que valdría la pena estudiar, y podría ser fecundo un estudio conjunto de la 'hermenéutica del don' de Juan Pablo II,[114] con el desarrollo del amor como trascendental de Leonardo Polo.[115] En este sentido me permito sugerir que es necesario erradicar los esquemas de actividad-pasividad al describir o explicar los actos donales, al tratarse de dos categorías cosmológicas no adecuadas para la antropología y que, sin embargo, inundan el pensamiento tradicional. Dar y aceptar son dos modos de amar, ambos activos y de la misma categoría.

5.3. Díada trascendental y estructura esponsal de la persona

La díada trascendental que buscaba Leonardo Polo, a mi modo de ver, es una relación en el mismo nivel ontológico, el humano, porque lo que busca es la explicación profunda de por qué una persona no puede ser única, porque, como ya se ha dicho, si no se encuentra con el otro igual a él no es persona.[116] Por tanto, la díada no puede estar en la relación filial entre la persona humana y Dios, pues Dios a su nivel es trinitario y lo que se está buscando es explicar la díada en la

---

113 Juan Pablo II, *Mulieris dignitatem*, n. 29 (entre otros lugares).

114 Juan Pablo II afirma en la *Teología del cuerpo*, desde la *Audiencia General* del 2-01-1980, cuando la nombra por primera vez, que la 'hermenéutica del don' es clave para entender la intimidad humana. Y vuelve sobre ella en muchas ocasiones, sobre todo cuando se refiere a la sexualidad tal y como la explica Freud, afirmando que «el significado esponsal del cuerpo», al que se accede con dicha hermenéutica, «es la antítesis de la libido freudiana»: *Audiencia General*, 29-10-1980, n. 6. Y nunca deja de pensar sobre el don, de lo que da testimonio su escrito póstumo sobre *El don desinteresado*, 8-02-1994. Texto polaco en *AAS*, 98, t. III (2006) 628-638. Trad. esp. *Como Jesús*, M. Leonardi (trad.) (Madrid: Palabra, 2015), 263-277. Recientemente vuelto a publicar bajo el título *Meditación sobre el don*, con un comentario de S. Grygiel, (Madrid: Didaskalos, 2021).

115 Cf. sobre todo Leonardo Polo, *Antropología trascendental I*, en *Obras Completas*, t. XV, 247-259.

116 Cf. Polo, "Libertas transcendentalis", 253.

persona humana. Tampoco puede ser un desdoblarse de uno de los trascendentales personales: la diferencia entre la libertad nativa y la libertad de destinación, según la propuesta de Adam Solomiewich.[117] La díada que buscaba Polo ha de ser entre personas humanas. Además, la díada, si es relacional, ha de ser disyunta: no se pueden ser los dos términos a la vez, ni los términos han de ser dos etapas de un aspecto en el mismo ser. En resumen, considero que la díada es relacional, disyunta y entre personas humanas.

La verdadera díada trascendental, en mi opinión, es la que plantea Juan Pablo II al hablar de la 'unidad de los dos', varón y mujer, en la creación, lo que considera una imagen de la unidad de los tres. Una díada compuesta de dos personas, del mismo rango ontológico, que aparecen simultáneamente en la existencia, y cuya distinción estriba en una relación ontológica, que la Biblia expresa mediante un símbolo o parábola, que no es otra que cuando Dios saca a Eva del costado de Adán, mientras éste duerme. Es decir, Dios no está creando simplemente dos personas, una y otra, sino dos personas relacionadas entre sí, de tal modo que entre los dos constituyen la humanidad al completo, y sólo desde las dos puede proceder el resto de la pluralidad humana.

Teniendo en cuenta que a la relación ontológica que distingue al varón de la mujer Karol Wojtyła la ha denominado esponsalidad, hace falta un estudio filosófico sobre ella, que está sin hacer.

5.4. Las personas distintas se describen con preposiciones

En efecto, son las preposiciones las palabras que describen relaciones. Esto es lo que hace la teología de los Padres Capadocios, introducida en el II Concilio de Constantinopla, para designar la diferencia entre la Persona del Padre, la del Hijo y la del Espíritu Santo (desde, por, en).

Hace tiempo advertí, y lo tengo escrito en varios lugares que, desde la des cripción fenomenológica del acto de procrear, al varón le correspondería la preposición 'desde', y a la mujer la preposición 'en'.[118]

117 Cf. Adam Solomiewicz, "La dualidad radical de la persona humana. Un intento de proseguir la antropología trascendental de L. Polo", *Cuadernos doctorales* 29 (2019-20): 99-103.

118 Entre otros lugares, cf. Castilla de Cortázar, *Dignidad personal y condición sexuada*, 177-192. También se puede encontrar en B. Castilla de Cortázar, *Mujer, ¿Quién eres?*, vol. III (Piura: Universidad de Piura, 2021), cap. 6 (6.6, 6.7, 6.8).

IX
Ser-sujeto
El problema de la libertad positiva

Pilar Fernández Beites

En este volumen sobre *Teorías contemporáneas de la persona*, voy a hacer una breve exposición de la teoría de la persona que yo misma he desarrollado a lo largo de varios años y que se encuadra dentro de una metafísica de corte fenomenológico, inspirada en filósofos como Edmund Husserl, Max Scheler y Xavier Zubiri. Ya en *Tiempo y sujeto* (2010), señalé de modo explícito la necesidad de recuperar en nuestros días la noción de sujeto y, por tanto, la necesidad de elaborar una teoría de la persona. En la introducción de aquel ensayo anunciaba otros dos volúmenes que le darían la necesaria continuación. El primero de ellos es *Dinamismo de la vida moral* (2022), que ha sido publicado recientemente, y ahora estoy trabajando en el tercer y último volumen referente a la vida afectiva, que también tendré en cuenta en la presente exposición.

La pregunta que debe ser respondida en los capítulos de esta obra reza así: ¿quién es el hombre y en qué consiste su carácter personal? Por mi parte, voy a entender al hombre como un sujeto encarnado y defenderé que su carácter personal consiste en su subjetividad, en su ser-sujeto. El ser encarnado del hombre, su corporalidad salta a la vista y, sin duda, constituye una característica esencial del hombre. Pero, en mi opinión, el carácter personal del ser humano no lo proporciona el cuerpo, no lo proporcionan los genes o un cerebro máximamente evolucionado, sino esa otra dimensión del hombre que consiste en el ser un sujeto, un sujeto singular, que existe aquí y ahora. Esta dimensión subjetiva ha sido eliminada por las teorías naturalistas de corte cientificista, que son las hegemónicas en el pensamiento actual, y por ello quiero recuperarla en mi ensayo.

Antes de entrar en la teoría del sujeto y explicar qué entiendo por sujeto o por persona, me gustaría, sin embargo, decir algo acerca del cuerpo humano, para evitar así posibles malentendidos. Aunque podría parecer que hablar del sujeto implica haber dejado al margen la corporalidad del hombre, sucede, más bien, lo contrario. El sujeto, cuya esencia intentaré desentrañar a lo largo de este escrito, no se puede pensar sin contar con el cuerpo.

El sujeto incluye lo que el fundador de la fenomenología llamaba el 'cuerpo vivido' (*Leib*), que es el cuerpo tal como lo experimentamos a cada momento. Lo vivimos cuando noto mi garganta al tragar o cierta tensión en mi espalda, pero también cuando siento, por ejemplo, el dedo meñique del pie izquierdo; ahora que lo nombro, lo capto de modo atento, pero ya antes formaba parte no atenta de mi cuerpo vivido.

Además, como decía Husserl, el cuerpo vivido se da como idéntico al 'cuerpo objetivo' (*Körper*), que es el cuerpo biológico, el cuerpo del que se ocupan los cirujanos o los neurólogos. El cuerpo objetivo es el que permite la inserción del sujeto en el mundo externo, pues él forma ya parte del mundo: mi cuerpo objetivo está aquí, en contacto con una silla que a su vez se apoya en el suelo de mi despacho y cerca de la estantería que tengo a mi espalda. Si quisiéramos expresar en pocas palabras la relación entre el cuerpo vivido y el objetivo, diríamos que el cuerpo vivido es algo así como la cara subjetiva del 'cuerpo objetivo'; es ese mismo cuerpo objetivo, que está apoyado sobre la silla, pero tal como es experimentado desde dentro.

En mi opinión, una teoría de la persona tiene que tomar muy en serio el cuerpo y, por tanto, el cuerpo objetivo, el cuerpo biológico. Esto exige sostener lo que, desde mi primer libro publicado, *Fenomenología del ser espacial* (1999), denomino un 'realismo trascendental', que afirma la realidad en sentido estricto del mundo externo, en el cual se sitúan los cuerpos biológicos. Mi propuesta va, por tanto, un paso más allá de Husserl, porque él no llega a salir de la reducción trascendental y el mundo queda entonces dentro de los paréntesis reductores, como un correlato noemático del sujeto. Por el contrario, en el realismo trascendental que defiendo, en el que me limito a desarrollar un poco más las descripciones del mismo Husserl, se cuenta ya con la realidad del mundo y, por tanto, del cuerpo objetivo.

Pero tras dejar clara la dimensión corporal del hombre, hay que volver a su dimensión personal: el hombre no es sólo cuerpo, sino que es más que cuerpo. Por ello, en el problema mente-cuerpo, he propuesto una teoría que denomino 'dualismo unitario'. Unitario porque el hombre es una unidad en la que el cuerpo resulta esencial y, sin embargo, he optado por mantener el término 'dualismo', porque creo que lo que hoy se ha perdido de vista es justamente la dimensión dual del hombre, su no ser sólo cuerpo biológico, sino también persona o sujeto.

De ahí el título de este ensayo, donde de primeras se menciona el ser-sujeto. Utilizo esta expresión con guion, para seguir así pensando en ese tipo muy peculiar de ser que es el ser del sujeto. En la filosofía clásica el ser se piensa bajo el modelo de las cosas, de los entes naturales que articulan el mundo que nos rodea y, frente a este ser clásico, que es un ser cósico, necesitamos contar hoy en día con un ser ampliado, que sea capaz de incluir no sólo las cosas del mundo, sino también a los sujetos que viven en ese mundo. Esta ampliación del ser cósico va en la línea que sugería Emmanuel Levinas en *De otro modo que ser o más allá de la esencia.* Pero, por mi parte, no considero necesario pasar a ese 'otro modo que ser' en el cual ya no se habla del ser o de la esencia; en realidad, basta con que ampliemos la noción de ser, para que no se agote en el ser-cósico o natural, sino que en él se incluya también el 'ser-sujeto', el ser personal (y, como veremos, también el ser-valor, irreductible al ser-teórico, que corresponde al bien 'más allá de la esencia').

Expresado de otra forma, en mi ensayo voy a reivindicar una actitud personalista, frente a los múltiples naturalismos, que son los que hoy están más de moda en nuestro ambiente intelectual. Retomo así la distinción que Husserl propuso en *Ideas* II entre la 'actitud naturalista' (*naturalistische Einstellung*) y la 'personalista' (*personalistische Einstellung*). La actitud naturalista es aquella en la que accedemos al ámbito de la naturaleza, al mundo externo, y la actitud personalista es la centrada en el sujeto que accede al mundo. Al reivindicar la actitud personalista, tal como hizo Husserl, lo que se pretende es evitar el 'naturalismo', que es la posición en la cual se *absolutiza* la actitud naturalista, es decir, se elimina la dimensión personalista, entendiendo al hombre como un mero cuerpo biológico.

Dicho con terminología más clásica, aquí propondré que junto a la región 'naturaleza' se cuente con la región 'espíritu'. Sólo que, en lugar de espíritu, prefiero hablar de 'sujeto' o de 'persona', porque con el término *espíritu* no se trata sino de poner nombre a lo 'específicamente humano', frente a lo biológico o material. Si acudimos a la lengua alemana, en ella hay las 'ciencias del espíritu', que se oponen a las de la naturaleza, pero en español ya no decimos ciencias del espíritu, sino simplemente 'ciencias humanas'. Insisto en esto, porque hoy en día el hecho de mencionar al espíritu o incluso al sujeto despierta recelos en muchos oyentes. Pero, a mi juicio, estos recelos son infundados, pues el sujeto no es ningún ente extraño, no es una entidad ideal situada en un cielo platónico, no es una conciencia absoluta de tipo hegeliano, sino que 'sujeto' es el término técnico que utilizamos para nombrarnos a nosotros mismos.

En definitiva, se trata en estas páginas de mantener el ser-sujeto, o sea de evitar la naturalización del hombre, su reducción a cuerpo biológico. En el sujeto voy a distinguir varios aspectos, que iré desgranando en los cinco apartados que articulan el texto. El hilo conductor será el problema de la libertad positiva, pues en Kant la distinción entre naturaleza y espíritu es ya la distinción entre naturaleza y libertad. Por ello, desde el primer apartado voy a ocuparme del tema de la libertad.

1. Existencialismo y esencia humana

Para proponer hoy una teoría de la persona creo que es necesario ofrecer una alternativa al existencialismo de Martin Heidegger, pues es él quien ha marcado la filosofía del pasado siglo y del actual. Heidegger acierta al centrarse en la cuestión de la libertad, que es crucial para entender al hombre, pero el problema es que lo hace a costa de prescindir de la noción misma de sujeto. Como sabemos, el sujeto (o la conciencia) constituye el centro de la fenomenología fundada por Husserl, fenomenología en la cual encuadra Heidegger su propio trabajo, pero, pese a ello, Heidegger optó por prescindir del sujeto.

En la ontología de Heidegger, el sujeto es sustituido por el *Dasein*, por la existencia, en la que, según veremos enseguida, se va a acabar por renunciar a la esencia. La traducción del término alemán *Dasein* es existencia; pero Heidegger utiliza dicho término, no sólo en este su sentido habitual, sino en un sentido literal, dividiéndolo en sus dos componentes, y entonces ya no se traduce como existencia, sino que, siguiendo la propuesta de José Gaos, lo traducimos por 'ser ahí' [*sein* (ser); *da* (ahí)]. El hombre ya no es sujeto o persona, sino 'ser ahí'.

Desde luego, he de empezar reconociendo a Heidegger el mérito de haber puesto de relieve el dato básico de la 'existencia', es decir, del hacerse del ser humano. Como señala Heidegger, frente a los entes no humanos, que poseen una 'esencia' fija, prefijada de antemano, el hombre es un ser que ha de hacerse a sí mismo. El agua es agua desde siempre, desde siempre cuenta con su esencia; y también el oro o el caballo o el pez poseen desde siempre su esencia. Pero el hombre ha de intervenir en la construcción de su ser. La esencia del hombre no está prefijada, sino que el hombre en sus actos fácticos, existentes aquí y ahora, va configurando dicha esencia.

El problema reside en que la tesis de Heidegger va mucho más allá de resaltar la cara existencial de la vida humana, pues lo que hace es eliminar por completo la esencia del hombre. En efecto, según Heidegger, al *Dasein* no le corresponde la esencia o el ser, sino sólo la existencia, el tener que hacerse: el hombre no 'tiene ser' (*hat sein*), sino que tiene 'que ser' (*hat zu sein*). La esencia, es decir, el 'qué' (*Was-sein*) del hombre, no consiste en un 'qué' prefijado, como el del agua, el oro o el caballo, sino que consiste en el tener que hacerse eligiendo entre sus posibilidades. Por ello el *ser ahí* ya no tiene propiedades (*Eigenschaften*), como el resto de los entes: lo que él tiene son, más bien, posibilidades, 'posibles modos de ser' (*mögliche Weise zu sein*). Y así Heidegger puede concluir que «la "esencia" del *ser ahí* reside en su existencia (*Existenz*)».[1] Esto significa que la esencia del hombre se sustituye por una existencia, por un ser-ahí que se convertirá, como sabemos, en un mero 'acontecer' del ser, en un *Ereignis*, que es ya un acontecer no-subjetivo, no humano, porque se ha perdido justamente la *esencia* del hombre, que estriba en su ser- sujeto.

En *Ser y tiempo*, Heidegger no utiliza el término filosófico 'sujeto', pero tampoco los términos habituales de hombre o ser humano, sino que habla sólo de existencia. Como señala Levinas, ni siquiera habla de 'el existente', es decir, de un 'ente' concreto, sino de una 'existencia' (*Dasein*) abstracta, cuyo carácter abstracto es expresado brillantemente por Levinas, cuando afirma que «el *Dasein*, en Heidegger, nunca tiene hambre».[2] Y la razón de fondo es que en los análisis heideggerianos el hombre ni siquiera tiene cuerpo, porque en Heidegger ya no hay el sujeto, ni, por tanto, tampoco el 'cuerpo vivido' al que me refería yo al comienzo, que es justamente el cuerpo que siente ese doloroso vacío del hambre en el estómago. En el 'ser ahí' de Heidegger sólo encontramos el ahí del mundo, el estar arrojado al mundo, siendo un acontecimiento del mundo. Este ahí (*Da*) de Heidegger contrasta claramente con el aquí (*Hier*) absoluto, que Husserl atribuye explícitamente al cuerpo vivido y, por consiguiente, al sujeto, que es siempre en Husserl un sujeto corporal, situado aquí y ahora.

Pues bien, para tomar distancia respecto a la 'ontología' de Heidegger, que renuncia al sujeto corporal y a la esencia, mi propuesta ha sido permanecer en la metafísica, que entiendo como metafísica fenomenológica, es decir, como lo que Husserl denominaba 'filosofía primera'. La metafísica, la ciencia buscada, ha de ser una filosofía primera capaz de volver 'a las cosas mismas', y éstas no son sólo las cosas objetivas del mundo que nos rodea, sino también los diversos sujetos que habitan en dicho mundo.

Pero la cuestión es: ¿podemos ofrecer hoy un esquema metafísico alternativo al de Heidegger, es decir, un esquema que permita comprender el hacerse humano, sin renunciar por ello a la esencia? Este es el reto que ha dejado planteado Heidegger y es al que tenemos que dar una respuesta.

Para ello creo que hay que recuperar el sujeto de Husserl, que no es 'ser ahí', sino 'vida' consciente. Y para dar cuenta del carácter existencial de la vida, en el que se centra Heidegger, mi propuesta consiste en introducir el 'dinamismo' del hacerse humano, que es el dinamismo de la libertad. Esta teoría la he elaborado a

1 Martin Heidegger, *Ser y tiempo* (Tübingen: Max Niemeyer Verlag, 1986). Trad. debida a José Gaos: *El ser y el tiempo*, 2a. ed. (Madrid: Fondo de Cultura Económica, 1971), § 9.

2 Emmanuel Levinas. *Totalidad e infinito*, 2a. ed. (Salamanca: Sígueme, 2012), 146.

partir de algunas ideas del filósofo español Xavier Zubiri, que, a mi juicio, no han recibido la atención que merecen.

Como sabemos, Zubiri se inscribe dentro de lo que Julián Marías denominaba la Escuela de Madrid, en la que también incluimos a Miguel de Unamuno o a José Ortega y Gasset. Él fue profesor en la facultad de Filosofía de la Universidad Complutense de Madrid en la que yo ahora desempeño mi trabajo, y creo que es importante darle a su pensamiento la continuidad que merece dentro de la filosofía española, aunque sólo sea porque es uno de los pocos pensadores del siglo XX que ha tenido el valor de criticar a Heidegger justamente por haber intentado prescindir de la esencia humana. No me cabe ninguna duda de que sus aportaciones en esa línea pueden hacer avanzar a la filosofía actual en una dirección muy prometedora.

2. Dinamismo del sujeto

En la crítica que Zubiri hace a Heidegger, el filósofo español muestra que el hombre sólo puede ser existencia, porque no es sólo existencia, sino también esencia. El hombre ha de poseer una esencia en sentido fuerte, que no se agote en la existencia, en el hacerse, por la sencilla razón de que el hacerse sólo es posible si hay algo que permita el hacerse... y este algo no puede ser, a su vez, un hacerse. Así, Zubiri demuestra que el hacerse humano no impide, sino más bien exige que el hombre disponga de una esencia que sea previa a la existencia:

> No hay prioridad de la existencia sobre la esencia, sino que se trata de una esencia que 'de suyo' se comporta operativamente respecto a su propia realidad, porque, y sólo porque, es una esencia transcendentalmente abierta. Una cosa es estar abierto a su propia realidad; otra muy distinta que la esencia se determine procesualmente desde el mero acto de existir. Esto último es metafísicamente imposible.[3]

Siguiendo a Zubiri, afirmamos, por tanto, que es metafísicamente imposible hablar de existencia, sin contar con la 'esencia'. El problema es entonces definir una esencia que sea compatible con la existencia, con el hacerse dinámico del hombre. Este es el reto al que se enfrenta el pensamiento actual. Pero ¿por qué? Porque hoy ya no contamos con la opción de recurrir sin más a la metafísica clásica. En ella la esencia se entiende desde la noción de sustancia, pero la sustancia

---

3 Xavier Zubiri, *Sobre la esencia* (Madrid: Alianza Editorial, 1985), 506.

es lo que permanece 'invariable', frente a los cambios que se consideran como 'accidentales' y, por tanto, en esta clásica metafísica de la sustancia el cambio propio del hacerse humano quedaría relegado al nivel de lo accidental.

Creo que esto es lo que le llevó a Zubiri a elaborar, frente a la teoría de la sustancia, una teoría de la sustantividad. El filósofo español elige el término 'sustantividad', que suena muy parecido a sustancia, porque no se trata de anular la noción clásica de sustancia, sino, más bien, de incorporarla en una teoría más amplia. Por mi parte, he desarrollado esta propuesta zubiriana en clave fenomenológica, entendiéndola desde la teoría de todos y partes que introdujo E. Husserl en la tercera investigación lógica, pues es fácil ver que la sustantividad de la que habla Zubiri es justamente un todo, que está formado por partes; o por notas, si utilizamos la terminología de Zubiri. Esas partes son, a su vez, sustancias o agregados de sustancias, y por ello en la teoría de la sustantividad se sigue contando con la noción de sustancia.[4] En mi último libro, he expuesto con detalle esta novedosa teoría de la sustantividad, porque creo que constituye una aportación decisiva a la historia de la filosofía; pero, en estas páginas sólo puedo recordar algunos puntos básicos.

En primer lugar, la noción de sustantividad o todo es la que permite defender el dualismo unitario mencionado al comienzo de este ensayo. El carácter unitario del dualismo viene dado por el hecho de que el hombre es una única sustantividad. Y la dualidad consiste en que esta única sustantividad o todo incluye dos partes irreductibles, que son el cuerpo y el sujeto; partes, a su vez, íntimamente entrelazadas en tanto que conforman una única sustantividad.

En segundo lugar, la teoría de la sustantividad hace posible entender el dinamismo humano, que es la cuestión que aquí nos incumbe. En el esquema clásico, la sustancia incluye la esencia invariable y los accidentes. Por el contrario, en el esquema de la sustantividad ya no hay sólo estos dos tipos de notas, las esenciales y las accidentales, sino que Zubiri distingue tres tipos. En primer lugar, están las 'notas adventicias', que corresponden a los clásicos 'accidentes'. En segundo lugar, encontramos las 'notas constitutivas', que son invariables y, por tanto, corresponden a la esencia en el sentido estricto de la tradición; ellas conformarían, pues, la clásica 'esencia invariable'. Pero Zubiri introduce un tercer tipo de notas, que son las que aquí nos interesan. Se trata de las 'notas constitucionales', que ya no son esenciales en sentido tradicional, porque son notas 'que varían', pero tampoco son notas adventicias o accidentales. Por esta razón, mi propuesta ha sido considerarlas como esenciales en un sentido nuevo, distinto del tradicional.

4 Por tanto, entiendo la sustantividad a partir de un marco mereológico de todos y partes, y continúo así la línea de investigación que propuso Víctor Tirado San Juan en *Intencionalidad, actualidad y esencia: Husserl y Zubiri* (Salamanca: Publicaciones Universidad Pontificia de Salamanca), 2002.

La esencialidad de las notas constitucionales es importante, porque ellas, al contrario que las constitutivas, son notas que sí pueden variar y esto es lo que permite que los cambios se incorporen a la sustantividad humana en un nivel esencial, sin quedar relegados al ámbito marginal de los accidentes. Obtenemos así la importante noción de 'esencia constitucional', que al incluir las variaciones (y al estar fundada en la esencia constitutiva) nos va a permitir dar cuenta del dinamismo propio de la vida humana.

Por decirlo ya con toda claridad, a mi juicio, la distinción 'constitutivo-constitucional' que elabora Zubiri es el mejor instrumental teórico del que disponemos en la actualidad para dar cuenta del carácter no totalmente hecho de la esencia del hombre. Pero creo que esta distinción debe ser pensada más a fondo de lo que se atreve a hacer el mismo Zubiri: mi propuesta ha sido tomar muy en serio la afirmación zubiriana de que lo constitucional no es accidental, porque, a mi juicio, esto sólo puede significar, aunque Zubiri no llegue a sostenerlo explícitamente, que lo constitucional es también esencial (pero siempre fundado en la esencia constitutiva, pues sólo así podré mantener, frente al existencialismo heideggeriano, la prioridad de la esencia sobre la existencia).

Con este nuevo utillaje metafísico, que distingue la esencia constitutiva invariable y la esencia constitucional variable, es posible reformular el carácter existencial que Heidegger atribuía al hombre, de manera que ya no se trate de una existencia que elimina toda esencia, sino de un dinamismo en el que se cuenta con una esencia de partida.

Para describir de modo más concreto este dinamismo, Zubiri propone una 'teoría de la mismidad', que se resume en una fórmula brillante: el hombre es siempre 'el mismo', pero no es nunca 'lo mismo'. Esta teoría de la mismidad se aplica, no sólo al hombre, sino a los seres vivos en general y permite, por tanto, diferenciarlos de los entes inanimados, que se caracterizan por su estabilidad. Los entes inanimados, como el oro o la piedra de cuarzo, son estables, frente a posibles cambios accidentales generados desde el entorno externo, es decir, ellos son siempre lo mismo, pues sus modificaciones son meramente accidentales. Pero los seres vivos ya no son siempre lo mismo, no son estables, sino que se caracterizan justamente por ir cambiando de modo constante a lo largo de su proceso vital. El ser vivo en realidad no es nunca lo mismo y, por tanto, su identidad ya no puede ser la identidad como 'estabilidad' de las cosas, sino lo que Zubiri denomina la identidad como 'mismidad', que se recoge en la fórmula citada: el ser vivo no es nunca lo mismo, pero sí es siempre el mismo.

En los seres vivos encontramos, pues, una identidad que, no sólo es compatible con el cambio, sino que exige el cambio: no se trata de que los seres vivos mantengan su identidad *a pesar* del cambio, sino que la mantienen *gracias* al cambio.

En efecto, un ente material es siempre lo mismo a pesar de los cambios accidentales que experimenta: el oro o el cuarzo siguen siendo los mismos, a pesar del golpe que acaban de sufrir. Por el contrario, el ser vivo mantiene su mismidad, gracias a los cambios que experimenta en su relación con el entorno: en esto consisten las funciones metabólicas que, como sabemos, caracterizan la vida biológica.[5]

Si esta teoría de los seres vivos la aplicamos ya al hombre, el dato de ser el mismo sin ser siempre lo mismo se expresa mediante la distinción terminológica entre la 'personalidad', el no ser siempre lo mismo, y la 'personeidad', el ser siempre el mismo.

La personalidad hace referencia al carácter existencial o dinámico del hombre, pues es eso que voy haciendo de mí mismo mientras recorro las diferentes etapas de mi proceso vital. En los términos de Zubiri, el hombre se va 'apropiando' libremente sus posibilidades, va haciéndolas propias, suyas, y de esta manera va configurándose a sí mismo en cada una de sus decisiones libres (teoría de la apropiación). Y ya nos damos cuenta de que este hacerse de la personalidad, este no ser nunca lo mismo es lo que queda recogido en la novedosa noción de esencia constitucional: las diferentes etapas de mi personalidad configuran mi esencia constitucional.

Pero las variaciones en la personalidad exigen, a su vez, que haya una 'esencia constitutiva' invariable y para designar este nivel más originario de la persona introduce Zubiri el neologismo 'personeidad', de modo que, en la personeidad, como esencia constitutiva del hombre, se fundan las notas constitucionales de la personalidad.

Dicho en pocas palabras, al hablar de personeidad ponemos el acento en el hecho de que el hombre es siempre el mismo. Y al hablar de personalidad consideramos el aspecto dinámico de la vida, el no ser nunca lo mismo, porque el hombre se va haciendo en cada una de sus decisiones libres. Esta personalidad, como esencia constitucional, puede entenderse como una peculiar 'condensación' del pasado, que da lugar a lo que en otros lugares he denominado la 'densidad ontológica', o mejor, la 'densidad metafísica' del sujeto. Una densidad metafísica que también reconoce Husserl, pues ya en su obra publicada entiende al sujeto como sustrato de 'habitualidades' y de un 'carácter personal', que se van formando gracias a complejos procesos de síntesis pasivas.[6]

---

5 Cf. *Estructura dinámica de la realidad* (Madrid: Alianza Editorial, 1989), 185 y 200.

6 Como Husserl sostiene en *Meditaciones cartesianas*, las habitualidades (*Habitualitäten*) o hábitos (*Habitus*) son propiedades (*Eigenheiten*) duraderas del sujeto. Cf. *Husserliana* I, *Cartesianische Meditationen und Pariser Vorträge* (Den Haag: Martinus Nijhoff, 1950). Trad. cast. *Meditaciones cartesianas* (Madrid: Fondo de Cultura Económica, 1985), § 32.

Llegados a este punto en el desarrollo de la propuesta antropológica hecha por Zubiri, parece claro que la persona no responde a la clásica noción de sustancia, porque su dinamismo libre sólo lo hemos podido explicar gracias a la esencia constitucional, descrita desde la teoría de la sustantividad, que es un todo con distintos tipos de notas o partes. Pero es importante dejar claro que Zubiri no prescinde por ello de la sustancia clásica. Su idea es, más bien, reformular la noción de sustancia, para que pueda aplicarse también al dinamismo humano. Y la reformulación consiste en lo siguiente: frente a la definición de sustancia en el sentido clásico de '*sub*-stante' (*hýpo-keímenon*), Zubiri va a hablar de la sustancia como '*supra*-stante' (*hýper-keímenon*).[7]

La sustancia clásica que toma como modelo a las cosas, es substante, sustrato que queda por debajo de sus propiedades, 'soporte' de propiedades. Pero esto ya no vale en el caso del hombre, porque él no se limita a 'soportar' propiedades prefijadas que 'le vienen dadas', sino que él es quien 'se va dando' a sí mismo muchas de sus propiedades, como la sabiduría o la generosidad y, debido a esto, no puede quedar por debajo de esas posibilidades que se apropia, sino que ha de estar situado por encima de ellas, para poder así elegirlas libremente.

En definitiva, la persona es un ser supra-estante que vive por encima de sus posibilidades, nos dice Zubiri, y por ello podríamos decir nosotros que el hombre es un supra-hombre, un super-hombre o un sobre-hombre, si utilizamos la traducción del super-hombre nietzscheano que propuso nuestro filósofo Unamuno. El hombre es, en realidad, siempre un sobre-hombre, que está sobre sus propiedades, o dicho en la terminología de la antropología filosófica, el hombre, 'en tanto que persona', está sobre sí mismo, en tanto que mero ser natural. No necesitamos, pues, estar a la espera de ningún otro superhombre o transhombre, sino que basta con quedarnos con lo humano, que no es nunca demasiado humano.

3. La razón teórico-afectiva

He caracterizado a la persona como un sujeto dinámico, que se hace en parte a sí mismo, pero he defendido, frente a Heidegger, que la persona posee una esencia constitutiva que permite dicho dinamismo. Y ahora es ya el momento de precisar en qué consiste esa esencia constitutiva de la persona. No puedo retrasar más esta difícil cuestión de indicar qué notas permiten definir a la persona, diferenciándola así del resto de los seres vivos, en concreto de los animales.

7 Cf. *Sobre la esencia*, 159-160; y *Sobre el hombre* (Madrid: Alianza Editorial, 1986), 343.

Como sabemos, lo que añade el sujeto humano a la mera vida animal se ha llamado clásicamente racionalidad. Es la conocida definición del hombre como animal racional. Por mi parte, prefiero, sin embargo, definir al hombre no como 'ser racional', sino como 'ser personal', como ser sujeto, porque la razón es, desde luego, algo propiamente humano, que marca una diferencia específica con el animal, pero, en mi opinión, el sujeto es más que mera razón. A la esencia constitutiva del sujeto, hemos de añadir, por consiguiente, otras dos notas básicas: una de ellas es la libertad, de la que vengo hablando desde el comienzo, y la otra es la capacidad de amar.

Del amor y su relación con la libertad trataré en los próximos apartados; en éste me ocuparé de la razón, que, como veremos enseguida, no es sólo la razón clásica, la razón que denomino razón teórica porque se refiere al ser teórico o neutral, sino también una razón afectiva, que se orienta al peculiar ámbito de lo bueno, de los valores, y por ello nos obliga a hablar del ser-valor que es irreductible a mero ser teórico. Pero antes de empezar con el tema de la razón, quiero dejar ya formulada la idea del ser humano que estoy proponiendo. Se trata de entender la expresión clásica del 'ser racional' como equivalente a 'ser personal'o a 'ser sujeto' y de incluir en el ser sujeto las siguientes notas: en primer lugar, la razón teórico-afectiva, que es más amplia que la razón clásica; en segundo lugar, la libertad y, por último, la capacidad de amar. Por tanto, en el ser personal habría tres notas constitutivas básicas, que son la racionalidad teórico-afectiva, la libertad y el amor.

Entro ya en la primera de estas notas constitutivas: la racionalidad. Comienzo por la razón en sentido clásico, por la razón teórica. Sabemos que, a lo largo de la historia de la filosofía, la racionalidad teórica ha sido entendida, sobre todo, como una razón conceptual o discursiva, que accede al mundo ideal de los conceptos o de las esencias ideales y utiliza argumentos o demostraciones. Pero, en la propuesta fenomenológica, la racionalidad no se va a reducir a razón conceptual, sino que va a ser ante todo una razón pre-conceptual o pre-predicativa,[8] que se ejerce ya en el nivel básico de la percepción externa, en la cual lo que conocemos no son los entes ideales, sino los entes sensibles, las cosas dotadas de colores, texturas, olores, sabores, etcétera.[9]

Esta racionalidad teórica, que no es meramente conceptual, se entiende en fenomenología desde la noción central de 'intencionalidad' o, dicho de modo más preciso, de conciencia intencional. La racionalidad se da justamente en la con-

8 En términos zubirianos, frente al intelectualismo clásico, se trata de defender un inteleccionismo, pues la inteligencia es siempre sentiente, al partir del nivel prepredicativo.

9 Además de la percepción externa, hay la percepción interna y la percepción eidético-categorial, que se ocupa de lo ideal.

ciencia intencional más básica, que es la conciencia intencional 'cognoscitiva'. Se trata de una conciencia intencional 'receptiva' en la que acontece la donación de las cosas mismas. Así el sujeto conoce, se entera de cómo son las cosas: el sujeto sabe de sí mismo y sabe también del mundo.

Antes de hablar de la cara intencional de la conciencia, es importante dejar claro que la conciencia como tal consiste justamente en el saber 'de sí mismo', o sea en esa habitual experiencia en la que el sujeto se vive a sí mismo, se sabe viviendo. Esto significa que el sujeto no sólo 'es', como el resto de las cosas, sino que el sujeto es y se 'sabe' siendo. Una piedra o un árbol son, pero no saben que son. Sólo el hombre sabe que es: por tanto, a su ser sin más se le añade este peculiar ser que consiste en saberse a sí mismo. Utilizando una expresión de Miguel García-Baró, la conciencia es un «bucle de realidad subrayada»;[10] la conciencia es un ser subrayado, un doble ser, una realidad por partida doble.

La conciencia es, además, sede de la intencionalidad. Ese fue el gran hallazgo de Husserl sobre el que pivota la fenomenología. Como él mostró, el saberse el sujeto a sí mismo, el vivir en primera persona es también un saber 'de lo otro', un saber del mundo, de lo que no soy yo. A esta 'apertura' de la conciencia al mundo la denominamos 'intencionalidad'. La conciencia del sujeto no es una esfera cerrada, una mónada sin ventanas, sino que es una flecha que apunta al mundo: la conciencia está abierta 'a lo otro distinto de ella', a lo que en fenomenología denominamos el 'objeto intencional'. Por ejemplo, en el acto de conciencia que consiste en ver, no hay sólo un ver, sino un ver algo, ver esta pantalla o ver este vaso que cojo con la mano; el oír no es un mero oír, sino un escuchar la música que emiten los altavoces o el grito de un niño. Por tanto, en mi acto de conciencia, hay no sólo el aparecer, el ver o el oír, sino que hay también el objeto que aparece en dicho aparecer, hay el vaso, que se da *como* vaso, como no agotándose en mi aparecer.

En definitiva, el sujeto racional (teórico) es el sujeto que sabe de sí mismo y que sabe acerca de lo otro, que capta lo otro *como* otro, o sea como distinto de él mismo.[11]

---

10 Miguel García-Baró, "El discurso hiperbólico sobre Dios. Prolegómenos", en *Lenguajes sobre Dios* (Salamanca: Sociedad Castellano-Leonesa de Filosofía, 1998), 73.

11 Abrirse a lo otro como otro exige saberse como un yo distinto de lo otro (de manera que no hay el 'ver el vaso', sino el 'yo veo el vaso'). El yo queda a distancia del mundo, pero también de sus propias vivencias, porque yo no soy mi acto de escuchar o de ver, ni soy mi dolor o mi placer..., que pasan mientras yo sigo siendo el mismo sujeto. Aquí no puedo entrar en este tema central y difícil de la 'intencionalidad inmanente', que se establece entre el yo y sus propias vivencias, pero sí quiero dejar claro que el sujeto no es una suma de apareceres, ni el vacío (o claro del bosque) que hace posible el aparecer del mundo, sino lo que Husserl denomina una 'trascendencia en la inmanencia', pues se trata de un ente singular, que no se sitúa más allá del aparecer, como lo hacen los objetos

Paso ya al tema de la racionalidad afectiva. Denomino razón afectiva a aquélla que nos permite acceder al ámbito peculiar de los valores, de lo valioso y disvalioso, del bien y del mal. Ámbito peculiar porque lo valioso es irreductible al nivel del mero ser, del ser neutral o teórico, que constituía el objeto de la razón clásica; las cosas tienen, desde luego, su ser teórico: una manzana es grande o pequeña, es verde o rojiza; pero, además de poseer este ser neutral, las cosas pueden ser valiosas o disvaliosas: la manzana puede tener un 'buen' sabor o quizás un sabor asqueroso si, por ejemplo, muerdo en una parte que está podrida.

Pues bien, la razón afectiva es posible porque, según mostró Husserl y sobre todo Max Scheler, la intencionalidad receptiva la encontramos también en la dimensión sentimental del sujeto y esta intencionalidad afectiva es la que permite que al sujeto se le den esos peculiares objetos que son los valores: un objeto teórico o neutral, como una piedra o un trozo de madera se le da al sujeto y lo deja impasible, pero lo valioso, al darse, no puede dejar indiferente a las personas, sino que las hace vibrar afectivamente.

A estas experiencias afectivas o sentimentales, que complementan el nivel teórico de la sensibilidad, y permiten que se nos den los valores, las denominamos actos de 'percibir afectivo', pues ellos deben entenderse como análogos al percibir teórico propio de los actos habituales de percepción externa. En efecto, la intencionalidad afectiva abre un ámbito objetivo y esto es un modo de conocimiento o racionalidad; es un conocer no teórico, sino afectivo. Al ver un cuadro, la percepción teórica capta los colores del lienzo y la percepción afectiva capta su belleza, que es ya un valor y no un mero ser neutral, como el color o el tamaño. El percibir afectivo es, por tanto, capaz de 'ver' el valor, pero claro, no con los ojos de la cara que perciben el color, pues no hay un tercer ojo encargado de ver la belleza, que sea tan ojo como los otros dos, sino que se trata de un ver afectivo. Me permito expresarlo con un texto de José Ortega y Gasset, donde el filósofo español traduce el 'sentir' o 'percibir afectivo' (*Fühlen*) de Scheler como un 'estimar':

> [Los valores] no se ven con los ojos, como los colores, ni siquiera se entienden, como los números o los conceptos. La belleza de una estatua, la justicia de un acto, la gracia de un perfil femenino no son cosas que quepa entender o no entender. Sólo cabe 'sentirlas', y, mejor, estimarlas o desestimarlas.[12]

---

del mundo, sino más acá del aparecer. En los términos de Zubiri, diríamos que el yo no es realidad allende del mundo, sino realidad aquende. Sólo así evitamos la naturalización del sujeto, que es hoy tan habitual.

12 José Ortega y Gasset, *Introducción a una estimativa. ¿Qué son los valores?* (Madrid: Encuentro, 2004).

Los valores dados en el percibir afectivo nos obligan a ampliar el ser clásico al ser- valor. En términos clásicos, el bien se sitúa más allá de la esencia, como ya decía Platón y repite Levinas, pero en mi opinión basta con ampliar el ser teórico o neutral al ser-valor. Y es importante no identificar sin más los valores con el Bien uno y abstracto de Platón, porque los valores se caracterizan por su multiplicidad —más amplia incluso que los múltiples bienes del *Filebo*—. Hay valores muy básicos como lo agradable sensible o lo útil, pero también hay valores como los vitales o los estéticos... y hay los valores propiamente morales, de los que me ocuparé más adelante, en el último apartado de este ensayo.

4. Amor y libertad positiva

Desde un comienzo, la libertad ha aparecido como pieza clave en el dinamismo vital, pues gracias a ella el hombre decide sobre su propio ser, pero ahora ya ha llegado el momento de afirmar con claridad que la libertad misma forma parte de la esencia constitutiva del hombre. Jean-Paul Sartre afirmaba que el hombre está 'condenado' a ser libre y así reconocía el pensador francés que, aunque el hombre tenga libertad para elegir en qué quiere convertirse, entre sus opciones no está el dejar de ser libre, pues el hombre no puede renunciar a su libertad. La libertad es parte de la esencia en sentido clásico, es decir, está prefijada, dada de antemano, y esto significa que el hombre no se ha dado a sí mismo la libertad y tampoco puede, por tanto, eliminarla de sí mismo.

En este punto, la cuestión difícil es precisar de qué tipo de libertad estamos hablando, pues la libertad suele interpretarse hoy como una mera libertad negativa, que, desde luego, es una de las caras de la libertad humana, pero no la única.

La libertad negativa del hombre consiste en que en él ya no hay la predeterminación que caracteriza la vida animal. Sabemos que la conducta de un animal está determinada por instintos o por reflejos innatos, es decir, en ella encontramos reacciones instintivas y respuestas reflejas, que responden a estímulos y que se dejan condicionar mediante el mecanismo de ensayo y error. Pero en el hombre ya no hay esa determinación instintiva o estimúlica, sino que en el comportamiento humano quedan abiertas todas las posibles opciones, sin estar forzado a ninguna de ellas.

La dificultad estriba en que, si nos quedamos en este nivel de la libertad negativa, todas esas posibilidades que se le abren al hombre serían indiferentes, de modo que elegir sería como dejar actuar al azar, como tirar los dados y elegir el que caiga, sabiendo que todos los números son equivalentes; cualquiera vale. Se trataría, pues, de tomar decisiones arbitrarias, ya que todas las elecciones serían igualmente válidas.

Por ello, frente a esta libertad negativa, a la que los clásicos denominaban libertad de indiferencia (*liberum arbitrium indifferentiae*), conviene seguir reivindicando la libertad positiva, que es aquélla que está abierta al bien y al mal (o a la ley moral, en la propuesta originaria de Kant). En la libertad positiva hay, en efecto, un marco previo que da 'sentido' a la libertad, un marco que está configurado por los valores de los que antes hablábamos, por el bien y el mal (capaces de fundamentar el deber kantiano). Los valores son los motivos que nos llevan a obrar libremente: ellos hacen que la elección no sea indiferente, porque en cada elección está en juego la realización del bien o del mal y, por tanto, no da igual qué elegir, sino que se trata de acertar en la elección. Es decir, la referencia al bien muestra que no todas las opciones libres valen lo mismo, muestra que en realidad no todo vale.

Puedo ya indicar que Heidegger es quizás el máximo representante de la libertad negativa y, además, él interpretó así el imperativo de la autonomía, enunciado por Kant, de modo que en la actualidad la noción kantiana de autonomía se entiende, erróneamente, como libertad negativa. Esto significa que la decisión libre o autónoma se sitúa hoy al margen de cualquier valor o norma moral, y no sólo esto, sino que, además, los posibles valores o normas pasan a entenderse como constricciones que anulan la libertad, de modo que una decisión autónoma debería estar, por definición, más allá del bien y del mal, es decir, fuera de todo marco ético. En palabras de Heidegger, a la pregunta de a qué hay que decidirse, la única respuesta posible es a decidirse, o sea, 'hay que decidirse a decidirse':

> Pero ¿sobre qué fondo se abre el ser ahí en el estado de resuelto? ¿A qué debe resolverse? La respuesta *sólo* puede darla la resolución misma. [...] *La resolución es justa y únicamente el proyectar y determinar, abriendo, la posibilidad fáctica del caso.* Al estado de resuelto es *inherente* necesariamente la *indeterminación* que caracteriza todo poder ser fácticamente yecto del ser ahí.[13]

Expresado con más claridad, lo único que el hombre elige es ejercer la libertad; se trata de decidirnos a favor de la libertad, pero no de decidirnos a favor de lo valioso, del bien o de lo justo, porque, según se dice monótonamente hoy en día,

13 Heidegger, *Ser y tiempo*, § 60

si añadimos que la voluntad debe elegir el bien y no el mal, lo que estaríamos haciendo es recortar la libertad, reducir su autonomía.[14]

Como he dicho, frente a este planteamiento, que vacía de sentido a la libertad, mi propuesta es recuperar la positividad de la libertad. La cuestión es que para lograr que la libertad sea positiva, ella debe ligarse a los otros dos componentes esenciales de la persona, que son la racionalidad y la capacidad de amar. Ha llegado, pues, el momento de entrar en el tema del amor, y adelanto que se trata de un punto decisivo, porque el amor es el encargado de poner en conexión las otras dos notas ya estudiadas, que son la razón y la libertad. El amor convierte la razón en razón afectiva y esto permite que la libertad se convierta en libertad positiva.

La importancia del amor queda muy bien recogida en la antropología de Max Scheler, que propone definir al hombre como un *ens amans*, quizás para resaltar esta dimensión de la esencia humana que ha sido relegada en las teorías clásicas.[15] La tesis de Scheler es que el hombre es, sobre todo, un ser afectivo, y no sólo racional o libre. Es decir, su esencia ha de situarse en el ámbito sentimental, en concreto, en ese peculiar sentimiento que denominamos amor. El hombre se define por su capacidad de amar, o mejor, por el modo o el orden en el que ama, es decir, por lo que Scheler denomina el *ordo amoris* de la persona (expresión que toma de san Agustín). Al conocer el *ordo amoris* de un hombre, conocemos, nos dice Scheler, «las sencillas líneas fundamentales de su *ánimo*, que, con más razón que el conocimiento y la voluntad, merecen llamarse el núcleo del hombre como ser espiritual».[16] Y así puede afirmar de modo contundente: «*Quien posee el ordo amoris de un hombre posee al hombre*. Posee respecto de este hombre, como sujeto moral, algo como la fórmula cristalina para el cristal» (*ibid.*).

El amor es definido por Scheler como un movimiento afectivo originario, que es capaz de ampliar el ámbito mismo de los valores. Se trata, en efecto, de un peculiar 'movimiento', que, como dice Scheler, «va en la dirección del valor más alto»,

14 En la teoría sartriana de la libertad ya no hay valores objetivos, de ésos que coaccionarían mi libertad, sino que, más bien, la libertad es la que crea el valor. El acto libre de decisión del sujeto crea lo bueno y lo malo, de modo que bueno o valioso es lo que el sujeto decide en su 'proyecto' existencial. Así, el valor creado desde mi proyecto subjetivo pierde toda posible objetividad, y volvemos a la libertad de indiferencia heideggeriana.

15 Sobre el papel clave del amor en la teoría de Scheler, cf. el interesante y esclarecedor libro de Leonardo Rodríguez Duplá titulado *La primacía del amor. Estudios sobre la ética y la antropología de Max Scheler* (Madrid: Avarigani Editores, 2019).

16 Max Scheler, *Ordo Amoris*, en *Schriften aus dem Nachla Schriften aus dem Nachlaß*, Band I, Gesammelte Werke, Band 10, (Bonn: Bouvier Verlag, dritte durchgesehene Auflage, 1986), 345-376, 348. Trad.: *Ordo amoris* (Madrid: Caparrós, 1996), 27.

es decir, que se mueve hacia arriba, hacia los valores superiores. Así, el amor es un auténtico 'explorador' que nos permite descubrir nuevos valores. El amor no se queda en el nivel inferior del valor, por ejemplo, en el nivel del placer sensible y de lo útil para lograrlo, sino que reconoce valores superiores como la vitalidad, la belleza, el conocimiento o la bondad moral:

> El amor y el odio son más bien actos en los cuales experimenta una *ampliación* o una *restricción* la esfera de valores accesible al percibir afectivo *(Fühlen)* de un ser. [...] Por consiguiente, [el amor] no *sigue* al percibir afectivo del valor y al preferir, sino que les precede en la marcha como un *explorador (Pionier)* y guía, por cuanto que le corresponde una misión *'creadora' (schöpferische)*, no respecto a los valores en sí existentes, claro está, pero sí respecto al círculo y conjunto de los valores que puede sentir y preferir, en cada caso, un ser.[17]

Como vemos, los actos de percibir afectivo a los que me referí en el anterior apartado son, en realidad, algo así como las instantáneas del amor: el amor se mueve y esto permite que el sujeto vaya 'parando' en los distintos valores y los pueda captar en los actos de percibir afectivo. El percibir afectivo es intencional, pero estático; sólo el amor es movimiento, al que por ello podemos denominar supra-intencional (utilizando una expresión de José Luis López Ibor), porque el amor no capta valores concretos, sino que hace algo más importante, que es ir abriendo el camino que posibilita dicha captación y así va ampliando el ámbito mismo de los valores a los que accede la persona.

Teniendo esto en cuenta, ya puedo afirmar que el amor es el motor de la libertad, pues los valores hacia los que él nos orienta son justamente las metas ofrecidas a la libertad, las metas capaces de 'poner en movimiento' a un sujeto libre, pero sin por ello forzarlo. De esta manera, la libertad deja de ser indiferente, y se convierte en libertad positiva, o sea, en libertad en serio (en lo que Levinas llamaba una libertad investida), porque ella introduce en el mundo bienes o males, es decir, ella contribuye a mejorar o a empeorar el mundo en el que vivimos.

Dicho en los términos de Scheler, el amor, el *ordo amoris* de la persona, marca a cada individuo una vocación, unas metas por las que merece la pena vivir y que por ello dan sentido al uso de la libertad. El término que traducimos como voca-

17 Max Scheler, *Der Formalismus in der Ethik und die materiale Wertethik*, GW, Band 2, (Berna y Múnich: Francke Verlag, sechste durchgesehene Auflage, 1980), 266-267. Trad.: *Ética* (Madrid: Caparrós, 2001). Como vemos, aquí Scheler deja claro que, aunque el amor tenga una misión 'creadora' o descubridora, él no es el creador de los valores, que es lo que se defendía en la teoría de Sartre antes mencionada.

ción es *Beruf*, pero también puede traducirse por 'llamada', que lo es a un determinado modo de vida, de oficio o de profesión, pues todos estos significados van incluidos en el término alemán *Beruf*. A este respecto, la gran aportación de Scheler ha sido mostrar que el *ordo amoris* de la persona, que le marca su vocación, es un *ordo amoris* estrictamente individual, que configura, por tanto, una esencia humana 'individual', muy distinta de la esencia 'genérica' que proporcionaba la razón clásica (esa razón que, por definición, es la misma en todos los seres humanos). Desde luego, Scheler reconoce que todo hombre está abierto a un mismo universo de valores –este es el *ordo amoris* universal–, pero lo decisivo es que *cada* hombre se abre a él desde una perspectiva diferente, que es la marcada por su *ordo amoris* individual. Por tanto, la vocación orienta cada vida en una dirección propia e intransferible. El artista, por ejemplo, seguirá la llamada de ciertos valores estéticos, el filósofo vivirá entregado al valor de la verdad, el jurista intentará desentrañar los distintos aspectos del valor de la justicia, etcétera.

En definitiva, el *ordo amoris*, al ser individual e intransferible, sitúa a cada hombre en un 'puesto' único dentro del mundo en el que le ha tocado vivir. En ese puesto único que le cae en suerte a cada hombre, él ejerce su libertad, desarrolla su vocación, que incluye el transformar su mundo, o su 'circunstancia', si queremos decirlo en los términos de Ortega. Pero, como afirma Scheler, se trata de cambiar la circunstancia *a mejor*, es decir, siguiendo el movimiento del amor que va en la dirección de los valores más altos.

5. La bondad moral de la persona

El hombre, gracias a su libertad, introduce novedad absoluta en el mundo mediante cada una de las acciones que transforman dicho mundo. Pero lo más importante es que el hombre introduce novedad también en sí mismo, en su propio ser, pues el sujeto, al actuar libremente movido por los valores más altos, se hace también a sí mismo moralmente bueno. Según hemos visto desde el comienzo del ensayo, los actos libres modifican la esencia constitucional del sujeto, su personalidad. Pero ahora hay que precisar que esa modificación no consiste sólo en que la persona se hace más o menos inteligente o graciosa o tímida, sino que lo fundamental reside en que, al actuar en el mundo, la persona se hace moralmente buena o mala.

Sabemos que el valor moral del sujeto, su ser moralmente bueno, es lo que Kant denomina la 'buena voluntad', la voluntad de quien actúa no sólo conforme al deber, sino también por deber. Y, como mostró Kant, este es el único bien incondicionado, justamente por no ser un valor cósico (de las cosas), sino un valor del sujeto, un valor ligado a la libertad. Este carácter subjetual del valor moral lo puso de relieve Scheler mediante su conocida tesis de que el valor moral queda 'a la espalda' del acto. En efecto, el sujeto al actuar se deja motivar por los valores y lleva a cabo acciones intencionales que tienen como objetivo la realización de esos valores en el mundo externo. Pero al hacerlo así se genera en el sujeto mismo un valor peculiar que es el valor moral. De manera que mientras el sujeto se ocupa de realizar los valores cósicos, que quedan frente a él, en el mundo, el valor moral aparece detrás de él, a su espalda.

Al ser un valor que se genera en el propio sujeto, a sus espaldas, el valor moral no puede convertirse, a su vez, en el objeto intencional de las acciones del sujeto, pues ello supondría caer en un fariseísmo moral. No puedo ya desarrollar esto, pero la tesis de Scheler es que la persona buena no es la que tiene como objetivo ser ella moralmente buena y en pos de este objetivo hace el bien a otros, sino que es simplemente la que hace el bien, la que se deja mover por los valores positivos y, haciendo el bien, ella se convierte en moralmente buena.

Llegados a este punto, nos damos cuenta de que es al entrar en el ámbito ético de lo bueno y de lo malo, cuando el dinamismo de la vida humana cobra toda su importancia, pues ese dinamismo se revela como un dinamismo necesariamente moral. Así ya resulta patente la necesidad de reconocer un carácter esencial a esta dimensión dinámica o existencial del sujeto, porque la adquisición de 'bondad moral' no puede ser un mero accidente en la vida del hombre. En su existencia, en el uso de su libertad, el hombre se juega mucho; en realidad se lo juega todo, pues lo que aquí se gesta es eso que podríamos denominar la 'dignidad moral' de la persona.

La dignidad moral no coincide con la mentada habitualmente, que es la dignidad en sentido kantiano. A esta dignidad, que Kant logró situar en el centro del debate ético, podemos llamarla dignidad 'metafísica u ontológica', por tratarse de un valor no moral. Es un valor que está ligado a la esencia constitutiva del hombre, a la esencia en el sentido clásico de lo invariable; y, por ello, la dignidad ontológica de la persona, que funda los derechos humanos, no puede ni aumentar ni disminuir. Sin embargo, la dignidad moral sí puede variar, porque se trata del valor moral que la persona adquiere con el uso de su libertad. La dignidad moral ya no está ligada a la esencia constitutiva, sino a la esencia constitucional, que aquí hemos introducido: si hacerse bueno es ganar en dignidad, hacerse malo es 'perder la dignidad'. Dicho en pocas palabras, el dinamismo humano es necesariamente un dinamismo moral, pues el ser humano decide ante el bien y el mal; y al hacerlo así, también se hace él moralmente bueno o malo.

Teniendo esto en cuenta, puedo ya mostrar la enorme distancia que separa el existencialismo heideggeriano de la teoría de la persona aquí defendida, pues dicha distancia tiene que ver precisamente con la dimensión 'moral' del dinamismo humano. En efecto, Heidegger es quizás el único gran filósofo que ha llegado a excluir de su obra toda reflexión ética. En su descripción de la existencia no introduce ningún componente moral y no puede hacerlo porque lo cierto es que su descripción del hombre como existencia ya no lo permite.

Sabemos que en Heidegger el nivel afectivo, lo que denomina el 'encontrarse' (*Befindlichkeit*), no tiene como estado fundamental el amor, sino la angustia (*Angst*). Por ello la 'vocación' del hombre, que en Heidegger aparece como la 'voz de la conciencia', ya no mueve al 'ser ahí' en la dirección de los valores más altos, como sucede en Scheler, sino que la voz de la conciencia llama al 'ser ahí' a algo muy distinto: a descubrir su propia finitud, que se cifra en su muerte. En términos heideggerianos, la voz de la conciencia llama al hombre desde la 'inhospitalidad' de la 'angustia' ante la muerte. Y la muerte es calificada por Heidegger como la 'posibilidad más propia' del hombre; se trata de la posibilidad que nos pone ante nuestro auténtico ser, el cual, pese al lenguaje ambiguo de Heidegger, no va más allá de la nada patentizada en la muerte.

Frente a esta teoría, en la que la afectividad básica es la angustia ante la muerte, como la 'posibilidad más propia' del 'ser ahí', lo que he propuesto en mi ensayo es recuperar la tesis de Scheler que considera que la afectividad fundamental es el amor. El amor es un movimiento, no orientado hacia la muerte, sino hacia el bien, hacia lo mejor. Por ello, creo que la posibilidad más propia en el hombre no es la muerte, sino la apertura a una 'tarea ética', marcada en cada persona por su peculiar *ordo amoris* que apunta hacia lo mejor. En esta tarea ética, en este dinamismo moral, que busca hacer un mundo más justo, el hombre se hace moralmente bueno o malo, y este es el núcleo de la vida humana. Como ya decía Sócrates, el problema central de la existencia humana no es, desde luego, la muerte propia, sino el mal moral. O, como dice entre nosotros Miguel García-Baró: «Sócrates, o sea, la filosofía, no aceptó que el límite, o sea, el mal o el no ser, fuera la muerte propia; sino que lo es la realización del mal moral».[18]

En conclusión, lo fundamental en el hombre no es la finitud entendida como apertura a la muerte absoluta, según quería Heidegger, sino más bien, la apertura a la tarea ética que nos sitúa ante metas infinitas. Porque la libertad, que vertebra el dinamismo de la persona, es ciertamente una libertad finita, pero no es una mera libertad negativa, que sólo podría ser una arbitrariedad o una condena, sino

18 Miguel García-Baró, *Del dolor, la verdad y el bien* (Salamanca: Sígueme, 2006), 140.

una libertad positiva, abierta al bien. Y esto constituye una fuente de esperanza para una comunidad de sujetos, que se saben finitos, pero abiertos a lo infinito.

«Eva y Adán pretendieron buscar la divinidad en la energía vital. Un árbol, un fruto. Pero la divinidad está dispuesta para nosotros en madera muerta, cortada geométricamente a escuadra, de la que cuelga un cadáver. El secreto de nuestra semejanza con Dios debe buscarse en nuestra condición mortal». Simon Weil, *La gravedad y la gracia* (Madrid: Trotta, 1994), 74.

El tiraje original se imprimió en la Ciudad de
México, el 28 de enero de 2024,
fiesta de santo Tomás de Aquino
en Litográfica Ingramex, S. A. de C. V.
Centeno 162-1, Granjas Esmeralda, Iztapalapa,
C. P. 09810, Ciudad de México, México.
Esta es una versión de impresión bajo
demanda en formato A5

www.ingramcontent.com/pod-product-compliance
Lightning Source LLC
LaVergne TN
LVHW091248190726
843491LV00001B/187

* 9 7 8 6 0 7 6 9 5 5 1 5 4 *